Christian Haller

Menschenbild und Wirtschaft

Christian Haller

Menschenbild und Wirtschaft

Eine philosophische Kritik und Erweiterung des Homo oeconomicus

Tectum Verlag

Christian Haller

Menschenbild und Wirtschaft.
Eine philosophische Kritik und Erweiterung des Homo oeconomicus

ISBN: 978-3-8288-2868-1

Umschlagabbildung: © www.shutterstock.com | Jakub Krechowicz
© www.istockphoto.com | Tarek El Sombati

Druck und Bindung: Schaltungsdienst Lange, Berlin
Printed in Germany

Besuchen Sie uns im Internet
www.tectum-verlag.de

Bibliografische Informationen der Deutschen Nationalbibliothek
Die Deutsche Nationalbibliothek verzeichnet diese Publikation in der Deutschen Nationalbibliografie; detaillierte bibliografische Angaben sind im Internet über http://dnb.ddb.de abrufbar.

Vorwort

Das Bild des Menschen in der Ökonomie beeinflusst als grundlegende Annahme unser Denken und Handeln. Je nachdem, ob wir unsere Mitmenschen als rationale Eigennutzmaximierer oder Altruisten betrachten, nimmt diese oft implizite Annahme Einfluss auf unsere Entscheidungen. Dies gilt sowohl für die Praxis – und zwar aufgrund der lebensweltlichen Bedeutung der Ökonomie nicht bloß innerhalb, sondern möglicherweise auch außerhalb wirtschaftlicher Kontexte – als auch für die Bedeutung des Menschenbildes als paradigmatisches Grundaxiom wirtschaftswissenschaftlicher Theorien.

Aus philosophischer Perspektive ist das ökonomische Menschenbild daher von besonderer Relevanz: Einerseits prägt es als Grundannahme wirtschaftswissenschaftliche Theorien, deren Status sowie Zusammenhang es wissenschaftsphilosophisch zu beleuchten gilt. Andererseits ist wirtschaftliches Handeln modelltheoretisch und praktisch von entscheidender moralphilosophischer Bedeutung. Die gelehrten und praktizierten Inhalte der Ökonomie finden nicht im moralfreien Raum statt. Sie prägen unsere Sichtweisen und gestalten unser wirtschaftliches Handeln in Unternehmen, der Politik, als Konsumenten usw. Ein aufgeklärtes Menschenbild zählt somit in doppelter, d.h. theoretischer und praktischer bzw. deskriptiver und normativer Hinsicht zum Grundwissen von Wirtschaft und Wirtschaftsphilosophie. Diesem analytischen Versuch widmet sich das vorliegende Buch, indem es den Homo oeconomicus darstellt, kritisiert und im Sinne wirtschaftsphilosophischer Grundlagenarbeit ein den Anforderungen sowohl in deskriptiver als auch ethisch-normativer Hinsicht gerecht werdendes Modell entwickelt. Dieses führt schließlich zu einer ansatzweisen Neubestimmung des Menschenbildes aus philosophischer Perspektive und dient ebenso als Grundlage einer Ethik des Wirtschaftens.

Inhaltsverzeichnis

Abbildungsverzeichnis

Abkürzungsverzeichnis

Bd.	Band	Jhrg.	Jahrgang
bspw.	beispielsweise	lat.	lateinisch
bzw.	beziehungsweise	Nr.	Nummer
ders.	derselbe	o.g.	oben genannte(n)
d.h.	das heißt	S.	Seite(n)
ebd.	ebenda	[sic]	so im Original
et al.	und andere	u.a.	unter anderem
f.	folgende	u.E.	unseres Erachtens
ff.	fortfolgende	u.U.	unter Umständen
HO	Homo oeconomicus	übers.	übersetzt
Hrsg.	Herausgeber	vgl.	vergleiche
hrsg.	herausgegeben	Vol.	Volume
i.d.R.	in der Regel	vs.	Versus
i.S.	im Sinne	z. B.	zum Beispiel

Einleitung

1. Zur Aktualität und Relevanz wirtschaftsanthropologischer und wirtschaftsethischer Ansätze

Der Mensch als eigentlicher Ausgangs- und Zielpunkt wirtschaftlichen Handelns scheint in den Hintergrund des ökonomischen Denkens geraten zu sein. Die Wirtschaftswelt, „die das eigentliche Werk des Menschen ist, beginnt sich gegen den Menschen zu wenden, d.h., sie beginnt, sich den Menschen anzueignen."[1] Nicht mehr der Mensch verleiht der Ökonomie ihre Bedeutung, vielmehr bestimmen umgekehrt ökonomische Wettbewerbsfähigkeit und Marktgesetze unser Leben. In mathematisch exakten Gleichungen taucht nicht der wirtschaftende Mensch, sondern eine berechenbare, eigennutzmaximierende Variable auf. Die idealisierte Logik des ökonomisch-rationalen Akteurs prägt hierbei in entscheidendem Maß unsere Wirklichkeit. Das Verhaltensmodell, das dieser Perspektive zugrunde liegt, ist das des rationalen Eigennutzmaximierers, des Homo oeconomicus, der modelltheoretisch in vollkommener Abhängigkeit seiner wirtschaftlichen Präferenzen und der gegebenen Rahmenbedingungen steht. Gleichzeitig beeinflusst er als Verhaltensprognose individuellen Handelns unsere Erwartungshaltung und somit unsere Entscheidungen in ökonomischen Interaktionen.

Dieses Modell des wirtschaftenden Menschen bildet den Gegenstand der vorliegenden Betrachtung. Die Ökonomie basiert als Sozialwissenschaft stets auf Annahmen über den Menschen sowie dessen Handeln und somit auf einem anthropologischen Fundament. Die beiden entscheidenden Fragen in diesem Zusammenhang lauten daher zum einen, welche *Bedeutung* dem Homo-oeconomicus-Modell als Grundlage der Wirtschaftswissenschaft zukommt und zum anderen, inwiefern besagtes Modell daraus resultierenden Erklärungsansprüchen gerecht wird. Diesen Fragen möchte sich die vorliegende Arbeit aus philosophischer Perspektive widmen. Darüber hinaus wird sie sich insbesondere mit der moralphilosophischen Erweiterung des Modells und somit der Untrennbarkeit ökonomischer und ethisch relevanter Aspekte wirtschaftlichen Handelns befassen. Eine dichotome Einteilung ökonomischer Entscheidungen in die Bereiche des wirtschaftlich-rationalen Handelns auf der einen und des moralisch-vernünftigen Handelns auf der anderen Seite wird sich in den nachfolgenden Darstellungen als unmöglich erweisen.[2] Die Wirtschaftswissenschaft befasst sich als Sozialwissenschaft mit dem ökonomisch handelnden Menschen, dessen Entscheidungen inklusive der sich ergebenden Handlungsfolgen stets im sozialen Kontext stehen. Wirtschaftliches Handeln ist folglich

[1] Mittelstraß (1990), S. 19.

[2] Vgl. zur Widerlegung der sogenannten *Separation Thesis* insbesondere Harris & Freeman (2008), S. 541ff.

per se ethisch bedeutsam: „[B]usiness is a proper subset of ethics.“[3] Am Ende der Betrachtungen soll ein für Erweiterungen offenes, empirisch überprüfbares und somit realitätsnahes Handlungsmodell der Ökonomie stehen, das seinen Ansprüchen als Erklärungsgrundlage der Wirtschaftswissenschaften gerecht wird und als anthropologischer Ansatzpunkt wirtschaftsethischer Gestaltung dienen kann.

Übersicht

Um die Bedeutung des Homo-oeconomicus-Modells als Grundannahme der Ökonomie analysieren zu können, müssen zunächst der Begriff des Menschenbildes (Kapitel 2) sowie die Inhalte des Modells selbst geklärt werden. Auf die historische Entwicklung des ökonomischen Menschenbildes der Moderne (Kapitel 3) folgt daher eine systematische Darstellung des Homo-oeconomicus-Modells (Kapitel 4). Auf der Grundlage dieser Ausführungen wird im Anschluss untersucht, welche Bedeutungsebenen des Modells unterschieden werden müssen und ob es sich beim Homo oeconomicus letztlich um eine heuristische Kunstfigur oder ein Menschenbild handelt (Kapitel 5).

Nachdem im ersten Teil der Arbeit sowohl die Inhalte als auch die verschiedenen Bedeutungsebenen des Homo-oeconomicus-Modells analysiert wurden, kann im zweiten Teil die Kritik der modelltheoretischen, empirischen und normativen Ebenen folgen (Kapitel 6), um schließlich zur Kernproblematik der Bedeutung des ökonomischen Standardmodells[4] vorzudringen (Kapitel 7).

Der dritte Teil beschäftigt sich schließlich unter Beachtung der empirischen wie normativen Kritik mit notwendigen Erweiterungen des ökonomischen Verhaltensmodells. Dabei soll der Fokus aus verhaltenswissenschaftlicher (Kapitel 8) und moralphilosophischer (Kapitel 9) Perspektive insbesondere auf der Moralität als handlungsrelevanter Größe des Wirtschaftsindividuums liegen.

Nach der Klärung des Verhältnisses von Moralität und Rationalität erfolgt schließlich im vierten Teil der Übergang zur Frage nach der Bedeutung des ökonomischen Menschenbildes als Grundlage wirtschaftsethischer Ansätze (Kapitel 10). An die kurze Darstellung der gegenwärtig im deutschen Sprachraum bedeutensten wirtschaftsethischen Theorien der Ökonomischen Ethik (Karl Homann u.a.) und der Integrativen Wirtschaftsethik (Peter Ulrich u.a.), sowie die Analyse ihrer individual-

[3] Dienhart (2008), S. 555.

[4] Die Begriffe Homo oeconomicus sowie ökonomisches Verhaltensmodell und Standardmodell (vgl. Etzioni 1994, S. 140) sind weitestgehend als Synonyme zu verstehen, werden im folgenden jedoch entsprechend ihrer leicht abweichenden Bedeutungsschwerpunkte verwendet. Der Begriff des Standardmodells soll dabei die paradigmatische Bedeutung des HO hervorheben.

ethischen und anthropologischen Grundannahmen, schließt sich die zusammenfassende Darstellung eines wissenschaftlich fundierten und ethisch integrierten Menschenbildes für wirtschaftliches Handeln an (Kapitel 11). Das letzte Kapitel betrachtet aufbauend auf den gewonnenen Erkenntnissen die Bedeutung und Praxis der universitären Wirtschaftethik als individualethische Sensibilisierung und perspektivische Bewusstseinsschaffung der Wirtschaftssubjekte (Kapitel 12).

Das Ziel der Arbeit besteht insgesamt in der kritischen Analyse des ökonomischen Menschenbildes sowie dessen dimensionaler Erweiterung und stellt sich im Kern die Frage, inwiefern ein erweitertes Homo-oeconomicus-humanus-Modell den Menschen als Urheber und Zielpunkt wirtschaftlichen Handelns wiederentdeckt. Die Klärung der Frage „Wie handeln Wirtschaftssubjekte?" führt somit zu der Fragestellung „Wie sollen Wirtschaftssubjekte handeln?". Eine Neubestimmung des Verhältnisses von Mensch und Wirtschaft auf der Ebene des Menschenbildes dient somit als Grundlage einer Ethik des Wirtschaftens.

2. Was ist ein Menschenbild? Zur Bedeutung eines Akteursmodells

Jeder Humanwissenschaft wie beispielsweise der Politik (homo politicus), der Soziologie (homo sociologus) oder der Ökonomie (homo oeconomicus) „liegt stets ein Menschenbild explizit oder implizit zugrunde."[5] Es entsteht durch die jeweils fachspezifische Perspektive auf den gemeinsamen Gegenstand Mensch und repräsentiert nicht nur die disziplinären Grundannahmen über das menschliche Wesen und Verhalten, sondern nimmt durch diese Annahmen Einfluss auf die darauf aufbauenden wissenschaftlichen Theorien, Methoden und Erklärungen: „Wirtschaft und Wissenschaft sind geprägt vom Bild des Menschen, dem sie dienen sollen. Das Menschenbild einer betriebswirtschaftlichen Theorie steht also für nichts weniger als den paradigmatischen Kern dieser Theorie."[6] Dem Menschenbild kommt somit eine zentrale Rolle innerhalb der Wissenschaft zu. Wissenschaftliche Verhaltensmodelle des Menschen sind „gleichsam metaphysische Voraussetzungen bestimmter Theorien und auf diese Weise indirekt [...] breitenwirksam."[7]

Einzelne Disziplinen haben jedoch nicht die Absicht, eine umfassende Beschreibung des Menschen im Sinne einer oberbegrifflichen Anthropologie zu liefern, sondern befassen sich in der Regel mit möglichst einfachen Modellen zur Erklärung der sie interessierenden Aspekte menschlichen Verhaltens. Diese Einfachheit birgt jedoch auch Gefahren:

---

[5] Baumgardt (1990), S. 112.

[6] Matthiesen (1995), S. 21; vgl. auch Myrdal (1971), S. 13f.

[7] Hrubi (2001), S. 87.

„Die Art und Weise, wie man sich sieht, ist von maßgeblichem Einfluß [sic] für die Art und Weise, wie man seine weiteren Möglichkeiten einschätzt. [...] Sollte dieses Bild einseitig oder verzerrt sein, so könnte es Anteil haben an einer einseitigen und verzerrten Selbstwahrnehmung der modernen Gesellschaft.“[8]

Der Philosophie obliegt daher sowohl die kritische Prüfung einzelwissenschaftlicher Menschenbilder als auch deren potentieller Absolutheitsansprüche allgemein.

Die Frage nach dem Menschenbild ist dabei stets eine hybride, d. h. eine sowohl deskriptiv zu beantwortende als auch normativ bedeutsame Fragestellung. Wissenschaftliche Disziplinen befassen sich mit dieser Frage zunächst ausschnittsweise *deskriptiv*. Oftmals werden solche Ausschnitte auch interdisziplinär behandelt. Doch spätestens wenn wir die Ebene der natur- oder sozialwissenschaftlichen Funktionsbeschreibung verlassen und uns beispielsweise als Sozialwissenschaftler mit dem Handeln des Menschen oder der Frage nach einer gerechten Gesellschaftsordnung befassen, begeben wir uns unweigerlich auf normatives Territorium. Menschenbilder *wirken* über ihre positive Beschreibung hinaus stets *normativ*, die Frage nach selbigen „hat zwei Aspekte. Es ist erstens die Frage danach, wie der Mensch ist und zweitens, wie er sein sollte.“[9] Jede Feststellung, was der Mensch ist, ist somit „unausweichlich schon Teil seiner (inter-) subjektiven Selbstbestimmung und damit Ausdruck eines Entwurfs, was der Mensch sein *soll* oder wer er für sich selbst sein *will*.“[10] Kahneman und Tversky bringen die damit verbundene wissenschaftliche Problematik auf den Punkt: „The tension between normative and descriptive considerations characterizes much of the study of judgment and choice.”[11]

Aufgrund dieser *Doppelaspekthaftigkeit* des Menschenbildes wird daher im Folgenden bei der Analyse des ökonomischen Verhaltensmodells die explizite Unterscheidung zwischen deskriptiv- und normativ-analytischer Betrachtung wichtig sein, insbesondere, weil mit dem Homo oeconomicus als ökonomischem Verhaltensmodell eine disziplinäre *Handlungs*logik des Menschen und somit eine sowohl deskriptiv (das Handeln rationaler Akteure beschreibend) als auch normativ (wie sich der Mensch verhalten *soll*) zu interpretierende Theorie im Mittelpunkt der Analyse steht.[12] Aus diesem Grund muss zwischen beiden Betrachtungsweisen trennscharf unterschieden werden, da die Beantwortung der Frage „Wie handelt der Mensch?“

---

[8] Manstetten (2002), S. 29. Diese Gefahr wird insbesondere in Kapitel 6.3 und 6.4 ausführlich behandelt.

[9] Guckelsberger (2005), S. 1.

[10] Ulrich (2008), S. 25, Hervorhebung im Original.

[11] Kahneman & Tversky (1984), S. 341.

[12] Vgl. Koslowski (1992), S. 76.

nicht zusammenfällt mit der Frage „Wie soll er handeln?". Vielmehr baut die normative Gestaltungsfrage sinnvollerweise auf der deskriptiven Analyse (dem ‚Können') sowie normativen Idealen als Handlungsorientierungen auf.[13] Ebenso wird es darum gehen, existierende Anknüpfungspunkte und Zusammenhänge darzustellen, da beide Aussageformen oftmals ineinander verwoben sind und Wissenschaft nicht vollkommen ohne normative Beurteilung möglich ist.[14]

Das bisher Gesagte lässt sich nun auf den Homo oeconomicus als paradigmatisches Verhaltensmodell des Menschen in der Ökonomie übertragen. Als Grundannahme besitzt das Homo-oeconomicus-Modell nicht nur auf die Wirtschaftswissenschaft entscheidenden Einfluss, sondern auch insbesondere auf die Praxis des Wirtschaftens. Nicht umsonst charakterisiert Falk daher „die mit diesem Konzept verbundenen Annahmen eines rationalen und eigennutzorientierten Individuums [als] die Grundlage nahezu sämtlicher in den Wirtschaftswissenschaften erstellten und verwendeten Modelle", wobei das Modell „nicht nur eine erkenntnisleitende Funktion [besitzt], sondern – vermittels Beratung und Sozialisation durch ökonomische Ausbildung – auch das Handeln politischer und unternehmerischer Entscheidungsträger [bestimmt]."[15]

[13] Die Frage „Was sollen wir tun?" ist somit abhängig von der Frage „Was können wir tun?", die empirischen Bedingungen bilden einen Teil der Prämissen der normativen Ebene. Die Frage „Was wollen wir tun?" ist dabei ebenfalls bedeutsam, zur prinzipiellen Klärung des vorliegenden Zusammenhangs zwischen deskriptiver (empirischer) und normativer Ebene jedoch sekundär und an anderer Stelle zu betrachten (vgl. Suchanek 2007a, S. 30ff).

[14] Fragen wie „Wozu dient Wissenschaft?" oder „Was soll Wissenschaft erforschen?" verdeutlichen, dass Forschung auch durch normative Urteile konstituiert wird: „Wertungen stecken den Gegenstandsbereich wissenschaftlicher Forschung ab." (Nida-Rümelin 2005, S. 47)

[15] Falk (2001), S. 1.

I. Das ökonomische Verhaltensmodell: Homo oeconomicus

3. Die historische Entwicklung des ökonomischen Menschenbildes der Moderne

Um die zentrale Bedeutung des Homo oeconomicus als Akteursmodell innerhalb der ökonomischen Theorie zu verstehen, ist es aufschlussreich, zunächst einen Blick auf die Entstehung und Entwicklung des Modells zu werfen. Eine umfassende historische Analyse kann im Rahmen dieser Arbeit nicht vorgelegt werden, weshalb nur die wichtigsten Schritte und Autoren behandelt werden, um den Kern der Entwicklung des ökonomischen Verhaltensmodells nachzuzeichnen.[16]

Bis zum Ende des 18. Jahrhunderts war wirtschaftliches Handeln ein integraler Bestandteil der praktischen Philosophie und damit Teil einer normativen Disziplin. Bereits für ihren Begründer und Namensgeber Aristoteles beschäftigte sich die Ökonomie, als Teil der praktischen Philosophie neben Ethik und Politik, im Kern mit der Frage nach dem guten Leben. In der dazu aus unseren natürlichen Bedürfnissen resultierenden Notwendigkeit zum wirtschaftlichen Handeln unterscheidet Aristoteles zwischen der *Oikonomia* (als Hauswirtschaft zur Güterversorgung) und der *Chrematistik* (dem Gelderwerb). Wer die Geldvermehrung dabei als Ziel der Wirtschaft ansieht und sein Handeln an Gewinnmaximierung ausrichtet, „verkehrt das Verhältnis zwischen den Mitteln für das Leben und Leben selbst"[17], weshalb Aristoteles diese Handlungsweise als unnatürlich und schädlich ablehnt.[18] Es gilt daher mittels moralischer Klugheit (*Phronesis*) ein Maß im wirtschaftlichen Handeln zu finden, wodurch zugleich das Verhältnis von Ökonomie und Moralphilosophie charakterisiert wird.[19]

Dieser Zusammenhang von Philosophie und Ökonomie zeigt sich auch beim Begründer der klassischen Ökonomie, dem schottischen Moralphilosophen und Ökonomen Adam Smith. Seine Theorie der *unsichtbaren Hand* legitimiert zwar das systematische Eigeninteresse mit der Begründung, dass „jeder (...) in eigener Sache gleichsam die größte Kompetenz"[20] besitzt und der einzelne Akteur allein durch

[16] Eine Darstellung der Geschichte der ökonomischen Akteurstheorie bieten u.a. Schumpeter (2007) und Priddat (2002) sowie Morgan (2006).

[17] Faber & Manstetten (2004), S. 161.

[18] „Die Ursache solcher Denkweise aber liegt darin, daß [sic] die meisten Menschen nur um das Leben und nicht um das vollkommene Leben sorgen, und da die Lust zum Leben ins Endlose geht, so trachten sie, auch die Mittel zum Leben bis ins Endlose anzuhäufen [...]. Jene Art von Leuten macht alles zu Mittel des Gelderwerbs, als wäre dies der Zweck." (Aristoteles, 1258a, S. 65)

[19] Vgl. Faber & Manstetten (2004), S. 161.

[20] Rolle (2005), S. 206.

sein eigeninteressiertes, wirtschaftliches Handeln zum Allgemeinwohl beiträgt, indem er die „Eigenliebe [der Mitmenschen] zu seinen Gunsten zu nutzen versteht [und] er ihnen zeigt, daß [sic] es in ihrem eigenen Interesse liegt, das für ihn zu tun, was er von ihnen wünscht“[21], jedoch bleibt dieses Prinzip in die Idee des übergeordneten Gemeinwohls und darüber hinaus in ein Verständnis des Menschen integriert, das ihn ebenso als moralisches Wesen, als Subjekt *ethischer Gefühle* betrachtet. Diese ganzheitliche Sichtweise findet Ausdruck in den Titeln seiner beiden Hauptwerke, dem *Wohlstand der Nationen* (als Schrift zur Dynamik und Bedeutung des rationalen Eigeninteresses und somit zum ökonomisch-rationalen Handlungsmodell) und der *Theorie der ethischen Gefühle* (als Werk zur Bedeutung der Moralität bzw. eines moralintegrierenden, anthropologischen Handlungsmodells). Smiths Auffassung des Wirtschaftsindividuums erschöpft sich nicht im Prinzip des frei wirkenden Selbstinteresses, für ihn bleibt der eigeninteressiert wirtschaftende Mensch „nur ein Teilaspekt des wirklichen Menschen.“[22]

Der gemeinsame Weg von (Moral)Philosophie und Ökonomie endet jedoch mit der historisch anknüpfenden Interpretation der Smithschen Theorie der *unsichtbaren Hand*. Die Ökonomie orientiert sich wissenschaftstheoretisch nun immer mehr am Vorbild der exakten Naturwissenschaften ihrer Zeit und sucht nach einer „Theorie, aus der die (faktischen) Bedürfnisse und eine gerechte Gesellschaftsordnung (wenn auch hypothetisch) deduziert werden können.“[23] Bereits John Stuart Mill sieht in den Naturwissenschaften ein unmittelbar übertragbares Vorbild für die Wirtschaftswissenschaften und bezeichnet sie als „deductive [sic] Wissenschaft [...] nach dem Muster [...] der complicierten [sic] Naturwissenschaften“[24]. Auf Basis der Annahme, dass Wirtschaftsprozesse in Analogie zu physikalischen Vorgängen nach natürlichen Gesetzesmäßigkeiten ablaufen, die mathematisch exakt zu bestimmen sind, wird die Annäherung der Ökonomie an die objektiven Naturwissenschaften als Emanzipation von normativer Moralphilosophie betrachtet. Auf der Suche nach einem diesem Wissenschaftsverständnis genügendem Prinzip zur Beschreibung des wirtschaftlichen Individualverhaltens werden die Ökonomen im berechenbaren Prinzip des Eigennutzes fündig. So erheben schon die Vertreter der klassischen Nationalökonomie (die Adam Smith als Wissenschaftsdisziplin erst begründet und etabliert hat) das Eigeninteresse zum wichtigsten Handlungsmotiv des wirtschaftenden Menschen, weil sie neben der modelltheoretischen Berechen-

---

[21] Smith (1974), S. 17. Er führt diesen Gedanken weiter aus in folgendem, vielzitiertem Auszug: „Nicht vom Wohlwollen des Metzgers, Brauers und Bäckers erwarten wir das, was wir zum Essen brauchen, sondern davon, daß [sic] sie ihre eigenen Interessen wahrnehmen. Wir wenden uns nicht an ihre Menschen- sondern an ihre Eigenliebe, und wir erwähnen nicht die eigenen Bedürfnisse, sondern sprechen von ihrem Vorteil.“ (ebd.)

[22] Manstetten (2002), S. 236.

[23] Mittelstraß (1985), S. 6.

[24] Mill (1886), S. 302.

barkeit und des damit verbundenen wissenschaftsmethodischen Fortschritts davon ausgehen, dass das eigeninteressierte Verhalten aller Individuen auch zum allgemeinen Wohlstand führt.

Das Modell des Homo oeconomicus entsteht dabei Ulrich u.a. Autoren zufolge bei David Ricardo, der ihn als „methodische Hilfsfigur [entwirft], um die wirtschaftstheoretischen Probleme von den Problemen der Wirklichkeit abzugrenzen und sie zu vereinfachen."[25] Robert Rolle schreibt die Entstehung des Modells ebenfalls Ricardo sowie John Stuart Mill zu, der lateinische Terminus entstand ihm zufolge jedoch erst in der neoklassischen Interpretation durch Pareto.[26] Mills Verhaltensmodell wurde dabei „consciously introduced to make economics into a science, not because any political economist was ever so absurd as to suppose that mankind are really thus constituted".[27] Wissenschaftliche Exaktheit soll methodisch erreicht werden, in dem Bewusstsein, dass das Modell der empirischen Realität nicht gerecht werden kann. Mill stellt klar, dass es sich um ein idealisiertes, vereinfachtes Modell und keinen wirklichen Menschen handelt: „Kein Mathematiker ist jemals auf die Idee gekommen, seine Definition einer Geraden entspräche einer wirklichen Geraden. Ebenso wenig hat jemals ein politischer Ökonom die Ansicht vertreten, die wirklichen Menschen wünschten nichts anderes als Reichtum".[28] Mills Wirtschaftsindividuum besitzt bereits die Eigenschaften, die es später als zentrale Grundannahme der Wirtschaftstheorie kennzeichnen werden: unmittelbare Nutzenmaximierung bei geringstmöglichem Aufwand. Er definiert dementsprechend „die politische Ökonomie als eine Wissenschaft, die den Menschen ausschließlich in seiner Eigenschaft als Nutzenmaximierer betrachtet: [...] Sie abstrahiert völlig von allen anderen Leidenschaften und Motiven des Menschen".[29] Die klassische Ökonomie bestimmt den Homo oeconomicus daher auch als *worst-case*-Modell menschlichen Verhaltens.[30]

[25] Ulrich (1993), S. 196.

[26] Vgl. Rolle (2005), S. 122. Zur Entstehungsgeschichte des Homo oeconomicus sei noch auf Baumgardts Aufsatz *Der Mensch als Homo oeconomicus – gilt das noch heute?* hingewiesen, der ebenso wie Ulrich und Rolle die Entstehung des Modells Ricardo zuschreibt (der allerdings wie erwähnt noch nicht den Terminus Homo oeconomicus, sondern den Begriff *economical man* verwendet). Gestützt auf Adam Smith hebt Baumgardt zufolge David Ricardo „den ‚homo oeconomicus' [...] aus der Taufe. Dieser rationell profitmaximierende Individualwirtschafter wird zum Menschenbild der klassischen Wirtschaftswissenschaft." (Baumgardt 1990, S. 102)

[27] Morgan (2006), S. 5.

[28] Mill (1976), S. 168.

[29] Aßländer (2006a), S. 131.

[30] Vgl.ebd., S. 132.

Die Neoklassik macht das mathematisch-formalisierte[31] Eigeninteresse schließlich endgültig zum *einzigen* methodisch-relevanten Handlungsmotiv für die Ökonomie allgemein, indem sie ab etwa 1870 „dem naturwissenschaftlichen Vorbild einer wertfreien, objektiven Wissenschaft nach[eifert]" und mit der reinen ökonomischen Rationalität „bloß noch die halbe ökonomische Vernunft, nämlich deren instrumentelle[n] Rationalitäsaspekt"[32] zum Gegenstand hat. Sie bedient sich in reduktionistischer Weise des Smithschen Prinzips des Eigeninteresses und ignoriert somit die ganzheitliche Perspektive seines Ansatzes. Das Menschenbild des Homo oeconomicus entwickelt sich dabei „vom neuen Verständnis rationalen Verhaltens [her], welches sich nun nicht mehr über das Gemeinwohl definiert, sondern ganz radikal als Eigennutzmaximierung gefasst wird."[33] Das Gemeinwohl scheint objektiv „verbürgt durch die sich quasi mechanisch einstellenden Wirkungen des Eigeninteresses, durch das einfache System natürlicher Freiheit."[34] Spätestens hier erfolgt eine *Vernaturwissenschaftlichung* der ökonomischen Theorie: „Die Gesetze des Marktes, so wird argumentiert, existieren gleich den Naturgesetzen. [...] Der Markt *funktioniert* in einem naturwissenschaftlich-mechanistischen Sinn."[35] Moralphilosophie und Ökonomie treten endgültig auseinander. Die Neoklassik macht den eigennutzmaximierenden Homo oeconomicus zur zentralen Annahme der Wirtschaftstheorie. Damit vollzieht sich der Übergang vom *worst-case*-Szenario zum grundlegenden Standardmodell der Wirtschaftswissenschaften:

> „Im Rahmen der durch die Modellbildung bedingten Setzung des Homo oeconomicus als Idealbild ökonomisch-rational handelnder Wirtschaftssubjekte wird das tatsächliche Verhalten von Wirtschaftssubjekten innerhalb der Ökonomie jedoch nicht mehr hinterfragt. Stellte der Homo oeconomicus für die klassische Ökonomie also lediglich den worst case menschlichen Verhaltens dar, anhand dessen sich die Tauglichkeit wirtschaftspolitischer Maßnahmen messen lassen musste, wird der Economic Man nun zum Standardfall menschlichen Verhaltens innerhalb der ökonomischen Modelle."[36]

Das Standardmodell des Homo oeconomicus wird als Grundannahme der Wirtschaftswissenschaften zum apriorischen Prüfstein jeder ökonomischen Theorie. Das Paradigma des rationalen, eigennutzmaximierenden Akteurs gilt im Wirt-

---

[31] Die mathematisch-berechenbare Gestaltung des Homo oeconomicus ist hier insbesondere das Werk Leon Walras (1834-1910) in der zweiten Hälfte des 19. Jahrhunderts.

[32] Ulrich (2008), S. 113.

[33] Rolle (2005), S. 294.

[34] Mittelstraß (1985), S. 5.

[35] Rolle (2005), S. 13.

[36] Aßländer (2006a), S. 132.

schaftsgeschehen fortan als nicht-hinterfragte, präempirische Voraussetzung, was Ausdruck findet in einer Äußerung Manstettens über Milton Friedmans Ansatz: „Was die wirtschaftenden Menschen tatsächlich bewegt und antreibt, ob und in welcher Weise ihr Handeln von rationalen Erwägungen bestimmt wird, darüber braucht der Ökonom keine Vermutungen anzustellen.“[37] Das Verhaltensmodell der Wirtschaftswissenschaften im zwanzigsten Jahrhundert entsteht somit „primarily inside the economists maths lab, representing and working as a set of causal capacities inside a mathematical model account of the world.”[38]

Gary S. Becker erhebt den Homo oeconomicus schließlich zum Universalparadigma (d.h. zur umfassenden Bestimmung) menschlichen Handelns. Für die Ausweitung des Homo-oeconomicus-Modells auf weite Bereiche des menschlichen Verhaltens erhält er 1992 den Nobelpreis für Wirtschaftswissenschaften. Sein reduktionistischer Ansatz versucht, jegliches Handeln als eigeninteressiertes Handeln zu beschreiben und somit das gesamte beobachtbare Verhalten zu erklären: „In der Tat bin ich zu der Auffassung gekommen, daß [sic] der ökonomische Ansatz so umfassend ist, daß [sic] er auf alles menschliche Verhalten anwendbar ist“.[39] Nach Beckers Verständnis kann alles menschliche Verhalten betrachtet werden, „als habe man es mit Akteuren zu tun, die ihren Nutzen, bezogen auf ein stabiles Präferenzsystem, maximieren und sich in verschiedenen Märkten eine optimale Ausstattung an Informationen und anderen Faktoren schaffen.“[40] Becker behauptet, dass das ökonomische Paradigma dabei auch unbewusstes Verhalten erfasse und zudem mit jeglichem Präferenzinhalt vereinbar sei.[41] Dies zeigt sich insbesondere in seiner theoretischen Anknüpfung des ökonomischen Verhaltensmodells an die Evolutionstheorie. Was den individuellen Nutzen maximiert, kommt auch selektiv dem Überlebensvorteil eines Individuums zugute. Becker zufolge können so selbst individuelle Präferenzen „weitgehend durch die allmähliche Selektion von Merkmalen, die größere Überlebenswerte besitzen, erklärt werden.“[42] Eigenutzmaximierendes Verhalten als Universalparadigma soll vollständig evolutionsbiologisch erklärt werden.

Bei Becker wird das ökonomische Rationalitätsprinzip „zum universalen und obersten Gesetz allen menschlichen Handelns.“[43] Das Modell scheint einen Mehrwert an

---

[37] Manstetten (2002), S. 89.

[38] Morgan (2006), S. 23.

[39] Becker (1993), S. 7. In dieser theoretisch fruchtbaren Methode zeigt sich deutlich der Imperialismus der ökonomischen Theorie. Die Anwendung des Homo-oeconomicus-Modells in anderen wissenschaftlichen Bereichen entspricht einem Kuhnschen Paradigmenwechsel. (vgl. Kirchgässner 2000, S. 155)

[40] Becker (1993), S. 15.

[41] Vgl. ebd., S. 5ff.

[42] Ebd., S. 332.

[43] Rolle (2005), S. 159.

Erklärung zu bieten, dem zufolge wir menschliches Handeln tiefgründiger verstehen können als zuvor: „Im homo oeconomicus würden die Menschen, wenn wir diesen Gedankengang weiter verfolgen, erkennen, was sie vielleicht nicht sein wollen, aber in Wahrheit wesenhaft sind: kalkulierende, ihren einmal gegebenen Vorlieben strikt und ausnahmslos folgende Lebewesen.“[44] Beckers Position impliziert somit einen vollständigen Determinismus, denn „in letzter Konsequenz ist demgemäß alles menschliche Verhalten *durch Gesetze festgelegtes Verhalten*. In gewisser Weise ist eine Beckersche Ökonomie nicht nur den Naturwissenschaften *ähnlich*, sie *ist* Naturwissenschaft“[45]. Diese Entwicklung treibt das Homo-oeconomicus-Modell schließlich über das Feld menschlichen Verhaltens hinaus und beschreibt das Verhalten aller Lebewesen gemäß dem *natürlichen* Gesetz der Nutzenmaximierung.[46] Beckers theoretischer Ansatz beansprucht somit, alle Fragen bezüglich menschlichen Verhaltens hinreichend beantwortet zu haben und kann daher als vollständige Anthropologie aufgefasst werden.[47]

Im Rahmen der geschichtlichen Entwicklung des Homo-oeconomicus-Modells wird aus einer für ökonomische Verteilungsfragen relevanten Verhaltensannahme (Smith, Ricardo) somit das Standardmodell der Wirtschaftswissenschaften (Mill, später Friedman u.a. Vertreter der neoklassischen Ökonomie) und schließlich sogar ein universalgültiges sowie hinreichendes Paradigma zur Beschreibung menschlichen Verhaltens (Becker).[48]

---

[44] Manstetten (2002), S. 119f.

[45] Ebd., S. 101 (Hervorhebungen im Original).

[46] Vgl. ebd., S. 102.

[47] Liebe lässt sich so beispielsweise als hedonistisches Kosten-Nutzen-Kalkül beschreiben, wobei die Menschen dieses Kalkül durch „ungenaue Termini wie Liebe vor sich selbst verbergen. Die ökonomische Analyse aber gewinnt hier eine gewissermaßen aufklärerische Funktion“ (ebd., S. 103).

[48] Die dargestellte historische Entwicklung des ökonomischen Verhaltensmodells beantwortet somit auch die Frage, ob von einem einheitlichen Modell des Homo oeconomicus ausgegangen werden kann, oder ob es dieses definitorisch greifbare Modell „gar nicht gibt, sondern nur eine Vielzahl von mehr oder weniger ähnlichen Auffassungen darüber“ (Kerber 1991, S. 58). In der historischen Darstellung ist jedoch der beständige Theoriekern des Homo oeconomicus, bestehend in der Annahme eines rationalen, d.h. logisch eigennutzmaximierend handelnden Menschen deutlich geworden. Letztlich existiert daher nur ein Homo oeconomicus, „der sich im Laufe der letzten 100 Jahre zwar weiterentwickelt, aber nicht fundamental verändert hat“ (Manstetten 2002, S. 20). Das verbindende Element liegt dabei im *Charakter* des Wirtschaftssubjekts sowie im Ansatz eines „Versuch[s] einer *Naturwissenschaft menschlichen Verhaltens*“ (ebd., S. 21, Hervorhebungen im Original). Was sich verändert ist somit weniger der theoretische Inhalt als vielmehr die *Bedeutung* bzw. Interpretation des Homo oeconomicus. Auch die Fachliteratur behandelt deshalb das *ökonomische Verhaltensmodell* (siehe Kirchgässner) bzw. den *Homo oeconomicus* (siehe Aßländer, Rolle, Manstetten, Ulrich et al.) als Standardmodell des wirtschaftenden

Wie konnte das ökonomische Verhaltensmodell eine derart paradigmatische Bedeutung erlangen? Neben dem wissenschaftsmethodischen Fortschritt der Vereinfachung und Berechenbarkeit sowie dem damit scheinbar verbundenen Erkenntnisgewinn ist hierfür die institutionelle Prägung wirtschaftlichen Denkens verantwortlich. Das ökonomische Menschenbild hat im Zuge der Expansion der Wirtschaftswelt auf die Lebenswelt[49] „die Menschen über einen längeren Zeitraum hinweg beeinflusst“[50], wobei „entsprechend dem zugrundeliegenden Menschenbild zunehmend alle Lebensbereiche [...] ausgestaltet“[51] wurden. Vor dem Hintergrund der sich nach wie vor entwickelnden Ökonomisierung der Lebenswelt ist es daher nicht verwunderlich, dass das ökonomische Verhaltensmodell derartig erfolgreich und expansiv „in andere Lebensbereiche hineingetragen wird.“[52]

Erst durch die empirische Ökonomie (insbesondere in Form des spieltheoretischen Ansatzes) wird seit Beginn der achtziger Jahre versucht, das Experiment in die Wirtschaftswissenschaft einzubinden und „eine künstliche Welt zu schaffen, in der man die Rahmenbedingungen seiner Aussage praktisch verifizieren und jederzeit wiederholen kann.“[53] Bis dahin trifft die Ökonomie ihre Vorhersagen auf der Grundlage der empirisch unüberprüften *als ob*-Hypothese des Homo-oeconomicus-Modells. Aus der empirischen Verhaltensökonomie geht letztlich der Anstoß zur Hinterfragung des paradigmatischen Standardmodells hervor, von der das sechste Kapitel handeln wird. Aufgrund der Darstellung der historischen Entwicklung lässt sich aus wirtschaftswissenschaftlicher Perspektive insgesamt schließen: „Ob Mikro- oder Makroökonomie, Volks- oder Betriebswirtschaft, ob Personalwirtschaft, Finanzierung, Investition, Logistik, Marketing, Controlling oder Unternehmensführung; allen diesen Ansätzen liegt homo oeconomicus als Akteur des Geschehens zugrunde.“[54]

Menschen und diskutiert anstelle der Inhalte vielmehr deren Bedeutung und Funktion kontrovers.

[49] Als Lebenswelt „kann der Strukturzusammenhang *aller* Denk-, Sprach-, Empfindungs- und Handlungsformen des Menschen verstanden werden. Die Lebenswelt entzieht sich einer Erfassung durch eine der Einzelwissenschaften.“ (Manstetten 2002, S. 106)

[50] Held (1991), S. 31.

[51] Ebd., S. 32.

[52] Ebd.

[53] Manstetten (2002), S. 94.

[54] Rolle (2005), S. 14.

4. Zur Natur des Menschen aus ökonomischer Perspektive: Das Verhaltensmodell des Homo oeconomicus als Standardmodell der Ökonomie

Worin besteht nun inhaltlich das ökonomische Standardmodell menschlichen Verhaltens? Welche Annahmen über das Wirtschaftsindividuum bilden den Ausgangspunkt ökonomischer Theorien? Bevor die Axiome des Modells dargestellt werden, soll zunächst der wissenschaftsmethodische Hintergrund skizziert werden.

Grundlegend basiert das Homo-oeconomicus-Modell auf dem Erklärungsansatz des methodologischen Individualismus, d.h. auf dem Versuch, die Funktionsweise des Systems *Gesellschaft* auf die Handlungen der Individuen als „Atome oder Moleküle des sozialen Mechanismus“[55] zurückzuführen:

> „In der Konzeption des Wirtschaftssystems haben die Individuen einen Status, der dem der Moleküle in einem physikalischen System entspricht. Diese Individuen werden als *homines oeconomici* bezeichnet. Wie den Bewegungen der Moleküle, die die Physik untersucht, ‚Kräfte' zugrundegelegt werden, so lassen sich die wirtschaftlichen Handlungen der Individuen auf das Streben nach ‚Nutzen' zurückführen.“[56]

Das Individuum bildet den zentralen Gegenstand der ökonomischen Analyse, wobei alle ökonomisch relevanten Handlungen und Handlungsfolgen – sowohl die intendierten als auch die nicht-intendierten – berücksichtigt werden.[57] Die im Rahmen dieses Ansatzes getroffenen anthropologischen Annahmen über das Individuum sind dabei rein instrumenteller bzw. funktionsanalytischer Natur und dienen zur Erklärung des *Gesamtaggregats* Gesellschaft. Die Mikroökonomie wird auf diese

---

[55] Manstetten (2002), S. 59.

[56] Ebd., S. 54. Vgl. auch Rolle (2005): „Der Grundgedanke besteht darin, dass individuelles Verhalten die erklärende (…) Variable ist, mit welcher andere (abhängige) Variablen erklärt werden können. Makroökonomische Phänomene gelten […] als Summe der Effekte individueller Handlungen. […] [D]as gesellschaftliche Zusammenleben der Menschen wird vom Verhalten der einzelnen quasi-atomistischen Individuen her interpretiert“ (Rolle 2005, S. 174). Homo oeconomicus wird so zur „*Minimal-Abstraktion* des wirtschaftenden Menschen […]. Was interessiert, ist gerade die Verallgemeinerung, und damit die Reduktion des wirtschaftenden Individuums auf die Prämisse der Eigennutzmaximierung.“ (Ebd., S. 171)

[57] Kirchgässner (2000), S. 12.

Weise zur Erklärungsgrundlage makroökonomischer Phänomene.[58] Hierin wird die zentrale Bedeutung des ökonomischen Verhaltensmodells deutlich: Sowohl die moderne Mikro- als auch Makroökonomie gründen „ihre theoretischen Überlegungen auf die Annahme individuell rationalen Verhaltens der Wirtschaftssubjekte".[59] Eine individuelle Handlungstheorie ist somit unverzichtbar für das Gesamtverständnis des Wirtschaftsgeschehens. Auf Basis der Fokussierung des Individuums entsteht so das Standardmodell, das im Folgenden ausführlich dargestellt werden soll.

4.1 Die Ausgangssituation des ökonomischen Verhaltensmodells: Präferenzen und Restriktionen

Ausgangspunkt der Betrachtungen ist der einzelne *Wirtschaftsakteur* samt der *Situation*, in der er sich befindet. Von Interesse sind hierbei weniger einfache Wahlentscheidungssituationen als vielmehr solche Dilemmasituationen wie sie die Spieltheorie bzw. die Verhaltensökonomie beschreiben.[60] Aufgrund der Annahme der Knappheit[61] wird zunächst unterstellt, dass sich das Individuum stets zwischen verschiedenen Möglichkeiten entscheiden *muss*. Die wesentlichen Faktoren innerhalb der Entscheidungssituation des Individuums bestehen in den restriktiven (äußeren) Bedingungen (den gegebenen Handlungs- bzw. Wahlmöglichkeiten, begrenzt durch soziale Regeln wie Normen oder Gesetze) sowie den individuellen Präferenzen.

Die *Präferenzen* des Individuums setzen sich aus den individuellen Wert- bzw. Bedürfnis-Prädispositionen als wesentlichen Determinanten menschlichen Handelns zusammen. Sie repräsentieren die Wertvorstellungen

> „wie sie sich im Sozialisationsprozess entwickelt haben, und [...] sind prinzipiell unabhängig von den aktuellen Handlungsmöglichkeiten. Entsprechend dieser Präferenzen bewertet das Individuum die einzelnen ihm zur Verfügung stehenden

[58] Die Mikroökonomie befasst sich insbesondere mit dem Verhalten einzelner Wirtschaftssubjekte (Haushalte), die Makroökonomie hingegen mit *Aggregaten* (bspw. Konsum, Investition), d.h. mit der Summe aller individualwirtschaftlichen Handlungsfolgen.

[59] Kirchgässner (2000), S. 91.

[60] Vgl. dazu Kapitel 8.

[61] Damit ist im Grunde sowohl die Knappheit der durch das Individuum wählbaren Ressourcen (Konsumgüter, Tätigkeiten, etc.) als auch die Knappheit der Ressourcen des Individuums (Zeit, kognitive Fähigkeiten, etc.) gemeint (vgl. Rolle 2005, S. 204).

Wahlmöglichkeiten, d.h. es wägt Vor- und Nachteile, Kosten und Nutzen der einzelnen Alternativen gegeneinander ab."[62]

Da Präferenzen im Verlauf der Sozialisation entstehen, wird zudem die an anderer Stelle zu klärende, normative Frage aufgeworfen, zu welchen Präferenzen (Wertvorstellungen) Menschen erzogen werden sollen.[63] Die unterschiedlichen Präferenzen eines Individuums werden in der Präferenzordnung widerspruchsfrei strukturiert, um in ihrer Anwendung *eindeutige* Entscheidungen hervorzubringen. Da das Modell aus methodischen Gründen desweiteren davon ausgeht, dass die Präferenzen inklusive der Präferenzordnung *stabil* bleiben, d.h. per Definition innerhalb des Betrachtungszeitraumes feste (unveränderbare) Größen bilden, versucht das Modell letztlich alles menschliche Verhalten als „präferenzgeleitetes, individuelles Anpassungsverhalten zu erklären."[64] Dadurch kann in einem weiteren theoretischen Schritt der Fokus wissenschaftlicher Aufmerksamkeit auf die restriktiven Rahmenbedingungen bzw. äußeren Anreize gelegt werden, die wissenschaftsmethodisch wesentlich leichter zu untersuchen sind als individuelle Präferenzen.[65] Menschliches Verhalten wird so zur stabilen, situationsbedingten Nutzenmaximierung, das durch die veränderbaren Rahmenbedingungen beeinflusst werden kann.[66] Ursprung und Veränderbarkeit individueller Präferenzen werden nicht thematisiert.

Weitere sekundäre Annahmen betreffen die prinzipiell unendlichen Bedürfnisse des Wirtschaftsakteurs, seine umfassende Information bezüglich der Handlungsalternativen inklusive möglicher Konsequenzen sowie als *Meta-Annahme*[67] die kausale Determiniertheit der Welt bzw. des Marktes[68], wodurch die Berechenbarkeit des größtmöglichen Nutzens und der zu erwartenden Handlungsfolgen gewährleistet werden soll. Nach Darstellung der grundlegenden Annahmen bezüglich Handlungssituation und Präferenzstruktur des Wirtschaftsindividuums sollen nun die primär-handlungsleitenden Eigenschaften des Homo oeconomicus, seine Rationalität und sein Eigeninteresse, ausführlich dargestellt werden.

---

[62] Kirchgässner (2000), S. 14.

[63] Vgl. dazu Kapitel 6.4 und Kapitel 12.

[64] Kliemt (1984), S. 17.

[65] Kirchgässner begründet dies damit, dass jede beliebige Verhaltensänderung theoretisch auf die Veränderung der Präferenzen zurückgeführt werden könnte. Diese Erklärungsoption wäre jedoch nicht falsifizierbar, weshalb die Theorie immunisiert und ihr jegliche Erklärungskraft geraubt würde. Schon allein deshalb muss aus methodischen Gründen jegliche Verhaltensänderung durch die Veränderung der externen Wahlbedingungen verursacht sein (vgl. Kirchgässner 2000, S. 39f).

[66] Vgl. ebd., S. 27.

[67] Vgl. Rolle (2005), S. 220ff.

[68] Ökonomisch-rationales Handeln findet in einer *idealen Marktwirtschaft* statt, deren Voraussetzungen jedoch Gegenstand vielseitiger Kritik sind (siehe bspw. Göbel 1992, S. 74ff).

4.2 Das ökonomische Rationalitätsprinzip

Der wissenschaftstheoretische Stellenwert des Rationalitätskonzepts des Homo oeconomicus bzw. der *Rational choice theory* lässt sich an folgendem Vergleich ablesen: „Wissenschaftslogisch dürfte das dem ökonomischen Verhaltensmodell zugrunde liegende [...] Rationalitätsprinzip für die Sozialwissenschaften einen ähnlichen Stellenwert haben wie das ‚Kausalitätsprinzip' in den Naturwissenschaften."[69]

Rationales Handeln kann im ökonomischen Kontext zunächst als konsistentes, d.h. nicht-zufälliges, widerspruchsfreies, systematisches Verhalten interpretiert werden. Insofern beschreibt rationales Handeln zunächst eine grundlegendere Ebene.[70] Dieses Verständnis von Rationalität belässt das Prinzip rationalen Handelns an sich jedoch relativ inhaltsleer, denn auch konsistent nutzenminimierendes Verhalten wäre demnach rational. Das ökonomische Rationalitätsprinzip lässt sich daher nicht auf konsistentes Verhalten reduzieren: „[C]onsistency itself can hardly be *adequate* for rational behaviour."[71] Rational zu handeln bedeutet darüber hinaus vielmehr, bei der Verfolgung eines Zweckes angemessene Mittel zur Erreichung des Zieles zu verwenden. Um eine Mindestaussage über das eigentlich *Rationale* zu treffen, muss daher die Mittel-Zweck-Relation hinzukommen.[72] Doch selbst dieser grundlegenden Bestimmung des rationalen Handlungsprinzips fehlt aus ökonomischer Perspektive ein entscheidender Aspekt, der in den folgenden Beschreibungen ökonomisch-rationalen Handelns deutlich wird:

> „Rationales Verhalten beinhaltet eine Anordnung der Ergebnisse in der Reihenfolge ihrer Präferenzen und die Auswahl jener Strategie, die der am höchsten bewerteten Alternative entspricht."[73]

> „Ökonomisch rational handeln heißt, mit gegebenen Mitteln den jeweiligen Zweck maximal zu verwirklichen oder einen bestimmten Zielerreichungsgrad mit möglichst geringen, minimalen Mitteln oder Kosten realisieren."[74]

---

[69] Kirchgässner (2006), S. 85.

[70] „Der Rationalitätsbegriff liegt auf einer anderen Ebene als die Begriffe des Egoismus oder Altruismus oder des Opportunismus. Es kann ziemlich rationale Egoisten, Altruisten oder Opportunisten geben." (Weise et al. 2005, S. 90).

[71] Sen (1987), S. 14.

[72] Vgl. ebd., S. 12f.

[73] Simon (1981), S. 109.

[74] Koslowski (1992), S. 74.

„Die Rationalität der neuzeitlichen Ökonomie ist reine Zweckrationalität – die Optimierung einer *beliebigen* Mittel-Zweck-Relation also.“[75]

Was somit zur grundlegenden Bestimmung des ökonomischen Rationalitätsprinzips hinzutritt, ist die zielgerichtete *Maximierung* der Mittel-Zweck-Relation. Für den Homo oeconomicus bedeutet die Fähigkeit rational zu handeln, dass er „prinzipiell in der Lage ist, gemäß seinem relativen Vorteil zu handeln“[76].

Durch die theorieinterne Ausrichtung des logisch-rationalen Handelns auf das Ziel der Maximierung des Eigennutzens vollzieht sich der Übergang der Handlungslogik zum Eigennutzmaximierungsprinzip des Homo oeconomicus. Die Rationalität des Wirtschaftsindividuums wird so zum strategischen Instrument des einzigen Zwecks des maximierten Eigennutzens: „Rationalität ist, grob gesagt, mit der Auswahl bevorzugter Handlungsalternativen mit Hilfe eines Wertesystems befaßt [sic], durch das die Handlungsergebnisse bewertet werden können.“[77] Das Wertesystem der ökonomischen Rationalität enthält dabei das oberste und einzige Wertziel Eigennutz.

Welche Folgen ergeben sich aus diesem ökonomischen Rationalitätsverständnis? Wie sieht rationales Handeln innerhalb der ökonomischen Theorie aus? Für das Individuum kann sowohl die Einhaltung als auch die Missachtung gesellschaftlicher Regeln rational sein. Entscheidend ist, welche Verhaltensweise dem eigennutzorientierten Handeln entspricht.[78] Diese Art *strategischen* Verhaltens beinhaltet zudem die Möglichkeit, auf einen kurzfristigen Vorteil zugunsten eines langfristigen Vorteils zu verzichten. Beschränkt wird das Verhaltensprinzip der rationalen Eigennutzmaximierung dabei sowohl von internen Verhaltensregeln, die sich „das Individuum selbst setzen und bei Bedarf auch wieder abändern kann“[79], als auch von externen Restriktionen wie Gesetzen und Normen. Die Einhaltung beider Regeltypen ist jedoch einzig und allein abhängig von der ökonomisch-rationalen Bewertung des Wirtschaftsindividuums, d.h. von der Relevanz der Regeln bzw. der drohenden Konsequenzen für die Maximierung des Gesamteigennutzens. Eine Entscheidung

---

[75] Rolle (2005), S. 298 (Hervorhebungen im Original). Manstetten beschreibt in diesem Zusammenhang das Verhältis von Rationalität und ökonomischen Zielen: „Die animalische Natur ist also gleichsam die Materie menschlicher Ziele, die Rationalität das, was diese Materie formt.“ (Manstetten 2002, S. 83)

[76] Kirchgässner (2000), S. 17.

[77] Simon (1981), S. 111.

[78] „Die Höhe der Geldstrafe und die mit der Bestrafung verbundenen Unannehmlichkeiten, multipliziert mit der Wahrscheinlichkeit, dass die Strafe verhängt wird“, ergeben den Maßstab rationaler Regelbefolgung oder Regelüberschreitung des individuellen Nutzenmaximierers (vgl. Kirchgässner 2000, S. 134).

[79] Rolle (2005), S. 209f.

bzw. Handlung ist folglich „nur dann rational, wenn sie die effektivste Weise der Befriedigung der Präferenzen eines Menschen oder der Erreichung der Ziele eines Menschen ist."[80]

Da sich rationales Handeln an den gegebenen Bedingungen orientiert, spielen für die Rationalität des Wirtschaftsindividuums neben der (gesetzlichen bzw. wirtschaftlichen) Rahmenordnung so genannte Sachzwänge als Teil der Handlungsrestriktionen des Homo oeconomicus eine wichtige Rolle. Diese Sachzwänge entstehen aus der Annahme der Knappheit in Kombination mit der Annahme, dass alle Wirtschaftsindividuen im Sinne der ökonomisch-rationalen Handlungslogik verfahren und zwingen somit den Einzelnen dazu, eigennutzorientiert zu handeln um im Wettbewerb zu bestehen. Sachzwänge sind demzufolge modelllogisch mit Naturgesetzen gleichzusetzen. Sowohl vonseiten der Wirtschaftswissenschaft als auch aus der Perspektive mancher Wirtschaftsethiker (z. B. Homann) wird ökonomisch-rationales Verhalten somit dadurch begründet, dass das Wirtschaftsindividuum sozusagen systemisch dazu gezwungen wird, eigeninteressiert zu handeln.

Herbert Simon und Reinhard Selten begrenzen durch ihre Arbeiten zur Entscheidungs- bzw. Spieltheorie die bisher beschriebenen, idealisierten Inhalte des ökonomischen Rationalitätsprinzip und bestimmen sie *realitätsnäher.*[81] Nach Simon existieren im tatsächlichen Verhalten aufgrund des begrenzten Wissens sowie der kognitiv beschränkten Fähigkeiten des Menschen Grenzen der individuellen Rationalität:

> „Für ein einzelnes, isoliertes Individuum ist es unmöglich, einen hohen Grad an Rationalität zu erreichen. Die Zahl der Alternativen, die es untersuchen muß [sic], ist so groß, die Informationsmengen, die es zu ihrer Auswertung benötigen würde, sind so riesig, dass [sic] sogar eine Annäherung an objektive Rationalität kaum denkbar ist. Individuelle Wahlhandlungen finden in einem Umfeld von ‚gegebenen Größen' statt – von Prämissen, die vom Subjekt als Grundlage seiner Wahl anerkannt werden."[82]

Ebenso schreibt Siebenhüner:

---

[80] Gauthier (2000), S. 106. Siehe auch Kapitel 4.3.

[81] Beide Wissenschaftler zählen zu den Mitbegründern der experimentellen Ökonomie, was den größeren Realitätsbezug ihrer theoretischen Arbeiten erklärt. Simon erhielt 1978 den Wirtschaftsnobelpreis für seine Theorie der *bounded rationality*, Selten 1994 für seinen Beitrag zur Spieltheorie.

[82] Simon (1981), S. 115.

> „In jeder Entscheidungssituation alle Handlungsalternativen dahingehend zu prüfen, inwieweit sie den persönlichen Präferenzen am ehesten entsprechen und dabei stets auch die damit verbundenen monetären, zeitlichen oder kräftemäßigen Kosten zu bedenken, überfordert die kognitive Informationsverarbeitungsfähigkeit von Menschen."[83]

Aus den genannten Gründen nimmt Simon daher zwei grundlegende Veränderungen am Rationalitätskonzept des Homo oeconomicus vor. Zum einen beschränkt er die Entscheidungsfähigkeit des Handlungssubjekts: „Während der homo oeconomicus maximiert [...] sucht sein Vetter, der homo organisans, befriedigende Lösungen – er sucht nach einer Handlungsalternative, die befriedigend oder ‚gut genug' ist."[84] Zum anderen beschränkt er die Wahrnehmungsfähigkeit bzw. den Wissensstand des Modellindividuums, da es „offensichtlich für das Individuum unmöglich [ist], *alle* seine Alternativen oder *alle* Ergebnisse zu kennen."[85] Simons Homo oeconomicus (Homo organisans) verwendet somit anstelle eines idealisierten Entscheidungsalgorithmus stets „ein einfaches Bild der Situation, das nur einige Faktoren berücksichtigt, die er als die relevantesten und kritischsten betrachtet."[86] Aus diesen Veränderungen ergeben sich für das Handlungssubjekt zwei entscheidende Vorteile:

> „Erstens [...] kann der homo organisans seine Entscheidungen treffen, ohne zuerst alle möglichen Verhaltensalternativen zu untersuchen [...]. Zweitens [...] kann der homo organisans seine Entscheidungen mit relativ einfachen Daumenregeln treffen"[87].

Durch dieses Konzept der *bounded rationality* (der *begrenzten Rationalität*) nähert sich das Verhaltensmodell dem realen Menschen an. Die Maximierungsregel wird somit nur annäherungsweise erfüllt. Stattdessen wird ein befriedigendes Anspruchsniveau definiert, bei dessen Erfüllung sich das Wirtschaftsindividuum für die jeweilige Handlungsoption entscheidet. Beim Hauskauf entscheidet sich der Akteur so beispielsweise für ein zufriedenstellendes Objekt und gegen das Suchen einer noch besseren Kaufoption, weil bestimmte Wunschkriterien (Größe, Lage, usw.) erfüllt sind und möglicherweise die Gefahr besteht, am Ende eine gute Chance am Markt verpasst zu haben und sich mit einer schlechteren Option begnügen zu müssen.

---

[83] Siebenhüner (2000), S. 3.

[84] Simon (1981), S. 31.

[85] Ebd., S. 104 (Hervorhebungen im Original).

[86] Ebd., S. 31.

[87] Ebd.

Darüber hinaus betont Simon die Bedeutung des Gedächtnisses und insbesondere der Gewohnheiten für unser Verhalten: „Gewohnheit erlaubt sparsame Verwendung von geistiger Anstrengung, indem jene Aspekte der Situation, die repetitiv sind, dem Bereich des bewußten [sic] Denkens entzogen werden.“[88] Die sich als begrenzt erweisende kognitive Leistungsfähigkeit des Individuums sowie die sich daraus ergebende Tendenz zur Vereinfachung des Lösungsverfahrens bedingt Simon zufolge außerdem die Bedeutung der Anreizsysteme, da menschliches Entscheiden „viel eher ein[em] Stimulus-Reaktionsmuster“[89] entspricht.

Durch die Modellerweiterung des begrenzt-rational handelnden Homo oeconomicus zeigt sich das Handlungssubjekt somit nicht immer und überall als radikaler Optimierer, sondern sucht nur solange, bis es auf eine zufriedenstellende Alternative stößt.[90] Diese realitätsnähere Gestaltung des ökonomischen Rationalitätsprinzips ändert jedoch bei genauerer Betrachtung nichts am Grundkonzept des Standardmodells: Ob Homo oeconomicus maximierend oder aufgrund seiner begrenzten Rationalität satisfizierend handelt, ist für die *Handlungsausrichtung am Eigennutz* unerheblich. Aus diesem Grund spricht Doucouliagos in Bezug auf die Erweiterung Simons auch vom *Neo-Homo Oeconomicus*, dessen begrenzte Rationalität keine prinzipielle Abweichung von der Handlungslogik darstellt:

> „[B]ounded rationality is not a major deviation from Homo Economicus [...]. A boundedly rational Homo Economicus can still maximize utility, consider the relevant costs and benefits, and make optimal choices subject to cognitive limitations.“[91]

Demnach erreichen Neo-Homines oeconomici auch kein zufriedenstellendes Ergebnis, sondern bloß ihr *neu definiertes Maximum* (der Zufriedenheit). Was hier geschieht ist vielmehr ein deskriptiver Adaptionsprozess anstatt einer grundlegenden Veränderung.

---

[88] Ebd., S. 122.

[89] Ebd., S. 139.

[90] Vgl. Kirchgässner (2000), S. 31.

[91] Doucouliagos (1994), S. 877ff.

4.3 Das Eigennutzmaximierungsprinzip

Wie aus dem vorangegangenen Kapitel hervorgeht, ist das Rationalitätsprinzip der Ökonomie mit dem Eigennutzmaximierungsprinzip untrennbar verbunden.[92] Die ökonomische Rationalität bildet den (begrenzten) Entscheidungsalgorithmus unter dem Primat der Eigennutzmaximierung: „Die Rationalität *verbindet* Mittel und Ziele, der Eigennutz *richtet* die Mittel auf die Ziele.“[93] Ökonomisch-rational zu handeln bedeutet seinen Eigennutz effizient zu maximieren. Dieses Prinzip bildet die Handlungslogik des Wirtschaftsakteurs und somit das zentrale Axiom des Homo-oeconomicus-Modells, es „ist sozusagen das Herzstück des Schemas.“[94] Die somit „einzige relevante Verhaltensregel des homo oeconomicus ist die Maximierung seiner Nutzenfunktion“[95]. Sie bildet das „einzig[e] Ziel, welches selbst nicht auch Mittel ist“[96]. Das Standardmodell ökonomischen Verhaltens wird dementsprechend in wirtschaftswissenschaftlichen Lehrbüchern wie folgt beschrieben:

> „Wirtschaftswissenschaften [...] beschränken ihre Untersuchung menschlichen Handelns auf den Aspekt ökonomischer Nützlichkeit. [...] Ein gegebener Güternutzen soll mit geringstmöglichem Faktoreinsatz erreicht werden. Personifiziert wird das Nützlichkeitsdenken in der modelltheoretischen Kunstfigur des Homo oeconomicus. [...] [Dabei] unterstellt die wirtschaftswissenschaftliche Modelltheorie, dass ein fiktives Wirtschaftssubjekt, eben der Homo oeconomicus, rational handelt [und] seinen materiellen Nutzen maximieren möchte.“[97]

> „Die Volkswirtschaftslehre wird von speziellen Lebewesen bevölkert, die manchmal auf den Namen homo oeconomicus hören. Mitglieder dieser Spezies sind (streng) rational. Als Unternehmer maximieren sie die Gewinne. Als Konsumenten maximieren sie den Nutzen (oder wählen den höchstmöglichen Niveaupunkt auf einer Indifferenzkurve).“[98]

Was den Inhalt des Nutzenbegriffs betrifft, ist das Modell ein prinzipiell offenes Konzept, das inhaltlich keine Entscheidungskriterien für Nützlichkeit bereitstellt.

---

[92] Vgl. Franz (2004), S. 6.

[93] Horn (1996), S. 80 (Hervorhebungen im Original).

[94] Mack (1994), S. 32.

[95] Rolle (2005), S. 208.

[96] Kirchgässner (2000), S. 15.

[97] Wöhe & Döring (2008), S. 46.

[98] Mankiw & Taylor (2008), S. 551.

Nutzen ist ein *subjektrelativer*, offener Faktor und nicht automatisch (jedoch wie die angeführten Zitate belegen innerhalb der ökonomischen Theorie bislang zumeist) mit materiellem Gewinn gleichzusetzen. Die modelltheoretisch einzige Bedingung ist, dass alle Nutzenvariablen faktoriell bewertbare Größen sein müssen.[99] Dennoch erscheint es als eine notwendige Voraussetzung der Anwendbarkeit des Homo-oeconomicus-Modells, dass die Präferenzen (bzw. der Nutzen) der Individuen in der zu analysierenden Handlungssituation vorab bestimmt sind. Ein vollkommen offenes Verständnis des Eigennutzmaximierungsparadigmas wäre aus wissenschaftstheoretischer Perspektive wenig sinnvoll, da ein derart verstandener Eigeninteresse- bzw. Nutzenbegriff niemals als Handlungsmotiv geleugnet werden kann. Güth und Kliemt bringen diesen Sachverhalt wie folgt zum Ausdruck: „Eine Mutter Theresa wäre dann eine Maximiererin ihrer altruistischen Interessen. In gleicher Weise können Motive wie Reziprozität in diese Konzeption aufgenommen werden, wenn sie als Terme der Nutzenfunktion konstruiert werden“[100]. Jegliches Handlungsmotiv kann in dieses Verständnis integriert werden: „Auch wer völlig selbstlos dem Wohl der Menschen oder der Gerechtigkeit zu dienen versucht, muß [sic] dieses Interesse an objektiv bedeutsamen Werten zu seinem *eigenen* (und damit *subjektivem*) gemacht haben. Dann aber kann es unter der Chiffre ‚Nutzen' in die ökonomische Theorie eingehen.“[101] Eine Falsifikation im Popperschen Sinne scheint somit durch diese Art der Theorieimmunisierung unmöglich. Ein offenes Eigeninteressekonzept steht „between tautology and falsehood. If whatever moral concerns people have are simply redescribed as peculiar forms of self-interest [...] then the self-interest hypothesis becomes empty."[102] Ein derart aufgefasster Begriff des Eigeninteresses wird „so formal und inhaltsarm, dass er *empirisch* nicht widerlegt werden kann“[103], wodurch der Interpretationsansatz des ökonomischen Verhaltensmodells dann nicht mehr als „nur ein Spiel mit Worten“[104] ist. Was methodisch bleibt, ist die „ex post-Beschreibung des Verhaltens der Individuen.“[105]

> „Es ist möglich, das Interesse einer Person so zu definieren, daß [sic] sie ganz unabhängig davon, was sie anstellt, immer als jemand betrachtet wird, der in jeder einzelnen Wahl- oder Entscheidungshandlung sein eigenes Interesse verfolgt. [...]

---

[99] Vgl. Mack (1994), S. 33.

[100] Güth & Kliemt (2002), S. 10.

[101] Kerber (1991), S. 60 (Hervorhebungen im Original).

[102] McPherson (1984), S. 77.

[103] Kerber (1991), S. 63 (Hervorhebung im Original).

[104] Schlicht (2003), S. 3f.

[105] Kirchgässner (2000), S. 200.

Dieser Ansatz des Egoismus per Definition läuft manchmal unter dem Etikett der rationalen Entscheidung. Er beinhaltet nichts weiter als interne Konsistenz."[106]

Die Rational Choice Theory wird damit zu einem Erklärungsversuch, der „über das ‚rationale Verhalten', wie es typischerweise interpretiert wird, zu einer bemerkenswert wenig sagenden Theorie führt."[107] Fasst man den Begriff des Eigeninteresses bzw. Nutzens so weit, verliert er an Erklärungsqualität (während er scheinbar grenzenlos an Umfang gewinnt): „With this set of definitions you can hardly escape maximizing your own utility, except through inconsistency."[108]

Der dargestellten Offenheit der Präferenzen bzw. des Eigeninteresses droht somit die modelltheoretische Erklärungsleere, da das Eigennutzmaximierungsprinzip schlichtweg auf jede Handlung angewandt werden kann. Durch die maximal flexiblen Grundannahmen des Eigennutzparadigmas erhält das Modell tautologische Züge im Sinne einer *Self-fulfilling prophecy*[109], da auch stets abweichende Erkenntnisse integriert werden können und das Modell so „zu einem selbstbegründeten Erklärungsautomatismus degradiert wird."[110] Jede Handlung wird präskriptiv als eigennutzmaximierende Handlung betrachtet und kann deskriptiv stets „rational nacherzählt"[111] werden. Aus wissenschaftstheoretischer Perspektive muss das Homo-oeconomicus-Modell daher den Nutzenbegriff bzw. die Präferenzen vorab genauer bestimmen, um seine Falsifizierbarkeit zu bewahren anstatt als tautologisches Erklärungsmodell zu enden. An irgendeiner Stelle müssen daher in diesem Modell *inhaltliche* Ziele bestimmt werden. Im Folgenden soll daher wie im ökonomischen Kontext üblich der Nutzenbegriff überwiegend mit materiellem bzw. finanziellem Gewinn gleichgesetzt werden. Neben diesen Inhalten ist jedoch an erster Stelle die *Struktur* der Handlungslogik entscheidend.

Eigentinteresse oder Egoismus?

Was bezüglich der Analyse des Eigennutzmaximierungsprinzips noch offen bleibt ist die vieldiskutierte Frage, ob Homo oeconomicus egoistisch handelt. Auch wenn

[106] Sen (1984), S. 204f.

[107] Ebd., S. 206.

[108] Sen (1977), S. 322. Weise beschreibt diese Problematik ebenfalls: „In der Tat kann man zu jedem Verhalten im nachhinein sagen, dass jemand sich so verhalten hat, weil sonst seine Alternativkosten zu hoch wären. Man kann individuelles Verhalten immer so deuten, als ob das entsprechende Individuum zu jedem Zeitpunkt seine Alternativkosten minimiert. Hier besteht die Gefahr einer Immunisierung der Theorie [...]. Damit ist natürlich nichts gewonnen." (Weise et al. 2005, S. 67).

[109] Vgl. Kapeller (2008), S. 39.

[110] Kapeller (2008), S. 40.

[111] Priddat (1998), S. 21.

die Antwort auf diese Frage begrifflich bzw. alltagssprachlich zugleich einem wertenden Urteil entspricht, kann die Fragestellung durch eine entsprechende Begriffsanalyse durchaus logisch-deskriptiv beantwortet werden. Der Begriff des Eigen- bzw. Selbstinteresses bleibt bereits in der klassischen Theorie im Unklaren. Was also unterscheidet Eigeninteresse und Egoismus voneinander?

> „Das Selbstinteresse eines jeden Menschen ist die Antriebskraft zu dauerndem Streben, sein Los oder seine Lebensbedingungen zu verbessern. [...] Dieses Eigeninteresse ist als manifeste Freiheit dem Menschen angeboren. [...] Unabhängig von Raum und Zeit, ist es ein *natürliches* Gefühl, das den Menschen sein Leben lang begleitet, so wie sein Verlangen nach Austausch und Handel als Pendant zur Arbeitsteilung."[112]

Das *Eigeninteresse* (d.h. das Interesse *des Selbst*) ist zunächst „eine unveränderliche Tatsache der Natur, gleichsam eine biologische Erscheinung, die man durch innere und äußere Beobachtung erkennt."[113] Eigene (materielle oder immaterielle) Interessen zu haben entspricht einer *Grundtatsache der conditia humana.* Der Begriff Eigeninteresse bezeichnet daher zunächst nicht mehr als die *dem Individuum eigenen* Interessen, wodurch eigeninteressiert zu handeln bedeutet, diesen Interessen gemäß zu handeln, was letztlich für alle Menschen gilt, da *ihr* Handeln stets per Definition unausweichlich an das eigene Interesse gebunden ist. Diese Form des Eigen- oder Selbstinteresses entspricht im Modell des Homo oeconomicus dem *Vorhandensein* von Präferenzen. Kirsch unterscheidet dieses Eigen- bzw. Selbstinteresse des Menschen von seinem *Interesse am Selbst* bzw. an der eigenen Identität.[114] Gemeint ist damit, dass Menschen zwar über Eigeninteressen verfügen, jedoch darüber hinaus in der Lage sind, zu diesen (und dadurch zu sich selbst) auf Distanz zu gehen und durch diese Selbstrücknahme *moralischen Raum* zu schaffen.[115] Dieses *Interesse an unserem Selbst* (das Hinterfragen unserer eigenen Interessen bzw. die menschliche Fähigkeit zur Selbstreflexion) übersteigt somit die zunächst eindimensionale Perspektive des Eigeninteresses.

Der enscheidende Schritt vom eigeninteressierten zum egoistischen Handeln liegt nun definitorisch in der unterschiedlichen bzw. Nicht-Berücksichtigung der Interessen anderer im eigenen Handlungsvollzug. Dass Menschen unweigerlich eigeninteressiert handeln, sagt noch nichts darüber aus, ob sie im Handeln die Eigeninteressen anderer Menschen als ebenso legitime Zwecke berücksichtigen. Während

[112] Recktenwald (1986), S. 13.

[113] Ebd., S. 13f. Suchanek spricht in einem allgemeineren Zusamenhang von „empirischer Bedingtheit" (Suchanek 2007a, S. 47).

[114] Vgl. Kirsch (2000).

[115] Vgl. Nutzinger & Panther (2004), S. 11.

eigeninteressiertes Handeln also durchaus mit rücksichtsvollem, d.h. die Interessen anderer berücksichtigendem Handeln, vereinbar ist, verweist Egoismus als Begriff auf ein per Definition rücksichtsloses, d.h. die Interessen anderer *nicht gleichermaßen* anerkennendes und berücksichtigendes Verhalten. Die alltagssprachliche Wertung egoistischen Handelns ergibt sich somit aus der ungleichen Bewertung der Interessen. Menschliches Handeln rechtfertigt sich innerhalb einer Gesellschaft durch die Anerkennung der Freiheit und Interessen anderer. Egoistisches Verhalten wird diesem Legitimationsanspruch nicht gerecht und nimmt infolgedessen die Benachteiligung anderer bewusst in Kauf.

Wie lässt sich nun aufgrund dieser begrifflichen Unterscheidungen das Handeln des Homo oeconomicus beschreiben? Was ist unter Eigeninteresse im Rahmen des ökonomischen Verhaltensmodells zu verstehen? Festzuhalten ist zunächst, dass Homo oeconomicus nach Kirsch zwar über (materielle) Eigeninteressen in Form individueller Präferenzen verfügt, jedoch darüber hinaus nicht in der Lage ist, *als Selbst* zu sich und seinen Präferenzen (oder seiner Präferenzordnung) auf Distanz zu gehen. Genau diese prinzipielle Unfähigkeit zur nicht-strategischen Selbstrücknahme im Denken und Handeln führt jedoch zum Legitimationsproblem und zum Begriff des Egoismus. Weil Homo oeconomicus außerstande ist, den moralisch-reflektiven Standpunkt einzunehmen und die Interessen anderer *gleichermaßen* und unabhängig von deren für ihn strategischen Bedeutung zu berücksichtigen, ist sein *Handeln* rücksichtslos, instrumentalisierend und somit *egoistisch*. Er „ordnet persönliche Interessen *nicht aus eigenem Antrieb* den Interessen anderer oder den Normen von Moral und Recht unter“[116], weil ihm dazu modelltheoretisch das notwendige Vermögen der Moralität fehlt, und nimmt so den Nachteil anderer bewusst[117] in Kauf. Eigeninteresse kann somit im Kontext des ökonomischen Verhaltensmodells „nur mit Egoismus gleichgesetzt werden.“[118] Da es an dieser Stelle nicht um eine normative Beurteilung, sondern vielmehr um eine inhaltliche Klärung des Begriffs Eigeninteresse geht, soll im Folgenden zur Beschreibung der dargestellten Handlungslogik der Begriff des *eigennutzorientierten* bzw. *eigennutz-maximierenden* Handelns verwendet werden, um einer normativen Verwechslung vorzubeugen.

Welche Konsequenzen ergeben sich daraus für das praktische Handeln des Homo oeconomicus? Die dargestellte eigennutzorientierte Handlungslogik samt ihrer inhaltlich unbestimmten Präferenzen schließt prinzipiell weder opportunistisches noch kooperatives Handeln aus. Entspricht die kooperative Handlungsstrategie zugleich der für ihn nutzenmaximierenden Handlungsalternative (d.h. erweist sie

[116] Baurmann (2000), S. 130 (Hervorhebungen im Original).

[117] Als Handlungssubjekt ist er sich genauer gesagt zwar seiner *strategischen* Handlungslogik bewusst, allerdings verfügt er modelltheoretisch über kein moralisches Bewusstsein, was jedoch nichts daran ändert, dass sein *Handeln* per Definition als egoistisch zu bezeichen ist.

[118] Kleinfeld (1998), S. 150.

sich als *zweck*mäßig im Sinne *seines Interesses*), entscheidet sich Homo oeconomicus zur Kooperation[119]:

> „Die Befolgung einer Norm muß [sic] in der jeweiligen Handlungssituation die für ihn nutzenmaximierende Wahl sein. [...] Normbefolgendes Handeln ist dem Homo oeconomicus von Natur aus fremd. [...] Es zählt nur, ob Normkonformität in der konkreten Situation für ihn vorteilhaft ist oder nicht." [120]

Im Rahmen des ökonomischen Verhaltensmodells stellt somit kooperatives oder moralisches Verhalten nur *als* gleichzeitig nutzenmaximierendes Handlungsmotiv „die *einzige* mögliche Art der Normbefolgung dar"[121]. Scheinbar moralisches Verhalten steht unter dem Primat der individuellen Nützlichkeit und basiert auf Strategie. Geht es im umgekehrten Fall beispielsweise um den Beitrag zu öffentlichen Gütern wie Umweltschutz oder Verkehrssicherheit, verweigert das Individuum nach dem ökonomischen Verhaltensmodell die Kooperation, da die Wahrscheinlichkeit sehr hoch ist, von diesen Gütern ebenso zu profitieren ohne den eigenen Beitrag zu entrichten oder bestraft zu werden. Ethische Werte oder moralische Normen lassen sich daher „ausschließlich über die Androhung von Sanktionen vermitteln. [...] Sofern der Mensch anthropologisch als homo oeconomicus bestimmt wird, ist es schlichtweg unmöglich, ihm einen unbedingten Grund für ein nachhaltiges Wirtschaften zu nennen."[122] Als Handlungsstratege ist er somit in vielen Fällen in der Lage *rücksichtsvoll* zu agieren, entscheidend ist jedoch, dass diese Rücksichtnahme nicht die Interessen anderer betrifft, sondern die *eigenen.*[123]

Das Standardmodell des Homo oeconomicus zusammengefasst

Bevor die normative Bedeutungsebene dargestellt, d.h. die Handlungslogik des Homo oeconomicus hinsichtlich ihrer Legitimität als Handlungs- und Gestaltungspraxis analysiert wird, soll an dieser Stelle die modelltheoretische Relevanz als deskriptives Erklärungsmodell ökonomischen Handelns noch einmal kurz zusammengefasst werden. Das ökonomische Verhaltensmodell unterscheidet zunächst

---

[119] In diesem Fall erweist sich Kooperation im Sinne seiner Handlungslogik sogar als zwingend, insofern „sich hieraus Vorteile in Bezug auf *seine* Nutzenfunktion ergeben." (Rolle 2005, S. 176)

[120] Baurmann (2000), S. 137f.

[121] Ebd. (Hervorhebung im Original).

[122] Rolle (2005), S. 212. Eine ökonomische Ethik wird innerhalb dieses Modells „zu einer bloßen Entscheidungslogik degeneriert." (Rolle 2005, S. 299) Inwiefern es sich daher überhaupt um moralisches Verhalten handelt, wird in Kapitel 6.2 zu klären sein.

[123] Kleinfeld bezeichnet dieses Verhalten als „ethischen Egoismus" (vgl. Kleinfeld 1998, S. 109).

zwischen den Präferenzen eines Individuums und seinen eingeschränkten Handlungsmöglichkeiten. Letzere kann es auf der Grundlage seiner Präferenzordnung (begrenzt) rational, d.h. zweckorientiert bewerten und entscheidet sich stets für die seinem *eigenen* Nutzen zweckmäßigste Alternative. Andere Menschen bzw. dem Subjekt externe Interessen werden dabei aus rein *nutzenstrategischer* Perspektive als entscheidungsrelevant berückichtigt. In realen Handlungssituationen ist diese Integration abhängig von der Relevanz und der Eintrittswahrscheinlichkeit dieser Interessen oder Faktoren. Das Handlungsmodell gilt auf deskriptiver Ebene als hinreichender Erklärungsansatz menschlichen Verhaltens innerhalb der ökonomischen Theorie: „I submit, the only assumption essential to a descriptive and predictive science of human behavior is egoism.“[124]

4.4 Die normative Legitimation der Homo-oeconomicus-Annahme

Das ökonomische Verhaltensmodell zielt letztlich auf die Anwendung als Verhaltensprognose zur Gestaltung der (wirtschafts)politischen Rahmenordnung ab. Auf Basis dieser Annahme wird untersucht, „welche rechtlichen Institutionen oder Regelungen unter der Voraussetzung rationaler Nutzenmaximierung aller Beteiligten vorteilhaft und nützlich sind – also zu einer effizienten Ressourcenallokation führen“[125]. Das Modell des rationalen Eigennutzmaximierers wird hierbei von Wirtschafts- und Sozialwissenschaftlern nicht nur als *deskriptiv* beste und realitätsnahe Theorie bezüglich ökonomischer Fragestellungen gerechtfertigt, sondern darüber hinaus als Gestaltungsgrundlage und praktische Handlungslogik *normativ* verteidigt.[126] Doch weshalb *sollte* man sich bei der Gestaltung der Rahmenordnung am ökonomischen Verhaltensmodell orientieren? Bereits David Hume beschreibt diese normative Argumentation:

> „Politische Autoren haben die Maxime formuliert, man solle beim Entwurf eines Regierungssystems und der Festlegung der verschiedenen Institutionen zur Überprüfung und Kontrolle in der Verfassung davon ausgehen, daß [sic] jeder Mensch ein Schurke sei, der bei all seinen Handlungen kein anderes Ziel außer seinen privaten Interessen verfolge. Gemäß diesem Interesse müsse er regiert und dadurch trotz seiner unstillbaren Habsucht und seines Ehrgeizes dazu bewegt werden, zum

[124] Mueller (1986), S. 18.

[125] Baurmann (2000), S. 130.

[126] Diese Argumentation geht bereits aus der historischen Entwicklungsanalyse des Standardmodells hervor (vgl. Kapitel 3). Vgl. außerdem Kapitel 10.2 sowie Kirchgässner (2000), S. 47f.

öffentlichen Wohl beizutragen. Andernfalls, so wird behauptet, würden wir uns vergeblich der Vorteile jeder Verfassung rühmen und letzten Endes feststellen, dass [sic] die Sicherheit unserer Freiheiten und Besitztümer ausschließlich vom guten Willen unserer Herrscher abhingen; mit anderen Worten, wir hätten keinerlei Sicherheit dafür. Es ist daher ein berechtigter Grundsatz in der Politik, daß [sic] jeder Mensch als Schurke betrachtet werden sollte, obwohl es gleichzeitig etwas seltsam anmutet, daß [sic] ein Grundsatz wahr sein sollte, der ansonsten den Tatsachen nicht entspricht."[127]

Das zentrale Axiom der Eigennutzmaximierung, das hier deutlich als standardisierte (und nebenbei bemerkt von Hume als den Tatsachen nicht entsprechend bezeichnete) Annahme über den Menschen formuliert wird, besitzt demnach auch *normativen* Sinn, da es als *worst-case*-Annahme die institutionelle Rahmenordnung maximal gegen Schurken bzw. Trittbrettfahrer stabilisiert und somit letztlich mehr Solidarität und Sicherheit erzwingt. Man *soll* folglich für die optimale Bildung einer (wirtschafts)politischen Rahmenordnung vom Homo-oeconomicus-Modell ausgehen. Ebenso argumentiert Homann: Da wohlfahrtsförderndes Verhalten Einzelner systemisch weniger ins Gewicht fällt als wohlfahrtsminderndes Handeln Vieler, bildet das Homo-oeconomicus-Modell das beste Analyseinstrument für die positive Analyse der aggregierten Folgen individueller Handlungen und zur Gestaltung sozialer Strukturen.[128]

Die normative Legitimation eigennutzmaximierenden Handelns ergibt sich zudem aus der bereits erwähnten handlungsdeterminierenden[129] Sachzwanglogik des ökonomischen Wettbewerbs bzw. der ökonomischen Theorie. Das Individuum *sollte* sich folglich als Wirtschaftssubjekt in seinem Handeln am ökonomischen Verhaltensmodell orientieren, weil es durch marktwirtschaftliche Gesetzesmäßigkeiten dazu gezwungen wird, rational eigennutzmaximierend zu handeln: „Human beings are to some extent forced to act rationally; if not, ‚natural' selection eventually results in their elimination. […] In an economy with harsh competition, enterprises which do not maximize profits do not survive but go bankrupt."[130] Darüber hinaus legitimiert sich die ökonomisch-rationale Skepsis als Gestaltungsgrundlage individueller Handlungen um Ausbeutung vorzubeugen. Zur Rechtfertigung dieser

[127] Hume (1988), S. 36ff.

[128] Vgl. Homann (1994a), S. 398f.

[129] Vgl. Suchanek (2005), S. 177.

[130] Frey (1999), S. 13. Zur Kritik der hier von Frey dargelegten *natur*gesetzlichen Analogie siehe Abschnitt 6.1 und 6.4.

Annahme genügt dabei schon „die *Antizipation* der Möglichkeit, daß [sic] andere mich in Nachteil bringen“.[131]

Geht es bei der normativen Bedeutung des ökonomischen Verhaltensmodells daher letztlich um die Frage, ob man von einem skeptischen Bild des eigennutzmaximierenden Menschen ausgehen sollte, um ein gerechtes und funktionierendes Wirtschaftssystem zu entwerfen? Schafft eine auf prinzipiellem Misstrauen ausgelegte Handlungsanalyse gerechte Verhältnisse und wirkt letzten Endes dadurch sogar moralfördernd?[132] Diese Problemstellung wird im zehnten Kapitel ausführlicher behandelt und einer möglichen Antwort zugeführt.

Die moderne *Ökonomik*[133] sieht die normative Bedeutungsebene des ökonomischen Verhaltensmodells in den Grundprinzipien der *Freiheit* und *Gerechtigkeit* verankert:

> „Die Ökonomik bemüht sich schon seit den Klassikern darum, die freie Entscheidung der Individuen zuzulassen und deren Verfügungsrechte zu garantieren. Dieses Bemühen gründet in der Überzeugung von Ökonomen, daß [sic] freie Marktaustauschprozesse auch allokationstheoretisch zu Grenznutzen- und Grenzproduktivitätsausgleich führen.“[134]

Die Letztbegründung des ökonomischen Verhaltensmodells als normatives Handlungsideal basiert somit darauf, dass das Wirtschaftsindividuum seine Freiheit im Rahmen des Modells vollkommen verwirklichen kann, ohne dabei moralisch bedenklich oder ungerecht zu handeln. Sind erst auf institutioneller Ebene alle *Spielregeln* geklärt und mittels Konsens legitimiert, *soll* sich im Rahmen dieser Spielregeln der freie Wettbewerb individueller Eigeninteressen entfalten.

---

131 Homann (1994a), S. 399. Schüßler verdeutlicht diese *skeptische Rationalität* an einem Beispiel: „Empirische Daten, die gegen den rationalen Egoismus sprechen, schränken die Angemessenheit des risikoscheuen ‚Was-wäre-wenn'-Kalküls nur begrenzt ein. Angenommen Akteurin X möchte sich einen Gebrauchtwagen kaufen. 70% der Gebrauchtwagenhändler sind immer ehrlich, während 30% ab und zu ihre Kunden über's [sic] Ohr hauen. Trotz der größeren Prozentzahl aufrichtiger Händler wird eine kluge Kundin dem Verkäufer misstrauen [sic], ihn behandeln, als ob er nur an seinem Profit interessiert wäre, und den Wagen gründlich inspizieren. Eine rationale Kundin legt das Modell des amoralischen, rationalen Egoisten ihrer Situationsbeurteilung zugrunde, obwohl sie weiß, daß [sic] es nur in der geringeren Zahl der Fälle zutrifft.“ (Schüßler 1990, S. 3) Allein die Wahrscheinlichkeit, betrogen zu werden, macht eine skeptische Haltung bzw. die Annahme es mit Egoisten zu tun zu haben demnach *rational.*

132 Vgl. Starbatty (1999), S. 18.

133 Suchanek definiert Ökonomik als „die Wissenschaft von den Chancen und Problemen der Zusammenarbeit zum wechselseitigen Vorteil.“ (Suchanek 2007a, S. 37)

134 Mack (1994), S. 91.

„In der ex ante Situation […] gilt es, […] das Konsensparadigma anzuwenden. […] In der ex post Situation, in der bereits normative Institutionen existieren, können dann individuelle Präferenzen innerhalb von Institutionen […] freizügig gelassen werden, denn es kann mit der ‚verhaltensprägenden Wirkung von Institutionen' gerechnet werden. Durch entsprechende Anreizwirkungen wird individuelles Handeln berechenbar."[135]

Freiheit, Gerechtigkeit und Moral werden also durch die Rahmenordnung des Wirtschaftssystems, d.h. durch Institutionen garantiert und die eigennutzorientierte Handlungslogik des Homo oeconomicus somit legitimiert. Innerhalb des Marktes darf und soll sich dann *im Interesse aller* die Kraft der Eigennutzmaximierung der Homines oeconomici samt seiner gesellschaftlich positiven Folgewirkungen entfesseln. Das ökonomische Verhaltensmodell wird so zum ethischen Verhaltensideal.

5. Menschenbild oder heuristische Kunstfigur?

Nach der inhaltlichen Analyse des ökonomischen Verhaltensmodells stellt sich die grundlegende Frage nach seiner *Funktion.* Handelt es sich beim Homo oeconomicus lediglich um ein heuristisches Kunstgebilde oder ein Menschenbild? Viele Wirtschaftswissenschaftler sowie Vertreter der Neuen Institutionenökonomik sehen in dem Modell eine methodisch notwendige, präempirische Abstraktion real zu erwartenden Verhaltens, die jedoch nicht mit einem Menschenbild gleichgesetzt werden darf (Homann, Suchanek). Andere halten den Ansatz für eine zumindest empirisch-adäquate Beschreibung menschlichen Verhaltens (Kirchgässner), dem darüber hinaus die implizite Bedeutung eines Menschenbildes zukommt, das wiederum Einfluss nimmt auf das ökonomische Verhalten der Wirtschaftsakteure (Manstetten, Rolle). In diesem Kapitel soll daher das ökonomische Verhaltensmodell aus drei Perspektiven betrachtet werden: erstens als rein theoretisches *worst-case-Analysemodell* ohne Realitätsbezug zur Überprüfung von Systemen oder Rahmenordnungen, zweitens als Analyseinstrument mit realem Erklärungsanspruch (*Semifiktion*) und drittens als *normatives Ideal* sowie ebenenübergreifend als *Menschenbild.*

[135] Ebd., S. 193f.

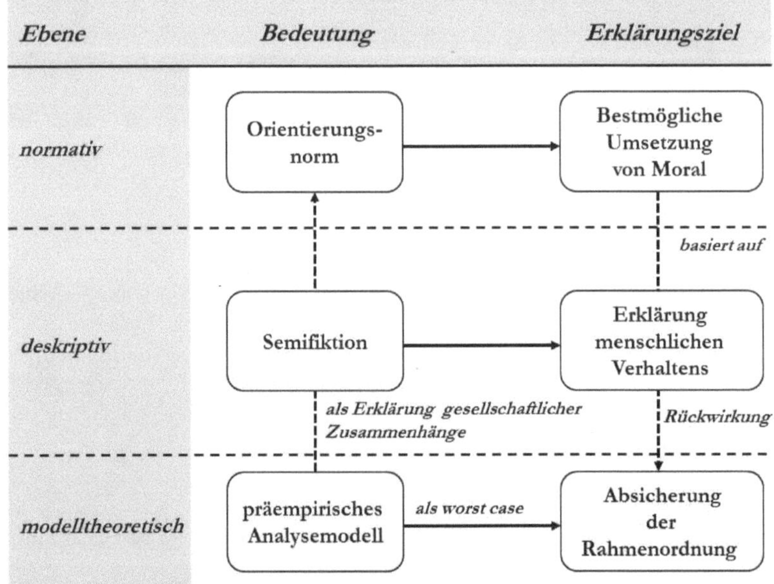

Abbildung 1: Bedeutungsebenen und Funktionen des Homo-oeconomicus-Modells

Homo oeconomicus als Analysemodell

Das ökonomische Verhaltensmodell lässt sich als *rein präempirische* Annahme verstehen, die als *worst-case*-Axiom[136] „*Mittel* [und] nicht *Gegenstand* der ökonomischen Analyse ist. Der *Gegenstand* der Analyse sind die Folgen bestimmter Anreizstrukturen von Situationen und Institutionen."[137]

> „Der *Sinn* des homo oeconomicus in der sozialwissenschaftlichen Forschung besteht nicht in seiner direkten empirischen Validität [...] [sondern] vielmehr darin, empirische Forschung auf die Nebenbedingungen, die Situationen, zu fokussieren. [...] Es handelt sich um ein präempirisches Schema, das die empirische Forschung vor dem richtungslosen Stochern im Nebel bewahren und ihr stattdessen eine *Anweisung* geben soll, wo sie was gezielt suchen soll. [...] Das Schema fungiert als Theorie-Input, als *Heuristik*".[138]

[136] Homann (1994a), S. 401, ebenso vgl. Nutzinger, S. 65.

[137] Suchanek (1991), S. 83 (Hervorhebungen im Original).

[138] Homann (1994a), S. 395 (Hervorhebungen im Original).

In dieser Funktion als präempirische Heuristik lassen sich mit dem Modell folglich „Zusammenhänge von gesellschaftlichen Handlungsbedingungen und Handlungsfolgen analysieren und deren Risiken weitestgehend erkennen."[139] Dadurch können Verhaltenshypothesen aufgestellt und soziale Regelmechanismen zur Gestaltung der Rahmenordnungen gefunden werden. Entwirft man soziale Systeme unter Annahme des Homo-oeconomicus-Modells, sichert man sie gegen die gesamtgesellschaftlich negativen Folgen individuell-destruktiven Handelns im Sinne des rationalen Eigennutzmaximierers ab. Die restriktive Sichtweise dient dazu, „die ökonomische Analyse vor Illusionen zu schützen. Ihre Erklärungen [...] sollen [...] auch im schlimmsten Fall des unmoralischen Verhaltens der Wirtschaftssubjekte ihre Geltung bewahren."[140]

Die Annahme selbst entspricht aus dieser Perspektive keinem deskriptiven Erklärungsmodell. Ihr Sinn und Zweck beruht einzig und allein auf der „analytische[n] Produktivität"[141]. Als wissenschaftliche Heuristik ist die Homo-oeconomicus-Annahme daher auch „zweckgemäß oder unzweckgemäß, fruchtbar oder unfruchtbar, aber nicht empirisch ‚richtig' oder ‚falsch'"[142], d. h. falsifizierbar. Mehr als eine *als-ob*-Erklärung will und soll sie nicht leisten.

Homo oeconomicus als Semifiktion mit dem Telos der Realität

Aus der vorangegangenen Funktionsbeschreibung des Homo oeconomicus als von der Empirie losgelöstes, heuristisches Analyseinstrument ergibt sich jedoch ein Problem: Wenn das ökonomische Verhaltensmodell wie Homann behauptet empirieunabhängig existiert, „[w]as aber genau sollte [es] dann sein? Worum sollte es bei der Homo-oeconomicus-Annahme gehen, wenn nicht um die Erklärung (oder auch ein Verstehen) und damit zumindest eine ungefähre Prognose"?[143] Als Analysemodell sozialer Handlungsmechanismen entspräche es einer „wertlose[n] Konstruktion, wenn nicht angenommen werden könnte, dass das menschliche Verhalten tatsächlich mit einer gewissen Häufigkeit diesem Modell entspricht."[144] Aus diesem Grund muss die eigennutzmaximierende Handlungslogik folglich auf realen Verhaltensweisen basieren und deskriptiv rückgekoppelt werden. Da es sich sowohl um ein wissenschaftlich vereinfachtes, d.h. reduktionistisches Erklärungsmodell als

[139] von Nell (2006a), S. 4.

[140] Horn (1996), S. 70.

[141] Kapeller (2008), S. 16.

[142] Homann (1994a), S. 396.

[143] Thielemann (1996), S. 113.

[144] Göbel (2006), S. 48.

auch um ein funktionalisiertes Analyseinstrument handelt, entspricht sein Modellcharakter einer *Semifiktion*[145].

Die Frage nach den Auswirkungen rational-eigennutzmaximierenden Verhaltens kann folglich nur dann sinnvoll gestellt werden, *wenn* rational-eigennutzmaximierendes Verhalten ein sozial beobachtbares und somit deskriptiv relevantes Phänomen ökonomischen Handelns darstellt. Auch wenn innerhalb dieser Fragestellung der Fokus auf der *Handlungssituation* bzw. den Folgen des individuellen Handelns und *nicht* auf der Beschreibung desselben liegt, darf der Realitätsbezug und somit das deskriptive Element des Handlungsmodells nicht vernachlässigt werden. Bleibt dieser Zusammenhang unberücksichtigt, stilisiert man die Handlungslogik des Homo oeconomicus in ihrer Anwendung auf die Analyse von Dilemmasituationen letztlich indirekt zum Standardverhalten des Wirtschaftssubjekts, da die Handlungslogik nicht als Spezialfall sondern Regelfall ökonomischen Handelns betrachtet und verwendet wird.

Da das ökonomische Verhaltensmodell als Semifiktion somit „zum Teil auch den Status eines empirischen Erklärungsmodells menschlichen Verhaltens" besitzt, stellt der Homo oeconomicus „zumindest implizit eine bestimmte Deutung des Menschen dar."[146] Er entspricht einer theoretischen Generalisierung „wie sich Menschen tendenziell verhalten, wenn sie ökonomische Ziele verfolgen."[147] Auch Kirchgässner betont den notwendigen Realitätsbezug des Homo-oeconomicus-Modells und geht davon aus, dass das ökonomische Verhaltensmodell „in vielen Situationen eine zutreffende Beschreibung unseres Verhaltens"[148] bildet:

> „Selbstverständlich ist der homo oeconomicus ein theoretisches Konstrukt, und hierzu sind erhebliche Abstraktionen von der Realität notwendig. Bei diesen Abstraktionen dürfen jedoch die (für die jeweilige Untersuchung) wesentlichen Merkmale nicht verlorengehen, wenn dieses Konstrukt zur Erklärung tatsächlichen Verhaltens erfolgreich verwendet werden soll. Daher ist (in diesem Sinne) die ‚Realitätsnähe' des Verhaltensmodells wesentlich für seine Leistungsfähigkeit."[149]

Ebenso schreibt Schlösser:

145 Schlösser (1992), S. 40f.

146 Kleinfeld (1998), S. 140.

147 Schlösser (1992), S. 35.

148 Vgl. Kirchgässner (2000), S. 47f.

149 Ebd., S. 62.

„Faßt [sic] man homo oeconomicus lediglich als Kunstgriff des Denkens auf, so liegt die Vermutung nahe, es solle einer empirischen Untersuchung über die Natur des Menschen entsagt werden. Diese Vermutung ist aber falsch. In der modernen Wissenschaft, besonders häufig aber in der Volkswirtschaftslehre, stoßen wir immer wieder auf eine Philosophie des ‚als ob', auf eine systematische Verwendung des Konjunktivs".[150]

Das Standardmodell bildet aus dieser Perspektive ein theorieanalytisches Instrument der Ökonomie, dessen Erkenntnisfunktion auf der empirischen Rückkopplung basiert. Letztlich muss sich das Modell daher zumindest bezüglich seiner Prognosetauglichkeit „der Probe auf die Realität unterwerfen."[151] Als Semifiktion bereitet das Modell die Erkenntnis zwar nur vor, durch sie wird aber dennoch bereits „eine größere Annäherung an die Erkenntnis der wirklichen Sachverhalte erzielt"[152]. Bis hierher genügt zunächst die Feststellung, dass das Homo-oeconomicus-Modell nicht jenseits jeglichen realen Bezugs stehen kann. Auch theorieintern wäre zumindest „eine exakte Festlegung der Präferenzen unerlässlich"[153], die dann wiederum empirisch begründet werden müsste. Als hypothetische Verhaltensannahme zur Überprüfung potentieller, gesamtgesellschaftlicher Handlungsfolgen kann das Modell zwar nicht empirisch kritisiert werden, muss aber dennoch deskriptiv rückgekoppelt sein.[154]

Homo oeconomicus als Menschenbild

Verdient die ökonomische Verhaltenstheorie über die bisherigen Interpretationen hinaus aufgrund ihrer expliziten oder impliziten Verwendung innerhalb der Ökonomie die funktionelle Zuschreibung *Menschenbild*?

„Der homo oeconomicus ist keine Aussage über das Wesen des Menschen, sondern er ist (nur) ein Modell. [...] Das Modell ist eine nützliche, problembezogene Reduktion, nicht mehr, aber auch nicht weniger. [...] Eine sinnvolle Interpretation des homo oeconomicus hat damit zu beginnen, dass es sich erstens um ein Modell zur Analyse von menschlichen Handlungen, ihren Bedingungen und ihren Folgen – und eben nicht: um ein Menschenbild – handelt."[155]

---

150 Schlösser (1992), S. 35.

151 Ebd., S. 37.

152 Ebd., S. 40f.

153 Falk 2001, S. 3. Vgl. auch Kapeller (2008), S. 25ff.

154 Vgl. Thielemann (1996), S. 111ff.

155 Suchanek (2005), S. 173ff.

Das Zitat Suchaneks scheint dieser Annahme zu widersprechen. Doch insofern die Wirtschaftswissenschaft den Menschen bis in die Gegenwart hinein als theorierelevant betrachtet, lassen sich die berücksichtigten Annahmen über den Menschen in der Tat zumeist auf das Modell des Homo oeconomicus reduzieren. Die Theorie geht, wie wir bei der Darstellung des ökonomischen Verhaltensmodells gesehen haben, davon aus, dass *alle relevanten Determinanten wirtschaftlichen Handelns* im Homo-oeconomicus-Modell berücksichtigt werden.[156] Da das Modell folglich dem für die Wirtschaftstheorie bedeutsamen Ausschnitt menschlichen Verhaltens entspricht, kann es per Definition (vgl. Kapitel 2) bereits als implizites Menschenbild der Ökonomie im Sinne einer disziplinär-methodischen Fokussierung verstanden werden, ohne dabei eine vollständige Erklärung menschlichen Handelns zu beanspruchen. Doch auch über die definitorische Ebene hinaus wird der Menschenbildcharakter des Modells innerhalb der Ökonomie deutlich: Im Gegensatz zur Auslegung als *worst-case*-Annahme, die eben begrifflich *nur eine bestimmte* Verhaltenshypothese betrachtet, bildet das Homo-oeconomicus-Modell, wie wir gesehen haben, die Grundlage der sowohl mikro- als auch makroökonomischen Theorie. Menschliches Handeln wird demnach *in der Regel* mit Hilfe des ökonomischen Verhaltensmodells beschrieben, zudem beeinflusst es als Verhaltensannahme die Handlungsprognose. Durch diese *ebenenübergreifende* Verwendung und somit funktional enge Verschränkung von deskriptivem Erklärungsmodell und Prognoseinstrument der Alltagswelt bis hin zu seinem produktiven Einfluss auf die Systemgestaltung, als nicht lediglich worst-case sondern *allgemeingültige* Annahme, erlangt der Homo oeconomicus die Bedeutung einer ökonomischen Mensch-Theorie.[157] Aus den dargestellten Gründen interpretiert Manstetten das Standardmodell daher auch „als Entwurf eines Menschenbildes mit philosophischem Anspruch".[158]

Die Interpretation des Homo oeconomicus als reines Testverfahren, d.h. *als eine Fallannahme* der Verhaltenstheorie wie sie Homann u.a. vornimmt, zielt auf die Bildung einer gegen Trittbrettfahrer abgesicherten Rahmenordnung ab. Diese Funktionalisierung des Homo oeconomicus ist durchaus legitim und Gegenstand der Institutionenökonomik, jedoch wird diese Bedeutungszuschreibung nicht der eigentlichen, analytisch erarbeiteten *Gesamtfunktion* des ökonomischen Verhaltensmodells als Standardmodell innerhalb der ökonomischen Theorie gerecht. Im Gegensatz zur präempirischen *worst-case*-Annahme Homanns bildet das Modell letztlich die Grundannahme menschlichen Verhaltens in der ökonomischen Theorie überhaupt. Daher wird das Modell im Folgenden als Menschenbild der Öko-

[156] Vgl. Suchanek (2007a), S. 180f.

[157] Auch die diskutable *als-ob* Modalität der Erklärung (die im Grunde nur für die Verwendung als Analyseinstrument gilt) ändert aufgrund der inhaltlich übergreifenden Verwendung des Ansatzes nichts an dieser modelltheoretischen impliziten oder expliziten Bedeutung.

[158] Manstetten (2002), S. 13.

nomie betrachtet und als solches auf allen drei Bedeutungsebenen kritisiert: Auf modell- bzw. wissenschaftstheoretischer Ebene stellt sich die Frage nach der Falsifizierbarkeit und Erklärungskraft des Modells, auf deskriptiver Ebene die Frage der empirischen Gültigkeit. Auf normativer Bedeutungsebene lässt sich schließlich hinterfragen, ob die Homo-oeconomicus-Annahme tatsächlich die beste Grundannahme zur Orientierung ökonomischen Handelns sowie zur Gestaltung einer wirtschaftsethischen Rahmenordnung bildet und inwiefern ein erweitertes Modell als Grundlage wirtschaftsethischer Ansätze dienen kann. Nach einer ausführlichen Darstellung der ebenenspezifischen Kritikpunkte wird die umfassende Funktion des ökonomischen Verhaltensmodells als Basisaxiom und Menschenbild der Ökonomie schließlich als Kernproblem zu diskutieren sein.

II. Die Kritik des ökonomischen Verhaltensmodells

6. Wird das Homo-oeconomicus-Modell seinen Erklärungsansprüchen gerecht?

Baumgardts Kritik gegen die Homannsche Verteidigung des Homo oeconomicus als bestes Analyseinstrument setzt bei der zugleich deskriptiven und normativen Bedeutung des ökonomischen Handlungsmodells an. Entscheidend ist für ihn, „ob diese Vorstellung vom homo oeconomicus“ auf der Grundlage des ermittelten Bedeutungsanspruches „das Wirtschaften angemessen erklären kann und ob sie wirtschaftsordnende[n] Empfehlungen zugrundegelegt werden kann und darf.“[159] Neben dem Erklärungsgrad hebt Baumgardt in dieser Aussage die Bedeutung des gesellschaftstheoretischen, strukturellen Einflusses des Modells hervor. Auch Homann fasst diese doppelseitige Kritik am ökonomischen Verhaltensmodell wie folgt zusammen:

> „Die Menschen verhalten sich in vielen Kontexten keineswegs so, wie es die Annahmen des homo oeconomicus nahezulegen scheinen. [...] Man kann die Kritik am homo oeconomicus der Ökonomen dahin zusammenfassen, daß [sic] es sich empirisch um ein verkürztes und normativ um ein gefährliches, die Grundlagen der Gesellschaft bedrohendes ‚Menschenbild' der Ökonomik handle.“[160]

Neben diesen zu untersuchenden Hauptkritikpunkten beschäftigen sich weitere Argumente mit dem Modellstatus des Homo oeconomicus sowie mit der Offenheit des Begriffs Eigeninteresse. Die Kritik beginnt daher zunächst auf modell- bzw. wissenschaftstheoretischer Ebene mit dem Bedeutungsstatus (Abschnitt 6.1), um im Anschluss wie von Baumgardt gefordert die Prinzipien der Rationalität und der Eigennutzmaximierung als Kernelemente der ökonomischen Handlungslogik auf deskriptiver und normativer Ebene zu überprüfen (Abschnitt 6.2 bis 6.4) sowie aus philosophischer Perspektive zu reflektieren (Kapitel 7).

---

[159] Baumgardt (1990), S. 97. Auch Koslowski betont sowohl die deskriptive als auch normative Bedeutung des ökonomischen Modells menschlichen Verhaltens (vgl. Koslowski 1992, S. 76f).

[160] Homann (1994a), S. 388.

6.1 Die wissenschaftstheoretische Kritik des Homo oeconomicus

Ein besonderes Problem methodischer Art ergibt sich zunächst aus dem *Status* des Homo-oeconomicus-Modells, da es als zentrale Basishypothese der Wirtschaftswissenschaften – anders als es aufgrund der dargestellten methodischen Orientierung an den Naturwissenschaften zu erwarten wäre – keiner empirisch überprüften Hypothese entspricht, sondern vielmehr ein System axiomatischer Annahmen repräsentiert.[161] Als Konzept präempirischer Aussagen bezieht sich das Homo-oeconomicus-Modell also zunächst weder auf ein reales Sein (eine beobachtete Handlung) noch ein orientierendes Sein-sollen (eine Handlungsnorm) der Wirtschaftssubjekte. Zum Ausdruck kommt vielmehr „eine heuristische Fiktion, die eine Beschreibung und Erklärung der wirtschaftlichen Transaktionen beziehungsweise deren Unterlassung leisten soll."[162] Dieser *präempirische Status* eines *Handlungs*modells erweist sich als wissenschafts-theoretisch nicht haltbar. Zwar ist ein *worst-case*-Test (HO-Test), der lediglich das individual-egoistische Szenario in Bezug auf die Gestaltung sozialer Systeme in der Möglichkeitsform betrachtet, unproblematisch[163], doch spätestens als Prognoseinstrument, das per Definition auf die Vorhersage *real*-zu erwartenden Verhaltens abzielt, wird das ökonomische Verhaltensmodell der empirischen Falsifikation zugänglich gemacht. Das Modell kann dann nicht unabhängig jedweder Wirklichkeit behauptet werden: Aus wissenschaftstheoretischer Perspektive wird „[d]ie Beziehung der Gesetze zur Wirklichkeit [...] dadurch hergestellt, daß [sic] die Gesetze die Möglichkeit von Vorhersagen über zukünftige Erscheinungen bieten. [...] Wissenschaft bewährt sich in der Verfügungsmacht über die in ihrem Bereich liegenden Phänomene."[164] Insofern ist Homo oeconomicus also an die empirische Realität gebunden und anhand seiner Vorhersagekraft überprüfbar. Die wirtschaftstheoretischen Konstrukte müssen sich an der Realität (Lebenswelt) orientieren, nicht umgekehrt:

> „*Die Lebenswelt*, die teilnehmende Perspektive, *bleibt aber der Ursprung* dieser Realabstraktion. Der Beobachter erreicht immer nur eine quasi-objektive und niemals eine objektive Perspektive, da er immer auch Teilnehmer, und also wertender Mensch, ist. Alles wirkt also letztlich aus der Lebenswelt auf diese zurück. Daraus ergibt sich das Primat der Lebenswelt vor dem System."[165]

[161] Vgl. Rolle (2005), S. 164.

[162] Ebd., S. 166.

[163] Die Rechtfertigung für die Beibehaltung des Eigennutzmotivs als einer möglichen worst-case-Fallannahme „wird von einer experimentellen Widerlegung der Eigennutzannahme nicht berührt." (Schlicht 2003, S. 3)

[164] Manstetten (2002), S. 45.

[165] Matthiesen (1995), S. 30 (Hervorhebungen im Original).

Die methodisch berechtigte und meist notwendige Fokussierung des Blickwinkels eines Wissenschaftsbereichs verfehlt somit genau dann ihr Ziel, „wenn gerade jene Wirklichkeitsbereiche ausgeklammert werden, welche für den Erkenntnisgegenstand konstitutiv sind.“[166] Vereinfachungen und Modelle bilden zwar den theoretischen Kern der (Wirtschafts)Wissenschaften, müssen aber dennoch der empirischen und modelllogischen Überprüfung standhalten und sich bewähren. Das Argument der Einfachheit unterliegt dem primären Argument der Erklärungskraft. Bezüglich der notwendigen modelltheoretischen Vereinfachungen gilt daher mit Doucouliagos: „This is a valid argument, as abstraction and model building are important in economics. However, an equally valid and more important argument is that progress in economics through refinement of existing models/abstractions, and the adoption of models that best reflect the essence of human decision making, is needed.”[167] Auch die Behauptung der präempirischen Produktivität des Modells ändert daran nichts:

> „Mit falschen oder systematisch verzerrenden Annahmen über die Realität kann man auf Dauer diese Realität nicht gut erklären. Zur Rettung musste lange das Argument herhalten, dass es egal sei, worauf ein Erklärungsmodell fußt, solange es das wirtschaftliche Geschehen selbst gut prognostiziere. Erstens ist diese Behauptung schon für sich fraglich, und zweitens sind die meisten volkswirtschaftlichen Prognosen auf Basis der klassischen Modelle alles andere als ‚gut'.“[168]

Auch die *als-ob*-Konstruktion des ökonomischen Verhaltensmodells erweist sich im Folgenden als wissenschaftstheoretisch nicht tragfähig: „Die Berufung auf ‚als ob'-Erklärungen beinhaltet [...] das Eingeständnis, dass [Homo oeconomicus] als realwissenschaftliche Kausalhypothese nicht taugt.“[169] Zwar entzieht sich das Modell in dieser Form der empirischen Überprüfbarkeit, jedoch ist die Nützlichkeit einer solchen Hypothese gerade aufgrund der mangelnden erfahrungswissenschaftlichen Bestätigung mehr als fraglich.

Ein weiterer Kritikpunkt ergibt sich aus der historisch entwickelten Analogie naturwissenschaftlicher und sozialer Gesetzmäßigkeiten. Der methodologische Individualismus betrachtet das Verhalten des Individuums als kleinste Einheit eines Sytems, um daraus die Gesamtentwicklung des Systems *Gesellschaft* herzuleiten. Die Analogie zum Erklärungsmuster der Naturwissenschaften, die zur Erklärung be-

[166] Rolle (2005), S. 344

[167] Doucouliagos (1994), S. 878.

[168] Heuser (2008), S. 231.

[169] Güth & Kliemt (2002), S. 14.

obachtbarer Phänomene grundlegende (elementare) Einheiten verwenden, wird dabei bewusst gezogen, um die Wissenschaftlichkeit und damit Eindeutigkeit der Schlussfolgerungen zu untermauern. Doch gerade diese Behauptung, der zufolge Prinzipien wie das des Homo oeconomicus als *Gesetz*mäßigkeit analog zu physikalischen Gesetzen immer und überall gelten, ist umstritten. Die Sozialwissenschaften haben es mit dem handelnden Menschen zu tun, die Physik mit der unbelebten Natur. Dabei spielen die „Intentionen der Handlungsträger eine wesentliche Rolle“[170]. Während der methodologische Individualismus das System Gesellschaft auf die Handlungen der Individuen reduziert, versucht das ökonomische Verhaltensmodell die verschiedenen Elemente individuellen Handelns auf das Prinzip des Eigeninteresses zu verkürzen:

> „Der Ökonomismus ist der Zwillingsbruder des Physikalismus. Beide sind reduktionistische, wenn man will, sogar fundamentalistische Strömungen der Moderne, die vielfältiges natürliches Sein – im Fall des Physikalismus – und differenziertes Sozial-, Seelen- und Handlungsleben – im Fall des Ökonomismus – auf eine einzige Grundkategorie zurückführen.“[171]

Wirtschaftliches Handeln entspricht jedoch nicht kausalen Prozessen einer kohärenten Grundkategorie mit unabänderbaren Gesetzen, formal gekleidet in Sachzwänge, sondern einem Werk menschlicher Freiheit.[172] Unser Handeln stellt ein wesentlich komplexeres System dar, dessen Funktionsweise nicht-linear ist und das somit neue Ansprüche an Modellierungsversuche stellt. Kersting weist in diesem Zusammenhang darauf hin, dass wir „bis heute kein psychologisches Gesetz [kennen], mit dessen Hilfe menschliches Verhalten im deterministischen Sinn erklärt und prognostiziert werden kann.“[173] Daraus resultiert die generelle Frage sowohl nach den objektbedingten Grenzen einer deterministischen Modellierbarkeit menschlichen Verhaltens als auch nach den Inhalten einer ökonomischen Verhaltenstheorie.

Die Kritik am reduktionistischen Ansatz des ökonomischen Verhaltensmodells geht einher mit dem Vorwurf der behavioristischen Betrachtungsweise. Auch wenn Kirchgässner[174] unter Hinweis auf die Bedeutung der Präferenzen sowie das strategische Verhalten des Homo oeconomicus bestreitet, dass es sich beim Homo-oeconomicus-Modell um einen behavioristischen Ansatz handelt, wird im Stan-

[170] Kirchgässner (2000), S. 267f.

[171] Kersting (1998a), S. 33.

[172] Vgl. Göbel (1992), S. 351.

[173] Kersting (1998a), S. 44.

[174] Vgl. Kirchgässner (2000), S. 37.

dardmodell das innere Reflexionsvermögen des Menschen vernachlässigt. Der Homo oeconomicus wird samt seiner *stabilen* Präferenzen letztlich aus behavioristischer Perspektive betrachtet, nicht zuletzt deshalb, weil sich dieses Paradigma in Theorie und Praxis „tief in das Unterbewusstsein des Managements und der Ökonomie eingegraben [hat]. Menschen werden heute nach messbaren Ergebnissen beurteilt, sie werden durch Belohnungssysteme stimuliert, so dass sie die gewünschten Arbeitsreaktionen zeigen. Alles muss messbar, also wissenschaftlich sein“[175]. Menschliches Verhalten lässt sich jedoch auf diese Weise nicht *differenziert* beschreiben. Der eigentliche Entscheidungsvorgang sowie Veränderungen der Präferenzen oder der Einfluss von Moralität oder Emotionalität auf die rationale Wahl sind einem behaviouristischen Paradigma schlichtweg nicht zugänglich.

6.2 Die Kritik der ökonomischen Rationalität

Rationalität als philosophischer Begriff meint zunächst die vernünftige Wahl der Mittel für gesetzte Zwecke. Die *Ratio* (lat. *Vernunft*) des Menschen besteht im Vermögen des logischen, verstandesgemäßen Denkens, das durch sich selbst somit die *Vernünftigkeit* praktischer Handlungen oder wissenschaftlicher Theorien gewährleistet.

Auch die ökonomische Rationalität basiert wie wir bei der Darstellung des Modells gesehen haben zunächst auf einem solchen Rationalitätsbegriff, der Mittel-Zweck-Relationen beschreibt und Handlungen grundsätzlich als zweckorientiert und daher *rational* kennzeichnet. Die dazu notwendigen grundlegenden kognitiven Fähigkeiten des Menschen sind wie wir bei Simon gesehen haben insofern begrenzt, als dass Menschen Entscheidungen nicht (wie vom Homo-oeconomicus-Modell nahegelegt) vollkommen rational treffen, d.h. alle in Frage kommenden Faktoren in ihr Entscheidungskalkül mathematisch miteinbeziehen, sondern vielmehr nur perspektivische Ausschnitte berücksichtigen. Die menschliche Wahrnehmung kann nicht alle Faktoren erfassen, ebenso entspricht unsere Informationsverarbeitung keinem mathematischen Lösungsprinzip, sondern wird, wie die psychologische und neurobiologische Forschung zeigt, weitaus mehr von Intuitionen und Emotionen beeinflusst als angenommen[176], weshalb die Modellannahme des „rein rationalen Ent-

[175] Dueck (2008), S. 207.

[176] Vgl. Kahnemann (2003), S. 1469f sowie Damasio (2007) und Camerer et al. (2005), S. 11. Insbesondere Kahneman, der zusammen mit Vernon L. Smith 2002 den Wirtschaftsnobelpreis für die von ihm und Tversky entwickelte *Prospect Theory* erhielt, übt grundlegende Kritik an der ökonomischen Rationalität als deskriptive Theorie. Er untersuchte in Experimenten das menschliche Entscheidungsverhalten unter Risikobedingungen sowie im Fall normaler Transaktionen und fand heraus, dass unsere Entscheidungen auch von Er-

scheiders nicht aufrechtzuerhalten ist."[177] Die Vorstellung einer rein logisch-bewussten, d.h. emotionslosen Rationalität des Menschen, die das Homo-oeconomicus-Modell unterstellt, wird durch verhaltensökonomische sowie neurobiologische Forschungsergebnisse widerlegt.[178] Menschliches Verhalten basiert auf keiner mathematisierten Rationalität und wird auch nicht von ihr gesteuert, sondern ist weitaus mehr durch Emotionen und soziale Faktoren geprägt.[179] Das rationale Entscheidungskalkül des Homo oeconomicus entspricht folglich nicht den Entscheidungsfindungsprozessen des wirklichen Menschen. Daher lässt sich in Bezug auf das rationale Vermögen des Handlungssubjekts festhalten, dass zwar Simons Erweiterung des Standardmodells zur begrenzten Rationalität einer deutlichen Modellverbesserung gleichkommt, das Rationalitätprinzip des Homo oeconomicus jedoch die Bedeutung von Emotionen, Moralität und anderen möglichen Faktoren für die Konstitution rationaler Entscheidungsfindung nicht berücksichtigt. Während das Handeln des Homo oeconomicus algorithmisch determiniert ist, wird menschliches Handeln auch durch strategieunabhängige *Wert*urteile bzw. normative Überzeugungen bedingt. Die Berücksichtigung der genannten Einflussfaktoren auf die Rationalität der Handlung verweist somit aus philosophischer Perspektive sowohl auf eine genauere Bestimmung des Rationalitätsprinzips, d.h. auf eine gewissenhaftere Beantwortung der Frage was Rationalität ist, als auch auf die Notwendigkeit und Problematik ihrer theoretischen Modellierbarkeit im Allgemeinen sowie im speziellen Fall der Ökonomie.

Die Eindimensionalität der ökonomischen Ratio

Als Folge dieses reduktionistischen Rationalitätskonzepts ergibt sich das Problem der Eindimensionalität der ökonomischen Ratio. Die ökonomische Handlungslogik lässt *sozial-rationale* bzw. *moralische Dimensionen* unberücksichtigt. Während der Reduktionismus versucht, „to *explain away* moral conduct by showing that it is simply a subtle form of self-interest, [...] the others recognize that economically relevant moral attitudes are real and must be *explained*."[180] Zwar wird zunächst behauptet, dass das Homo-oeconomicus-Modell diese Perspektive moralisch-rationalen bzw. kooperativen Verhaltens in ihr Entscheidungskalkül integrieren könnte, da es eine Teilfunktion der Zielfunktion *Eigennutz* bildet, jedoch bleibt festzuhalten, dass die

wartungen und sozialen Vergleichen bestimmt werden: „An objective improvement can be experienced as a loss, for example, when an employee receives a smaller raise than everyone else in the office." (Kahneman & Tversky 1984, S. 349) Seine Theorie belegt zudem, dass Menschen eine irrationale Tendenz besitzen, weniger risikobereit mit Gewinnen als mit Verlusten zu sein (vgl. Kahneman & Tversky 1984, S. 341ff).

177 Priddat (1998), S. 5.

178 Vgl. Siebenhüner (2000), S. 6 bzw. Kapitel 6.3.

179 Vgl. Dueck (2008), S. 13.

180 McPherson (1984), S. 79 (Hervorhebungen im Original).

dazu notwendige moralisch-rationale Einsicht bzw. Vernunft fehlt, was u.U. nicht immer im Handeln sichtbar wird, sich allerdings in vielen Situationen auf das Verhalten des Homo oeconomicus auswirkt. Die vom Standardmodell behauptete Allgemeingültigkeit ökonomisch-rationalen Handelns kann daher auch sozialwissenschaftlich nicht aufrechterhalten werden, da die gleichwertige Anerkennung der Interessen anderer im Handeln vom rationalen Nutzenmaximierungsprinzip ausgeschlossen wird. Das Vernünftige, d.h. Sozial-integrierte, bleibt „der unüberschreitbare Horizont des Rationalen“[181]. Für Latouche bildet ein mit einer solchen Ratio ausgestatteter Homo oeconomicus ein unwiderlegbares *metaphysisches Postulat*, ein Dogma, das für alle Menschen unabhängig von Kultur, Geschlecht oder Alter gelten soll.[182] Im Rahmen dieses eindimensionalen Rationalitätsverständnisses sind dann „[d]er Bann und die Herrschaft der Rationalität [...] total. Keiner entgeht ihr. Der *homo oeconomicus* ist ein rationaler Idiot.“[183]

Das Ziel, durch die „Reduktion aller moralischen und sozialen Betrachtungen auf ökonomische Bewertungen einen erheblichen Rationalitätsgewinn“ zu erlangen, entpuppt sich somit als Verfremdung, das ökonomische Rationalisierungsprojekt erweist sich zugespitzt formuliert „als moral- und sozialitätsexorzistisches Gegenstück der physikalistischen Austreibung des Geistes“.[184] Diese eindimensionale Reduktion der Rationalität auf das ökonomische Maximierungskalkül bringt Latouche zum Ausdruck: „Letztlich sind rational und kalkulierend zwei Ausdrücke für ein und dasselbe“.[185] Die eng definierte ökonomische Rationalität *als* strategische Gewinnmaximierung schafft sich in der Folge selbst zunehmend Erklärungsknappheiten und ist „daher in einem umfassenderen Sinne nicht immer vernünftig“[186]. Das Ausblenden anderer verhaltensrelevanter Dimensionen führt folglich in eine theoretische Sackgasse und beschneidet die analytische Prognosefähigkeit:

> „Die Gleichsetzung der Rationalität mit dem ökonomischen Kalkül hat [...] eine Anzahl von Problemen zur Folge. [...] Vielleicht ist alles, was aus der Welt des Handelns kommt, geeignet, ins Feld des Ökonomischen einzugehen, aber nur auf einem Umweg. Wenn alles einen Preis hat, ist nur der Kalkül wirklich rational, bei dem das Geld nicht nur Mittel, sondern auch und vor allem Zweck ist.“[187]

[181] Latouche (2004), S. 35.

[182] Vgl. ebd., S. 35.

[183] Ebd.

[184] Kersting (1998b), S. 103.

[185] Latouche (2004), S. 94.

[186] Göbel (1992), S. 350.

[187] Latouche (2004), S. 79ff.

Aus philosophischer Perspektive ist daher entscheidend, „daß [sic] Rationalität nicht nur den technokratischen Verstand meint, sondern die umfassendere, Zusammenhänge reflektierende Vernunft, die auch zu den Zwecken Stellung nimmt.“[188] Die eindimensionale ökonomische Rationalität des Standardmodells darf nicht als ganze Rationalität des Menschen aufgefasst werden. Die Kernfrage des Programms der ökonomischen Theorie, ob „man […] *die Rationalität auf den logisch-mathematischen Kalkül zurückführen*“[189] kann, ist dementsprechend negativ zu beantworten. Emotionalität, d.h. der Einfluss von Emotionen auf unsere Entscheidungen, und Moralität, d.h. der Einfluss eines individuellen bzw. kulturellen Wertesystems, bedingen ebenso wie logisches Mittel-Zweck-Denken unsere Entscheidungen bzw. Handlungen. Die Verabsolutierung der ökonomischen Handlungslogik ist falsch, „[ö]konomische Rationalität und eine vernünftige Organisation unserer Lebensverhältnisse sind […] nicht dasselbe“[190]. Homo oeconomicus „ist und bleibt ein *eindimensionaler* Mensch“.[191]

Im Gegensatz zum Reduktionismus des ökonomischen Verhaltensmodells kann und sollte der Ökonomie als Sozialtheorie daher zugemutet werden, alle ökonomisch relevanten Bedingungen menschlichen Handelns zu berücksichtigen und das Wirtschaftsindividuum somit aus seiner modelltheoretischen Eindimensionalität zu befreien. Rationalität als Grundlage menschlichen Verhaltens ist auch im ökonomischen Kontext mehrdimensional, weshalb das Verhältnis von Rationalität, Emotion und Moral genauer beleuchtet werden muss. Durch das *als-ob*-Verständnis der ökonomischen Theorie wurde „der erfahrungswissenschaftliche Anspruch des ökonomischen Erkenntnisprogramms aufgegeben.“[192] Die empirische Ökonomie kann hilfreich sein „über den bisherigen *als-ob*-Ansatz der Ökonomie hinauszugehen, indem sie die […] Mechanismen, die hinter individuellen Entscheidungen stehen, aufdeck[t]“[193] und die Verbindung von Rationalität, Emotionalität und Moral herstellt. Genau dies wird im Erweiterungsteil (Kapitel 8) geschehen, um zu einem integrierten Verständnis ökonomischer Rationalität zu gelangen.

Die Normativität der ökonomischen Rationalität

Durch die Gleichsetzung von rationalem und *eigennutz*orientiertem Handeln[194] wird die ökonomische Rationalität normativ beladen. Wie in Kapitel 4.2 beschrieben bildet Rationalität an sich kein normatives Prinzip, wird jedoch als ökonomische

[188] Göbel (1992), S. 339.

[189] Latouche (2004), S. 82 (Hervorhebungen im Original).

[190] Mittelstraß (1985), S. 7.

[191] Ulrich (1993), S. 242.

[192] Katterle (1991), S. 134.

[193] Fehr (2006b), S. 15.

[194] Vgl. Kapitel 4.2 bzw. 4.3.

Rationalität in Verbindung mit dem Eigennutzmaximierungsprinzip zum normativen Konzept. Während es sich bei der Rationalität des Handlungssubjekts zunächst um einen sich wertneutral-vollziehenden Denkmechanismus handelt, bildet die Postulierung des Prinzips der Eigennutzmaximierung eine Verbindung dieses wertneutralen Mittel-Zweck-Mechanismus mit dem eigentlich angestrebten Wirkungszweck: der effizienten Maximierung des Eigennutzens. Der Handlungslogik wird das eindimensionale, selbstbezogene Handungsmotiv hinzugefügt. Die einzige theoretische Charaktereigenschaft des Homo oeconomicus erweist sich daher als *normativ* beladenes Prinzip.

Diese Normativität basiert ebenso auf dem Bezug der ökonomischen Theorie zum Effizienzprinzip. Daraus ergibt sich an dieser Stelle die Frage: Für wen oder was soll Handeln effizient sein? Latouche bemerkt dazu: „Das Vergessen der Zwecke [...] läßt [sic] die Rationalität leer laufen. Sie wird *unvernünftig*."[195] Effizienz und Nutzenmaximierung werden zum Selbstzweck. Der Mensch hat sich mit Hilfe dieser normativen, ökonomischen Rationalität selbst *wegrationalisiert* und ist „in dieser technischen Dynamik nur noch ein Rädchen."[196] Er wird sich selbst aus dieser Perspektive „zum Optimierungsproblem"[197] und erhebt die ökonomische Rationalität zum Dogma. Latouche spricht in diesem Zusammenhang vom „Fundamentalismus des Rationalen", vom „religiöse[n] Gebrauch der Vernunft"[198]. Die Formalisierung der ökonomischen Rationalität kommt in ihrer Reduktion auf mathematische Kalküle einer „Entmenschlichung des Denkens" gleich.[199]

Durch die Gleichsetzung von Rationalität mit effizienter Eigennutzmaximierung wird das Verhaltensprinzip innerhalb des Modells zur (impliziten) Norm. Denn man will schließlich rational sein bzw. handeln. Das Modell des Homo oeconomicus basiert insofern auf einem normativen Fundament und entpuppt sich als „Fiktion mit normativem Charakter."[200] Das ökonomische Verhaltensmodell ebenso wie die Wirtschafts- und Sozialwissenschaften insgesamt müssen akzeptieren, dass sich ihr Forschungsgebiet zwischen Sein und Sollen bewegt und dass aus diesem Grund normative Aspekte einer Theorie nicht vermieden werden können, jedoch möglichst klar als solche gekennzeichnet werden müssen.

---

[195] Latouche (2004), S. 99. Ein solcher Zweck der Effizienzforderung wäre bspw. durch das Ziel nachhaltigen Wirtschaftens zum langfristigen Erhalt unseres Lebensraumes gegeben.

[196] Ebd., S. 100.

[197] Rolle (2005), S. 373.

[198] Latouche (2004), S. 152.

[199] Vgl. Horkheimer (1985), S. 34.

[200] Kapeller (2008), S. 30.

6.3 Die Kritik des Eigennutzmaximierungsprinzips

Die Handlungslogik des Homo oeconomicus wird in ihrer in Kapitel 4.3 dargestellten Form als opportunistisch-eigennutzmaximierendes Handeln durch jüngste Forschungsergebnisse der Verhaltens- bzw. Neuroökonomie widerlegt. Daher geht es im Folgenden zunächst um die Kritik des Homo oeconomicus als deskriptives Modell menschlichen Verhaltens, bevor im Anschluss die Kritik dieses eindimensionalen Prinzips als normatives Ideal erfolgt.

> „Das Bild vom Menschen, der jederzeit bedenkenlos nur seinen persönlichen Nutzen maximiert, ist ebenso ins Reich der Fabel zu verweisen, wie das Bild vom Altruisten, der sich in schenkender Nächstenliebe aufzehrt. Daß [sic] Menschen unter Hintenanstellung des eigenen kurzfristigen Vorteils fair, pflichtgemäß, verantwortlich für andere, sittlich richtig handeln, ist eine Alltagsbeobachtung und auch in Experimenten nachgewiesen.“[201]

> „Wenn sie ausschließlich an Vorteilen für sich selbst interessiert sind, nähern sich rational Handelnde dem Zustand eines Psychopathen.“[202]

Die empirische Falsifikation des Eigennutzmaximierungsprinzips

Die experimentelle Wirtschaftsforschung belegt, dass das beobachtbare Verhalten in der Mehrzahl der Fälle den Modellannahmen des Standardmodells widerspricht. Wirtschaftsakteure verhalten sich entgegen den Annahmen der ökonomischen Theorie auch dann noch kooperativ bzw. uneigennützig, wenn die Voraussetzungen für solches Verhalten durchaus ungünstig angelegt sind.[203]

In einer umfassenden Studie an 15 *kulturell verschiedenen* Gemeinschaften haben Henrich et al. das Standardmodell des Homo oeconomicus experimentell überprüft und dabei festgestellt, dass das „canonical model – based on self-interest – fails in all of the societies studied.“[204] Dazu bedienten sich die Forscher des so genannten *Ultimatumspiels*. In seiner einfachsten Form muss ein Akteur A ein ihm zur Verfügung gestelltes Gut (in der Regel Geld) mit einem anderen Akteur B teilen. Lehnt

---

[201] Göbel (1992), S. 82.

[202] Rawls (2003), S. 123f.

[203] Vgl. Raab (2006), S. 107. Experimentelle Studien werden zur Überprüfung des Verhaltensmodells dabei oftmals so angelegt, dass altruistisches Handeln absichtlich erschwert wird. Dabei zeigt sich, dass die Versuchspersonen dennoch signifikant altruistisch agieren. Dazu vgl. insbesondere die Experimente von Fehr.

[204] Henrich et al. (2005), S. 795.

dieser den ihm angebotenen Teil ab, so muss auch A auf seinen Anteil verzichten und beide gehen leer aus. Nimmt Akteur B an, so erhalten beide ihren durch das Angebot von A festgelegten Anteil.[205]

Im Experiment sollten 100 Euro von zwei Personen geteilt werden. Der Münzwurf entschied dabei, wer den (einmaligen) Teilungsvorschlag machen durfte. Auf Basis des Homo-oeconomicus-Modells war anzunehmen, dass Akteur A einen Betrag von 100 Euro nach dem Eigennutzmaximierungsprinzip derart aufteilt, dass er Akteur B lediglich den Mindestbetrag von einem Euro anbietet. Dieser wiederum würde das Angebot vermutlich annehmen, da ein Euro im Vergleich zum Ablehnen des Angebots dem Prinzip der Nutzenmaximierung entspricht.

Im Gegensatz zu den Annahmen, die sich aus dem Modell des Homo oeconomicus ergeben, wurden im Ultimatumspiel jedoch in der Regel Angebote zwischen 40% und 50% gemacht (in westlichen Kulturen konstant, in anderen Kulturen mit Abweichungen), zudem lehnten mehr als die Hälfte aller Versuchspersonen Angebote unter 20% ab.[206] Die Frage, die sich unter der Voraussetzung des ökonomisch-rationalen Eigennutzmaximierers ergibt, lautet daher: Warum sollte jemand ein geringes Angebot ablehnen, „wäre es doch das einzig rationale Verhalten, jedes Angebot zu akzeptieren – nach dem Motto: Ein Euro ist besser als keiner."[207]

Auch beim *Gemeinwohlspiel* von Sigmund et al. zeigen sich theorieabweichende Ergebnisse: Jeder der vier Teilnehmer bekommt 20 Euro und soll entscheiden, wie viel davon er in eine Gemeinschaftskasse einzahlt. Nach jeder Runde wird der darin enthaltene Betrag vom Versuchleiter verdoppelt und gleichermaßen an alle Teilnehmer verteilt. Eigennützige Homines oeconomici würden unter diesen Voraussetzungen keinen Beitrag leisten, da sie von jedem investierten Euro ihrer Voraussicht nach nur die Hälfte zurückerhalten. Entgegen dieser Annahme zahlten viele Versuchpersonen jedoch mindestens die Hälfte ihres Geldes ein. [208] Die Ergebnisse des Experiments veränderten sich deutlich, wenn den Spielern die Möglichkeit gegeben wurde, andere auf eigene Kosten zu bestrafen. Insgesamt kommt es dann „zu mehr Kooperation als sonst", weil jeder Teilnehmer „damit zu rechnen [scheint], dass er für geringe Einsätze in die Gemeinschaftskasse bestraft wird."[209] Das zunächst scheinbar *eigennutzlose* Verhalten, andere zu bestrafen, kann von Verteidigern des HO-Modells als „eine im wohlverstandenen Eigeninteresse lie-

---

[205] Vgl. ebd., S. 798.

[206] Vgl. ebenso Sigmund et al. (2006), S. 55f. Wird der Angebotsgeber durch ein Geschicklichkeitsspiel anstelle eines Münzwurfes bestimmt, fallen die Teilungsangebote geringer aus und „werden auch eher angenommen – die Ungleichheit wird also eher akzeptiert" (Sigmund et al., 57). Dies ändert jedoch nichts an der signifikanten Falschheit der Prognose des Standardmodells.

[207] Ebd., S. 56.

[208] Vgl. ebd., S. 58f.

[209] Ebd., S. 60.

gende Investition in [die] Erziehung“ der Trittbrettfahrer interpretiert werden.[210] Diese Ergebnisse lassen zwei Interpretationsmöglichkeiten zu: Zum einen unterstellt das Prinzip des reziproken Altruismus, dass kooperatives oder scheinbar altruistisches Handeln nur dann zu erwarten ist, wenn das Individuum eine entsprechende Gegenleistung für *wahrscheinlich* und damit nutzenmaximierend hält, zum anderen geht die *Theorie des guten Rufs* davon aus,

> „dass es sich ganz generell auszahlt, im persönlichen Umfeld mit wohl dosierten guten Taten die Reputation eines Menschenfreunds und fairen Verhandlungspartners zu etablieren. […] [N]ach dieser Logik sollte es eigentlich keine ‚echten' barmherzigen Samariter geben.“[211]

Fehr konnte nun allerdings experimentell nachweisen, dass diese Erklärungsmöglichkeiten in ökonomisch relevanten Entscheidungssituationen nicht greifen. Sein Gemeinwohlspiel mit Bestrafungskomponente sah folgenden Versuchsaufbau vor: Die Versuchspersonen bildeten über ein gemeinsames Netzwerk mit drei weiteren Probanden eine Vierergruppe und sollten anonym einen Betrag zwischen null und 14 Euro in ein öffentliches Gut (Gemeinschaftskasse) investieren, wobei der Gesamtbetrag nach jeder Runde vom Spielleiter um 60 Prozent erhöht und an die Gruppenmitglieder gleichmäßig ausgezahlt wurde. Nach ihren Investitionsentscheidungen wurden die Gruppenmitglieder über die Einzahlungen der anderen drei Mitspieler informiert und erhielten daraufhin die Möglichkeit, unter Einsatz *eigener Sanktionierungskosten* diese für ihre Entscheidungen zu bestrafen, wobei der Versuchsleiter das Guthaben des jeweils Bestraften herabsetzte. Die Höhe des Bußgeldes konnten die Strafenden festlegen. Investierten sie einen Euro Sanktionierungskosten, wurden drei Euro abgezogen, bei zwei Euro lag die Strafe bei sechs Euro usw. Die Vierergruppen wurden nach Ende jeder Runde *neu gebildet*, so dass niemals Teilnehmer mehr als einmal aufeinander treffen. Das Experiment dauerte insgesamt zehn Runden an.[212]

Aufgrund des Versuchsaufbaus war unter Annahme des Homo-oeconomicus-Modells damit zu rechnen, dass Versuchsteilnehmer als Trittbrettfahrer agieren und ohne selbst einzuzahlen von den Einzahlungen der anderen zu profitieren versuchen. Sollten alle Probanden nach dem Modell des Homo oeconomicus agieren, waren schlichtweg keine Einzahlung zu erwarten. Die wichtigste Hypothese bildete jedoch die Erwartungshaltung, dass aufgrund der immer wieder neuen Gruppen-

[210] Ebd.

[211] Vgl. Fehr & Renninger (2004), S. 37f.

[212] Vgl. ebd., S. 37 sowie Sigmund et al. (2006), S. 58. Die Beträge wurden in Euro umgerechnet und aus Gründen der Vereinfachung leicht verändert.

konstellation kein Bestrafungsakt im Sinne einer eigennutzorientierten Investition in das zukünftige Verhalten potentieller Mitspieler zu erwarten war.

Kooperation und Bestrafungsinvestitionen blieben jedoch im Vergleich zum vorigen Gemeinwohlspiel konstant. Die Ergebnisse zeigten, dass jeder Teilnehmer mindestens einmal in zehn Runden bestrafte, „obwohl sie keinen unmittelbaren Nutzen davontrugen, sondern im Gegenteil dabei draufzahlten. Über dreißig Prozent straften sogar in jeder Runde."[213] Bemerkenswerter Weise fanden somit Bestrafungen statt, obwohl der Strafende keinen Nutzen mehr aus der Sanktionierung erwarten konnte, da er mit dem Bestraften nicht mehr zusammentraf. Fehr bezeichnet dieses Verhalten als *starken Altruismus*. Dieser „ist fair und kooperativ ohne Hintergedanken"[214], auch wenn auf lange Sicht die Gefahr des Ausgebeutetwerdens besteht. Aufgrund der genannten Bedingungen (unbekannte Mitspieler, Einmaligkeit des Aufeinandertreffens, keine Möglichkeit sich einen Ruf zu erwerben, etc.) konnte Fehr somit ausschließen, dass es sich letztlich doch um die Anwendung strategischer Moral handelte[215], da die Bestrafung der Mitspieler für den eigenen Nutzen strategisch irrelevant war. Zudem wurde das Experiment ebenso in unveränderten Gruppenzusammensetzungen durchgeführt, um darüber hinaus dem Einwand zu entgegnen, die Versuchsteilnehmer hätten das Prinzip der Gruppendurchmischung und somit der *Nutzlosigkeit* ihrer Sanktionierungen nicht verstanden. Dabei stieg die Kooperationsbereitschaft schnell um 50 Prozent an, was darauf schließen lässt, dass dieser Einwand unbegründet ist und die Versuchsteilnehmer sehr wohl den situativen Unterschied verstanden haben.[216] Sigmund et al. ziehen daher die Schlussfolgerung, „dass wir sehr wohl zu selbstlosem Handeln fähig sind. Möglicherweise verfügen wir sogar über Gene, die uns zu altruistischem Verhalten anleiten."[217]

Die ökonomische Verhaltensannahme des rationalen Eigennutzmaximierers erweist sich somit unter der Beweislast der angeführten Studien „als eine unhaltbare Fiktion"[218]. Verschiedene spieltheoretische Experimente haben das Standardmodell ökonomischen Verhaltens widerlegt: „Experimental economists and others have uncovered large, consistent deviations from the textbook predictions of Homo economicus"[219]. Zahlreiche Experimente haben gezeigt, dass *„ein bemerkenswerter*

---

[213] Fehr & Renninger (2004), S. 38.

[214] Ebd., S. 39.

[215] Vgl. Fehr (2006a), S. 58.

[216] Vgl. Fehr & Renninger (2004), S. 40.

[217] Fehr & Renninger (2004), S. 41. Dazu auch Gintis et al. (2003).

[218] Sigmund et al. (2006), S. 56.

[219] Henrich et al. (2005), S. 797. Bereits Marwell und Ames belegen 1981, dass die Verhaltensprognose des Homo oeconomicus als *free rider* (Schwarzfahrer bzw. in diesem Kontext Schmarotzer) experimentell immer wieder widerlegt wird: „[O]ver and over again, in replication after replication, regardless of changes in a score of situational variables or subject

Anteil der Personen in de[n] meisten Fällen kooperiert, ohne dazu gezwungen oder dafür bezahlt" worden zu sein.[220] Das Verhalten wird vielmehr sowohl durch *moralische Grundsätze als auch durch wirtschaftliche Faktoren* bestimmt.[221] Die empirischen Daten untermauern damit die Ansicht, „daß [sic] es nicht produktiv ist, moralische Grundsätze nur als eine weitere Quelle von Konsumentenpräferenzen zu sehen".[222] Die Argumente pro Eigennutzmaximierung als universelle Handlungslogik des Homo oeconomicus werden somit entlarvt als „eine schlechte Mischung aus Tautologie und Irrtum".[223] Die dargestellten Studien widerlegen zugleich die Prognosefähigkeit des ökonomischen Verhaltensmodells: „The wide use of the extremely narrow assumption of self-interested behaviour has [...] seriously limited the scope of predictive economics".[224]

Als deskriptive Theorie wird Homo oeconomicus ebenso durch die Wirklichkeit falsifiziert. Ein Erklärungsansatz, der den Menschen ausschließlich als Homo oeconomicus betrachtet, kann zwar möglicherweise „die Entstehung, nicht aber die langfristige Erhaltung demokratisch verfasster Rechtsstaaten erklären"[225]. Man gelangt zu „unlösbaren Paradoxien [...], wenn man versucht, eine soziale Welt denkbar zu machen, die von *homines oeconomici* für *homines oeconomici* geschaffen und erhalten werden soll."[226] Das eigennutzenmaximierende Verhalten schließt bereits aufgrund seiner Handlungsausrichtung das notwendige Engagement aus, dass es braucht, um öffentliche Güter zu produzieren und eine freiheitlich-demokratische Grundordnung zu garantieren. Daher kommt Manstetten zu dem Schluss: „Der *homo oeconomicus* zerstört aufgrund der Logik seines Handelns langfristig die Grundlagen seines Handelns."[227] Zur Erhaltung der (Handlungs-) Freiheit erwartet man vom Homo oeconomicus etwas, dass er nicht zu leisten im Stande ist. Langfristig kann somit ein Staat aus Homines oeconomici keinen Bestand haben, was wiederum die Erklärungskraft des ökonomischen Verhaltensmodells deutlich begrenzt. Die Existenz unseres Rechts- und Verfassungsstaates lässt sich demzufolge innerhalb des Paradigmas der ökonomischen Verhaltenstheorie nicht erklären:

---

characteristics, the strong version of the free rider hypothesis is contradicted by the evidence." (Marwell & Ames 1981, S. 307) Vgl. auch Kalt & Zupan (1984), S. 279 sowie Zimmerli & Aßländer (2005), S. 337.

[220] Etzioni (1994), S. 123 (Hervorhebungen im Original).

[221] Vgl. Etzioni (1994), S. 129.

[222] Etzioni (1994), S. 135.

[223] McPherson (1984), S. 77.

[224] Sen (1987), S. 79.

[225] Manstetten (2002), S. 25. Vgl. dazu Manstetten (2002) Kapitel 14 und 15. Die theoretisch mögliche Entstehung einer demokratischen Gesellschaft von Homines oeconomici beschreibt Axelrod (2005).

[226] Manstetten (2002), S. 25.

[227] Ebd., S. 224.

„Genau das also, was einen Rechtsstaat aus der Sicht eines Homo oeconomicus als Nutznießer so vorteilhaft macht [das Garantieren individueller Handlungsfreiheit], macht ihn aus seiner Sicht als Produzent und Hüter dieses Staates unattraktiv: Homo oeconomicus ist ein Fremder im eigenen Land.“[228]

„Die Entstehung und Fortdauer einer Gesellschaft mit einer rechtsstaatlichen Verfassung ist nicht mit der Annahme vereinbar, daß [sic] alle Mitglieder dieser Gesellschaft in jeder Entscheidungssituation allein ihren subjektiven Nutzen zu maximieren trachten.“[229]

Die deskriptive Erklärungskraft des ökonomischen Verhaltensmodells scheitert somit experimentell und realitätsbezogen.[230] Daraus folgt, dass zur Erklärung der Existenz eines Rechts- und Verfassungsstaates „noch andere Motive für die regelmäßige Befolgung sozialer Normen wirksam werden müssen als die Erwartung, daß [sic] negative Sanktionen drohen oder Gratifikationen zu erhoffen sind“[231], mit anderen Worte: Es müssen neben der Eigennutzmaximierung weitere Handlungsmotive im Menschen vorhanden sein. Sich dabei auf die Position zurückzuziehen, dass ein Modell notgedrungen auf diejenigen Gesichtspunkte reduziert werden muss, die relevant erscheinen, verteidigt das ökonomische Verhaltensmodell keineswegs, da die dargestellte Kritik gerade die Notwendigkeit einer Erweiterung in Bezug auf *relevante* Handlungsaspekte belegt. Handlungsrelevante Phänomene wie Moral, Altruismus, Habitualisierung oder Solidarität sind Teil der sozialökonomischen Wirklichkeit, die allein mit dem Paradigma eigennutzmaximierenden Handelns nicht zu erfassen sind.

---

[228] Baurmann (2000), S. 270.

[229] Ebd., S. 275. Diese Grenze der Erklärungskraft des ökonomischen Verhaltensmodells wird besonders deutlich in Kleinkostensituationen, d.h. bei Entscheidungen, die keine unmittelbaren Auswirkungen auf den Entscheidungsträger haben, jedoch in ihrer Gesamtheit für die Existenz öffentlicher Güter oder gesellschaftlicher Stabilität relevant sind (vgl. Kirchgässner 2000, S. 158) Welches Interesse hat bspw. ein Richter an einem konkreten, gerechten Urteilsspruch? Warum sollte ich als Wähler meine statistisch betrachtet nur minimal Einfluss nehmende Stimme abgegen? An diesen Beispielen wird deutlich, dass die Annahme des Eigeninteresses nicht hinreichend ist, um individuelles Verhalten zu erklären. Wenn Wähler sich trotz der unbestreitbar gegebenen Kosten und ihres unbedeutend geringen Stimmenanteils dennoch an einer Wahl oder Abstimmung beteiligen, „dann muss dies Gründe haben, die sich nicht einfach auf individuelle Nutzenmaximierung zurückführen lassen“ (Kirchgässner 2000, S. 163).

[230] Vgl. ebd., S. 273.

[231] Ebd., S. 275.

Der Grund des empirischen Scheiterns: Kritik der Eindimensionalität der Handlungslogik

Die Kritik an der Handlungslogik des Homo oeconomicus ist zugleich eine Kritik des reduktionistischen Ansatzes zur Erklärung menschlichen Verhaltens. Das Homo-oeconomicus-Modell besitzt zu wenig Erklärungsstruktur im Bezug auf das reale Verhalten der Wirtschaftsindividuen:

> „As is common across the library of such reductions to selfinterest, the *parsimony* of the reductions would turn out to be illusory. This leaves a puzzle about the amount of effort that so many scholars have put into finding a way to reduce social motivation to a disguised pursuit of self-interest."[232]

Das Standardmodell scheitert somit an der theoretischen Sparsamkeit seiner Handlungslogik. Eine Handlungstheorie, die jegliches Verhalten auf Basis des Eigennutzaxioms erklärt, schließt entweder die Bedeutung anderer Motive und Aspekte menschlichen Handelns (insbesondere moralisch motivierten Verhaltens) kategorisch aus oder zwängt sie in den Erklärungsrahmen des Eigeninteresses, wo sie ihre eigentliche Bedeutung verlieren.[233] Jedoch erweisen sich auch diese Verhaltensaspekte in ihrer eigentlichen Bedeutung als empirisch handlungsrelevant. Ein Ökonom, der „neglects morality fails to be a good *economist.* Recognizing limits on self-seeking is not only morally but analytically necessary."[234] Die Annahme, dass „auch solches Handeln letzten Endes einen Nutzen für das Individuum bringen soll", bewirkt keinen Erkenntnisfortschritt und erklärt nicht, „warum Menschen auch bei völliger Gefahrlosigkeit nicht stehlen oder warum sie anonym für wohltätige Zwecke spenden."[235]

Am deutlichsten wird die strukturelle Eindimensionalität der Handlungslogik in der modelltheoretischen Substitution von Moralität durch strategisches Selbstinteresse. Ein derartiges Forschungsprogramm zur Moralbegründung „kommt einer *Reduktion* von Moralität auf ökonomische Rationalität gleich, was jedoch ohne Kategorienfehler nicht möglich ist."[236] Auch Hans Krämer hält im Rahmen seiner Integrativen Ethik die grundlegende „Mehrdimensionalität der Ethik [...] für irreduzibel [...]. Das Nebeneinander moralischer und nichtmoralischer Aspekte im menschlichen Handeln bedeutet nicht auch schon Äquivalenz und wechselseitige Substituierbar-

---

[232] Margolis (2002), S. 4 (Hervorhebung im Original).

[233] Vgl. Sen (1987), S. 15.

[234] McPherson (1984), S. 84.

[235] Göbel (1992), S. 82.

[236] Ulrich (2008), S. 118f.

keit."[237] Die Moral „ist ihrer Struktur nach zu komplex angelegt, als daß [sic] sie eindimensional auf eine zweckrationale [...] Zielsetzung reduziert werden könnte."[238] Daher gilt mit Bayertz:

> „Wer menschliches Handeln unvoreingenommen betrachtet, wird auf vielfältige Handlungsmotive stoßen, darunter auch auf fremdnützige. Von Ausnahmen abgesehen, sind Menschen weder ausschließlich egoistisch noch ausschließlich altruistisch."[239]

Auch in der Praxis kann die Handlungslogik des Homo oeconomicus Moralität nicht vollständig integrieren. Zwar kann er insofern moralisch handeln, als dass die moralische Option mit seinem Interesse zusammenfällt, jedoch handelt es sich dabei nicht mehr um Moral im eigentlichen Sinne, sondern um eine instrumentalisierte, strategische Kalkülmoral.[240] Moralität lässt sich nicht vollständig in die Handlungslogik des Homo oeconomicus integrieren, ohne dabei ihren eigentlichen Gehalt und damit auch ihre eigentliche Wirkungskraft in Dilemmasituationen zu verlieren. Aufgrund der Eindimensionalität handelt es sich beim scheinbar moralischen bzw. reziprok altruistischen Verhalten des Homo oeconomicus daher nur um eine logisch kalkulierte, eigennutzorientierte Reduktion desselben. Moralisches Handeln ist kein tatsächlicher Bestandteil der Handlungslogik des Homo oeconomicus. Daher wird er samt seiner einzigen Maxime zurecht als egoistisches Handlungsmodell sowohl theoretisch als auch in der Wahrnehmung durch die Wirtschaftswissenschaften allgemein ausgelegt.

Die Ausgangsthese (insbesondere Beckers), alles menschliche Handeln letztlich als selbstinteressiertes Handeln *vollständig* beschreiben zu können, ist damit widerlegt: Zwar lässt sich menschliches Handeln auf diese Weise beschreiben, jedoch nicht ohne wesentliche Elemente des Handelns durch diese modelltheoretische Reduktion zu verlieren.

> „Natürlich ist auch ein altruistisches Motiv ein solches, das die betreffende Person *selbst* hat; und insofern ist dieses Motiv auch Teil des Selbstinteresses dieser Person. Davon unberührt bleibt aber, daß [sic] dieses Motiv seinem Inhalt nach auf das

---

[237] Krämer (1992), S. 75.

[238] Ebd., S. 407.

[239] Bayertz (2004), S. 140.

[240] Dazu vgl. auch Kapitel 9.5 Der Verweis auf die *strategische Moral* hinterlässt das Problem der „partikularen Moral" (Bayertz 2004, S. 215), d.h. die Grenze der moralischen Selbstbindung des Homo oeconomicus besteht darin, dass sie seinem Eigeninteresse dauerhaft entsprechen muss (vgl. Baurmann 2000, S. 337).

Wohlergehen einer *anderen* Person gerichtet und damit fremdnützig ist. Zweitens berechtigt auch der Umstand, daß [sic] eine Person Befriedigung aus ihrem altruistischen Handeln zieht, nicht dazu, es deshalb als egoistisch zu klassifizieren. Dies wäre nur dann legitim, wenn die Person die Handlung *ausschließlich* zum Zweck dieser Befriedigung ausgeführt hätte."[241]

Das Paradigma des Eigeninteresses übersieht daher neben dem tautologischen Charakter dieser *Self-fulfilling-prophecy*[242] eine wichtige Eigenschaft menschlicher Interessen: „Jedes Interesse ist das Interesse eines Selbst (eines Handelnden), aber nicht alle Interessen richten sich auf Vorteile für das Selbst, dessen Interessen sie sind."[243] Was Rawls ebenso wie Bayertz hier andeutet, ist die Tatsache, dass ein Paradigma zur Erklärung menschlichen Verhaltens das Motiv, etwas für andere zu tun, ohne dabei primär ein Eigeninteresse zu verfolgen, berücksichtigen muss. Die Beschreibung der Handlung als motivationales Eigeninteresse überbetont dabei die egozentrische Perspektive und beschränkt die *Ausrichtung* einer Handlung auf das Handlungssubjekt, obwohl die mehrdimensionale Orientierung einer Handlung (die sich aus der sozialen Integration des Handelnden ergibt) für das menschliche Verhalten und die menschliche Selbstwahrnehmung so elementar ist. Das Paradigma des Eigennutzes fokussiert den individuellen Vorteil und übersieht die sozialmoralische Dimension einer Handlung, die im ökonomischen Kontext in der Interaktion mindestens zweier Parteien besteht.

Entgegnet man den Problemen durch einen umfangreichen, offenen Eigennutzenbegriff, löst man in keinster Weise das Problem der Eindimensionalität der Handlungsausrichtung und es ergibt sich zudem erneut das Problem der zunehmenden Erklärungsleere der Eigennutztheorie: „Nur eine sehr weite Auslegung des Selbstinteresses […] würde auch solche Handlungsmotive noch umfassen. Ob eine solche Auslegung im Sinne einer möglichst eindeutigen Verständigung sinnvoll ist, darf allerdings bezweifelt werden."[244] Ein Modell, das menschliches Handeln (im ökonomischen Kontext) beschreiben und womöglich voraussagen soll, muss wie es scheint den Mittelweg finden zwischen zu wenig und zu viel Erklärungs*struktur*, um

---

[241] Bayertz (2004), S. 206 (Hervorhebungen im Original).

[242] Der Vorwurf einer *Self-fulfilling-prophecy* ergibt sich bei der Handlungslogik des ökonomischen Standardmodells bereits aus der Feststellung, dass jegliches menschliche Handeln als eigeninteressiertes Handeln beschrieben werden kann, weshalb die Theorie gar nicht anders kann als sich in ihrer Anwendung selbst zu bewahrheiten. Darüber hinaus besteht dieser Vorwurf in der Möglichkeit, dass durch den immer wieder erfolgenden Bezug auf das Homo-oeconomicus-Modell Wirtschaftsindividuen schließlich an das ökonomische Standardmodell glauben, wodurch die Theorie sich selbst erfüllt. (Vgl. auch Kapitel 4.3 sowie insbesondere 6.4)

[243] Rawls (2003), S. 123.

[244] Göbel (1992), S. 82.

selbst dann lediglich annäherungsweise (d.h. auf Wahrscheinlichkeiten basierend) gute Ergebnisse erzielen zu können. Die theoretische Ausweitung des eigennutz-orientierten Erklärungsansatzes, mit der die Reduktion der Handlungsdimensionen einhergeht, bringt somit wissenschaftstheoretisch keinen Erklärungsgewinn: „Wenn man nämlich in diesem Sinne alle Motive zu egoistischen Motiven ‚ehrenhalber' erklärt, dann muss man letztlich immer noch zwischen substantiell egoistisch egoistischem Verhalten und substantiell altruistisch egoistischem Verhalten unterscheiden. Man hat für die systematische Kontroverse nichts gewonnen, sich aber eine umständlichere Terminologie eingehandelt."[245]

6.4 Die Kritik der normativen Legitimation der Handlungslogik des Homo oeconomicus

Neben der deskriptiven Erklärungsleistung des ökonomischen Handlungsmodells steht ebenso dessen normative Idealisierung im Fokus der Kritik und damit die Frage, ob sich wirtschaftliches Handeln mitsamt seiner Folgen am Homo-oeconomicus-Modell orientieren *sollte*. In diesem Abschnitt wird daher die normative Funktion des ökonomischen Verhaltensmodells kritisiert: erstens die Auswirkungen des Homo-oeconomicus-Leitbildes auf das individuelle Handeln sowie zweitens die daraus resultierenden gesellschaftlichen und lebensweltlichen Folgen des Homo oeconomicus als Handlungsideal. Nicht umsonst fragt sich Latouche bezüglich der lebensweltlichen Folgen, ob das „*rationale* Verhalten des modernen Menschen, wenn er im Streben nach maximalem Profit die Natur im Dienst des größten Glücks aller grenzenlos manipuliert, wirklich *vernünftig* [ist]?"[246]

Der Einfluss des Homo-oeconomicus-Modells auf das Wirtschaftsindividuum

Um dies zu beantworten, steht zunächst die grundlegende Frage im Mittelpunkt, ob das ökonomische Verhaltensmodell Auswirkungen hat auf die Moralität bzw. das Handeln und Entscheiden der Wirtschaftssubjekte. Grundlegend kann mit Rawls zunächst davon ausgegangen werden, dass die Gesamtstruktur einer Gesellschaft die darin lebenden Individuen prägt.[247] Dieser Einfluss gilt auch nachweislich für Subsysteme einer Gesellschaft wie der Wirtschaft: „So ist eine Wirtschaftsordnung zum Beispiel nicht nur ein institutionelles System zur Befriedigung bestehender

[245] Güth & Kliemt (2002), S. 9.

[246] Latouche (2004), S. 16 (Hervorhebungen im Original).

[247] Vgl. Rawls (2003), S. 380ff.

Wünsche und Bestrebungen, sondern auch etwas, in dem sich künftige Wünsche und Bestrebungen ausbilden."[248] Die Grundstruktur hat prägenden Einfluss auf die Kultur und damit auf die Individuen selbst. Jeder Mensch ist ein „biologisch, psychologisch usw. (teil-) konditioniertes Wesen [...], dessen jeweilige Verfassung sich immer auch aus seiner individuellen Sozialisation, früheren Ereignissen und Erfahrungen usw. ergibt."[249] Erst durch den Prozess der Sozialisation „gewinnt der Mensch eine Vorstellung davon, was er ist und was er sein soll. Die Frage ist also nicht *ob*, sondern *was* der Mensch lernt bzw. *was* gelehrt und gelernt werden soll!"[250] Dieser Prozess ist ausschlaggebend für die (personale) Identität[251] des Menschen. Dabei ist dieser Prozess der Sozialisation ohne Menschenbild, d.h. ohne „eine Vorstellung von der Bedeutung des ‚Menschseins'"[252] unmöglich. Insofern ist die Frage nach dem Einfluss des ökonomischen Verhaltensmodells berechtigt, denn: „Möglicherweise bestehen wechselseitige Verstärkungen zwischen einer sozialen Wirklichkeit, die ständig wachsende Anforderungen an Rationalität und Durchsetzungsvermögen bezüglich der eigenen Interessen stellt, und den ökonomischen Theorien über diese Wirklichkeit."[253]

Diese grundlegende Frage nach der Einflussnahme des Modells kann empirisch untersucht werden. Wie Robert Frank et al. nachweisen konnten, verhalten sich Studenten der Wirtschaftswissenschaften im Vergleich zu anderen, nicht im Verhaltensparadigma des Homo oeconomicus ausgebildeten Studierenden signifikant eher im Sinne des Handlungsmodells und somit opportunistischer. Die Studie ergab, dass „Economists appear to behave less cooperatively than noneconomists along a variety of dimensions."[254] Dazu wurde die Spendenbereitschaft unter 576 Universitäts- und Berufsschuldozenten verschiedenster Fachrichtungen erhoben, zudem wurde die Kooperationsbereitschaft von Studenten verschiedener Fachrichtungen im Gefangenendilemma ermittelt. Sowohl die Spendenbereitschaft der Wirtschaftsdozenten als auch die Bereitschaft zur Kooperation seitens der Wirtschaftsstudenten erwiesen sich als signifikant geringer im Vergleich zu Teilnehmern anderer Fachrichtungen.

Die signifikant geringere Bereitschaft zu Spenden und zur Kooperation bzw. die signifikant höhere Übereinstimmung mit den Annahmen basierend auf dem Homo-oeconomicus-Modell führen Frank et al. auf die Prägung durch das ökonomische Verhaltensmodell zurück. Auch Marwell und Ames bestätigten, dass

[248] Ebd, S. 380.

[249] Suchanek (2007a), S. 47.

[250] Rolle (2005), S. 368 (Hervorhebungen im Original).

[251] Die Identität wiederum besitzt Handlungsrelevanz wie Akerlof & Kranton (2000) belegen.

[252] Rolle (2005), S. 369.

[253] Manstetten (2002), S. 122.

[254] Frank et al. (1993), S. 167.

Wirtschaftsstudenten in ihren Experimenten „were much more likely to free ride than any [...] other [...] subjects."[255] Zudem ist es wahrscheinlich, dass Ökonomen aufgrund des Homo-oeconomicus-Modells eher davon ausgehen, dass ihre Mitspieler defektieren. Um diese Annahmen zu stützen, wurde in einem weiteren Langzeitexperiment die Entwicklung von Kooperation bei Studenten verschiedener Fachrichtungen während der Lehre überprüft, wobei festgestellt wurde, dass „students generally show a pronounced tendency toward more cooperative behavior with movement toward graduation, but this trend is conspicuously absent for economics majors."[256]

Insgesamt kommen Frank et al. daher zu dem Ergebnis, dass „exposure to the self-interest model commonly used in economics alters the extent to which people behave in self-interested ways."[257] Aufgrund dieser Ergebnisse betonen sie die Bedeutung der Lehre für das spätere Verhalten der Wirtschaftsstudenten: „With an eye toward both the social good and the well-being of their own students, economists may wish to stress a broader view of human motivation in their teaching."[258] Kritiker des ökonomischen Verhaltensmodells befürchten laut von Nell daher zurecht, „dass eine dem Neoliberalismus entstammende Vokabel affirmativ dem mit ihrer Hilfe Beschriebenen Vorschub leisten könnte, dass sie also das, was sie zu analysieren vorgibt, erst eigentlich herbeiredet."[259]

Die Verhaltensstudien bezüglich der Indoktrination durch den Homo oeconomicus als normatives Idealbild lassen die Legitimation des Modells insgesamt fragwürdig erscheinen. Der Vorwurf der *Self-fulfilling-prophecy* wird empirisch gestützt, weshalb Koslowski kritisiert, dass die moderne Ökonomie aufgrund ihrer einseitigen Auslegung Smith's „die Elimination jeder Bezugnahme auf das Gemeinwohl in der individuellen Zielverfolgung"[260] fordert und damit, getarnt im Kleid der Wissenschaftlichkeit, den Fehler der normativen Überhöhung begeht. In der Konsequenz

---

[255] Marwell & Ames (1981), S. 306f.

[256] Frank et al. (1993), S. 168.

[257] Ebd., S. 159. Marwell & Ames (1981), Carter & Irons (1991) sowie Frank & Schulze (2000) scheinen diese Ergebnisse zu bestätigen. Auch Selten & Ockenfels (1998) sowie Ockenfels & Weimann (1999) bestätigen ein signifikant „eigeninteressierteres" Verhalten männlicher Studierender der Wirtschaftswissenschaften: „It is true, economists sacrifice significantly less for solidarity than noneconomists but a closer look reveals that this effect is restricted to males." (Ockenfels & Weimann, S. 286) Auch McPherson verweist auf den verhaltensbildenden Einfluss der Ökonomie bzw. ihrer Institutionen (vgl. McPherson 1984, S. 79).

[258] Frank et al. (1993), S. 170f.

[259] von Nell (2006b), S. 8.

[260] Koslowski (2001), S. 6.

zeigt sich, dass das Konzept „selbstverstärkend im Sinne eines Erfolgs des Ansatzes“[261] wirkt:

> „Die Annahme, menschliches Handeln sei auf die Maximierung des eigenen Nutzens festgelegt, fördert [eben] diese Lebenshaltung. [...] Eine Ethik der Verantwortung hat keine Chance sich durchzusetzen, solange dieses Menschenbild regiert.“[262]

> „Saying that human behaviour can be modelled as if it were entirely self-interested [...] or defining rationality as self-interest [...] legitimizes and fosters self-interested behaviour. In experiments on human cooperation, economics and business students are uniquely uncooperative [...]. Learning economics, it seems, may make people more selfish.”[263]

Homann schlägt zur Verteidigung der Homo-oeconomicus-Annahme eine andere Interpretation der Studie von Frank et al. vor: Die Studenten seien einfach „in der Lage, *soziale Ausbeutungssituationen aufgrund von Dilemmastrukturen schneller und sicherer zu erkennen* als ihre Kommilitonen und Kommilitoninnen aus anderen Studiengängen, und sie sicherten sich durch präventive Gegenausbeutung dagegen ab.“[264] Eine solche Interpretation lassen die Ergebnisse jedoch nicht zu, da die dem Argument zufolge von Ökonomiestudenten prognostizierte Ausbeutung in Form von Nicht-Kooperation nachweislich ebenso wenig stattgefunden hat wie ein opportunistischer Präventivschlag notwendig war. Die bestmögliche Strategie in praktisch allen durchgeführten Experimenten war trotz auf Defektion angelegter Versuchsanordnungen die prinzipielle Bereitschaft zur Kooperation. Homanns Auffassung, wonach Wirtschafts-individuen, die mit dem Modell des Homo oeconomicus vertraut sind, „offenbar nicht generell zu weniger kooperativem Verhalten [neigen], [...] jedoch besser in der Lage [sind] einzuschätzen, wann, d.h. unter welchen (situativen) Bedingungen, ein solches Verhalten tatsächlich auch zu dem gewünschten sozialen Ergebnis führt“[265], wird somit durch die Experimente widerlegt, da das gewünschte soziale Ergebnis gerade nicht durch die Gruppe der Ökonomiestudenten erbracht wurde. Auch wenn Yezer et al. (1996) in einer Gegenstudie belegen wollen, dass Studenten wirtschaftswissenschaftlicher Fächer in Wahrheit die Situation realistischer einschätzen, erreichen die Ergebnisse kein signifikantes Niveau,

[261] Matthiesen (1995), S. 158.

[262] Scherhorn (1991), S. 162.

[263] Hausman & McPherson (1993), S. 674.

[264] Homann (1994a), S. 399 (Hervorhebungen im Original).

[265] Suchanek (2006), S. 73.

weshalb begründeter Weise aus der Gesamtheit der empirischen Studien gefolgert werden kann, dass Homanns bzw. Yezers Interpretation, wonach „Ökonomiestudenten [besser wissen] als andere, wie groß in Dilemmasituationen die Gefahr ist, daß [sic] sie ausgebeutet werden"[266], zurückgewiesen werden kann und die Ergebnisse einen deutlichen Beleg für die Einflussnahme des Homo oeconomicus als Verhaltenserwartung und Verhaltensnorm liefern.

> „Akzeptiert man die These der normativen Wirkung von Menschenbildern, so stellt sich das Menschenbild des homo oeconomicus deshalb als problematisch dar, weil seine Verwendung in der Lehre und Forschung bereits das Verhalten der hier Beteiligten in ihrem Denken und Handeln prägt. So ergab sich bei Untersuchungen unter Studierenden regelmäßig, dass Studierende der Wirtschaftswissenschaften sich in spieltheoretischen Situationen weniger kooperativ verhielten als Studierende anderer Fachrichtungen; sie versuchten häufiger als sog. ‚Trittbrettfahrer' (free rider) vom kooperativen Verhalten der anderen zu profitieren. […] Die Verbreitung egoistisch orientierter Verhaltensmuster in der Gesellschaft scheint daher auch mit der Verwendung des homo-oeconomicus-Modells in der ökonomischen Lehre zusammenzuhängen."[267]

Auch Kirchgässner bestätigt den grundlegenden Unterschied zwischen Wirtschaftswissenschaftlern und Studierenden bzw. Dozenten anderer Fachbereiche. Die Frage, die sich Kirchgässner in diesem Zusammenhang stellt, lautet: „Are those students who start to study economics already more selfish than the rest of the population, or do they learn to be so during their studies?"[268] Neben der Begründung der Indoktrination durch das ökonomische Verhaltensmodell können also auch unterschiedliche Präferenzen vor Studienbeginn als Grund für das unterschiedliche Verhalten angeführt werden. Allerdings kommentiert Kirchgässner, dass „it is hardly imaginable that it is not also indoctrination."[269]

> „If, as is the case, economists believe more in market solutions than the rest of the population, including other social scientists, then this can hardly be attributed to self-selection but is definitely a problem of learning or indoctrination. […] Why do economists think differently about the solutions of societal problems? The first an-

[266] Homann (1994a), S. 405f.

[267] Siebenhüner (2000), S. 3f.

[268] Kirchgässner (2005), S. 549.

[269] Ebd., S. 551.

> swer is, of course, that they apply the economic model to analyse individual behaviour.“[270]

Was Kirchgässner zum Ausdruck bringt ist, dass die „reasons for this gap […] lie in economic methodology as well as in the normative common sense most economists share.“[271] Aus diesem Grund plädiert Kirchgässner für mehr interdisziplinäre Zusammenarbeit.

Ghoshal beschreibt schließlich den lebensweltlichen Einfluss der ökonomischen Theorie und des ökonomischen Verhaltensmodells: „Even those who never attended a business school have learned to think in these ways because these theories have been in the air, legetimizing some actions and behaviours of managers, delegitimizing others, and generally shaping the intellectual and normative order within which all day-to-day decisions were made."[272] Er argumentiert, dass die wirtschaftswissenschaftliche Ausbildung „has had some very significant and negative influence on the practice of management […]. By propagating ideologically inspired amoral theories, business schools have actively freed students from any sense of moral responsibility."[273]

Ghoshal begründet dies mit der Anmaßung von Wissen, der ideologisch-pessimistischen Sichtweise des Wirtschaftsindividuums (in Form des Homo-oeconomicus-Modells) sowie der doppelten Hermeneutik der Sozialwissenschaften. Die Anmaßung von Wissen besteht dabei in der Übertragung naturwissenschaftlich-deterministischer Methoden zur Erreichung von *Wissenschaftlichkeit.* Durch den Wandel der Methoden und die Reduktion des Wirtschaftsindividuums auf mathematisch-messbare Faktoren (vgl. Kapitel 3), gehen relevante, menschliche Eigenschaften wie Intentionalität und Moralität aufgrund der methodischen Voraussetzungen verloren.

> „[W]e have adopted the 'scientific' approach […] with a firm belief in causal […] determinism. […] Unfortunately, as philosophy of science makes clear, it is an error to pretend that the methods of the physical sciences can be indiscriminately applied to business studies".[274]

---

[270] Ebd., S. 554.

[271] Ebd., S. 558.

[272] Ghoshal (2005), S. 75.

[273] Ebd., S. 76.

[274] Ebd., S. 77.

Die ideologisch-pessimistische Sichtweise meint die Reduktion der Handlungslogik des Homo oeconomicus auf opportunistisch-eigeninteressiertes Handeln, die in Dilemmasituationen quasi mit zu erwartendem Egoismus gleichzusetzen ist. Der Begriff der doppelten Hermeneutik bezieht sich schließlich auf die Tatsache, dass Sozialwissenschaften den Menschen samt seinem Handeln und nicht unbelebte Materie zu ihrem Gegenstand machen. Daraus ergibt sich eine Rückkopplung der Theorie an die Lebenswelt bzw. Praxis im Sinne einer Norm.[275] Insofern fordert Ghoshal mit dem Entgegenwirken gegen diese Entwicklung zugleich ein Entgegenwirken gegen „ökonomistischen Reduktionismus.“[276] Der Vorwurf der *Self-fulfilling-prophecy* erweist sich somit Ghoshal zufolge als berechtigt.[277] Das ökonomische Verhaltensmodell fördert demnach eigennutzmaximierendes, opportunistisches Verhalten und beeinflusst das Handeln der Wirtschaftsindividuen. Ob dies im Sinne unserer normativen Fragestellung auch so sein *soll*, muss durch die individuellen wie gesamtgesellschaftlichen Folgen dieser Handlungslogik beantwortet werden.

Die individuellen Folgen des Homo oeconomicus als Handlungsideal

Die Orientierung an der Handlungslogik des Homo oeconomicus hat soziale wie individualpsychische Folgen. Der Mensch entfremdet sich in der Idealisierung des ökonomischen Verhaltensmodells zunehmend von sich selbst und seinen sozialmoralischen Fähigkeiten.[278] Entgegen seines *sozial-integrierten* Wesens definiert ihn bereits die neoklassische, ökonomische Theorie als *soziales Atom* und „kappt aus methodologischen Gründen alle sozialen Bindungen des Individuums.“[279] Homo oeconomicus wird dadurch entpersonalisiert: alle Handlungen folgen formallogischen Regeln, jede Auswahl wird bestimmt vom Entscheidungsalgorithmus der Präferenzordnung. Diese Enthumanisierung bildet die Basis der selbstentfremdeten Zweckwerdung des Menschen:

> „Erst durch die Transformation der Person in ein ökonomisches Subjekt – durch die Beraubung der Dimensionen Relationalität und Potentialität und der damit einhergehenden Fehlinterpretation der Individualität als autonomes Ich-Zentrum – erst hierdurch wird die Bestimmung des Mitmenschen als bloßes Zweckobjekt meiner Bedürfnisse möglich.“[280]

---

[275] Ebd., S. 76ff.

[276] Suchanek (2007c), S. 8.

[277] Vgl. Ghoshal (2005), S. 77.

[278] Vgl. Scherhorn (1991), S. 162.

[279] Rolle (2005), S. 355.

[280] Ebd., S. 361.

Trotz aller Veränderungen und Erweiterungen moderner Organisationstheorien bleibt das Individuum im zumeist impliziten Menschenbild der Wirtschaft in der Folge (Produktions-)*Mittel* zum (Unternehmens-)*Zweck*.[281] Der Grund liegt auf der Hand: Handlungsmodelle wie beispielsweise betriebswirtschaftliche Organisationstheorien zielen in erster Linie nicht „auf ethisch wünschbare, sondern vorrangig auf ökonomisch effiziente Handlungsergebnisse ab und sind deswegen pragmatischer orientiert"[282]. Infolge dieser Funktionalisierung des Menschen, die durch die Verhaltensausrichtung an den Erwartungen und Prognosen des ökonomischen Verhaltensmodells verstärkt wird, werden Individuen „rigoros wie austauschbare Güter behandelt. […] Alles wird austauschbar und der Identität beraubt."[283] Anstatt den Menschen immer auch als *Selbst*zweck zu sehen, ist er in der modernen Ökonomie zum Mittel degradiert.[284]

> „Bei der Betrachtung des Menschen als Funktionselement wird von der Person abgesehen; die Person wird zu einem beliebigen funktionierenden Etwas. Die Funktionalität des Systems, in welches der Mensch als Rollenträger eingebunden wird, stellt an die Rolle lediglich die Erwartung zu funktionieren. […] Damit wird sie zum bloßen Mittel zu dem außer ihr liegenden, ‚objektiven' Zweck des Funktionierens des Systems".[285]

> „Das Effizienzmanagement entmachtet das Menschsein zu Lasten der Wirtschaftlichkeit. So erzwingt die Struktur andere ‚Inhalte', also andere Menschen. Die moderne Ökonomie erschafft sich einen ‚Lean Menschen' nach ihrem Bilde."[286]

Der wirtschaftende Mensch, der eigentlich „Ausgangspunkt und Mittelpunkt der Wirtschaft sein sollte", wird so im Homo-oeconomicus-Modell selbst zum *Produktionsfaktor*[287]. Durch die Ökonomisierung der Lebenswelt bzw. die Reduktion menschlichen Handelns auf das Eigennutzmaximierungsprinzip verliert sich die Identität des Menschen als sozial-moralisches Wesen. Insofern kann die normative Funktion des Homo-oeconomicus-Modells als Orientierungspunkt individuellen Handelns dem Menschen nicht gerecht werden:

---

[281] Vgl. Parche-Kawik (2003), S. 226.

[282] Ebd., S. 324.

[283] Dueck (2008), S. 127.

[284] Vgl. Schmiedel (2006), S. 16.

[285] Matthiesen (1995), S. 60f.

[286] Dueck (2008), S. 215.

[287] Vgl. Blum (1991), S. 124.

„Das menschliche Wesen erschöpft sich nicht schon in der Optimierung einer Zweck-Mittel Relation [...]. Der Mensch ist fähig, zu dieser Zweck-Mittel-Beziehung nochmals in ein Verhältnis zu treten, und zwar in ein *wertendes* Verhältnis!“[288]

Hinzu kommt, dass die moderne Ökonomik ihr Verhaltensmodell als normatives Ideal durch die in diesem Modell verwirklichte Freiheit des Individuums legitimiert (vgl. Kapitel 4.4). Im Gegensatz zu einer solchen Auslegung lässt sich diese Form von Freiheit jedoch auch als Unterwerfung unter die Ökonomisierung der Lebenswelt interpretieren. Dies belegt die Tendenz, dass Menschen zunehmend „ihr Leben nach Kriterien des Wettbewerbs und Erfolgs organisieren sowie ihre Fähigkeiten und Qualifikationen selbständig vermarkten müssen.“[289]

Freiheit bedeutet im ökonomischen Kontext Handlungs- bzw. Wahlfreiheit und trägt daher innerhalb der Theorie eine *funktionale Bedeutung*[290]. Die Freiheit des Menschen wird „nicht als existentiale Bestimmung aufgefasst, sondern als Bedingung der Möglichkeit ökonomischer Entscheidungen.“[291] Die Freiheit der Wahlhandlung entspricht dann der Wahlfreiheit aus Alternativen unter der Vorgabe der Nutzenmaximierung. Wirtschaftliches Handeln erweist sich somit als zweifach determiniert: durch den existenziellen Zwang der Befriedigung menschlicher Bedürfnisse (kausal-mechanisch) und durch die ausschließliche Handlungsorientierung an der Eigennutzmaximierung (teleologisch).[292] Daher kommt Scherhorn bei kritischer Betrachtung der ökonomischen Freiheit zu dem Schluss: „Die ‚Wirtschaftssubjekte' dieser Theorie haben ihre Möglichkeit zu freier, selbstbestimmter Entscheidung schon bei der Festsetzung ihrer Nutzenfunktion verbraucht.“[293] Die Handlungslogik des Homo oeconomicus vollzieht sich mit innerer Notwendigkeit.

Eine philosophische Interpretation des Freiheitsbegriffs geht jedoch deutlich über den Alternativen*wahlzwang* hinaus:

„Frei und selbstbestimmt ist eine Entscheidung, wenn der Handelnde ernstlich erwägen kann, die Handlung zu unterlassen, und wenn das, wofür er sich dann entscheidet, wirklich seinem Selbst entspringt, so daß [sic] es von ihm zutiefst als sei-

[288] Rolle (2005), S. 348f.

[289] Heidbrink (2007), S. 6.

[290] Rolle (2005), S. 336.

[291] Ebd.

[292] Vgl. ebd., S. 339.

[293] Scherhorn (1991), S. 158.

ne eigene Wahl erlebt werden kann, wenn es also seinen authentischen Gefühlen, Wünschen und Interessen gemäß ist."[294]

Homo oeconomicus ist handlungs-, der Mensch darüber hinaus willensfrei. Handlungsfreiheit besteht in der Möglichkeit, seinen Präferenzen gemäß handeln zu können. Willensfreiheit hingegen ist die Fähigkeit, seine eigenen Präferenzen zu reflektieren, d.h. sie auf einer höheren Ebene zu hinterfragen. Das ökonomische Modellindividuum ist jedoch außerstande, „die Maximierung seines Eigennutzens als Ziel in Frage [zu] stellen"[295] und „in ein kritisches Verhältnis zu seinen Handlungsmaximen [zu] treten"[296], wodurch die Maximierung des eigenen Nutzens „zum dominanten Wesenszug des wirtschaftenden Menschen erklärt"[297] wird.

Dies wiederum sorgt auf normativer Bedeutungsebene für einen entscheidenden Unterschied. Während die Handlungsfreiheit der Grundlage wirtschaftlichen Handelns entspricht, bildet Willensfreiheit die „Bedingung der Möglichkeit von Wirtschaftsethik"[298]. Diese Möglichkeit, sein Handeln moralphilosophisch zu reflektieren, scheint dem rationalen Eigennutzmaximierer jedoch nicht gegeben. An die Frage nach der Freiheit schließt sich die Frage nach Verantwortung an. Homo oeconomicus kennt nur Verantwortung gegen sich selbst bzw. seine Präferenzordnung: „Verantwortung trägt homo oeconomicus nicht *für* andere Menschen", sondern er ist lediglich verantwortlich „*für seine* Wahlhandlungen, und zwar in dem Sinn, dass er die Konsequenzen als Konsequenzen *seines* Handelns akzeptieren muss."[299]

Die modelltheoretische Entwicklung menschlichen Handelns entspricht somit nicht der Umsetzung menschlicher Freiheit und Verantwortlichkeit wie Mack und Homann behaupten, sondern läuft vielmehr auf die Unterwerfung unter das Prinzip des Wettbwerbs hinaus wie Heidbrink kritisiert: „Das unternehmerische Selbst erscheint nicht nur als autonomes Subjekt, das sein Leben eigenverantwortlich gestaltet, sondern auch als fremd gesteuertes Individuum, das sich marktwirtschaftlichen Imperativen der Flexibilität und Mobilität unterwirft."[300]

Die vollkommene Freiheit des Marktindividuums führt nicht zur positiv gedeuteten Freiheit, sondern zur Diktatur des Marktes bzw. Wettbewerbs: „Die nicht hinterfragten oder nicht hintergehbaren ‚objektiven' Zwecke stellen eine Form der

---

[294] Ebd., S. 157.

[295] Rolle (2005), S. 224.

[296] Ebd., S. 343.

[297] Ebd., S. 191.

[298] Ebd., S. 342.

[299] Ebd., S. 348.

[300] Heidbrink (2007), S. 7.

Fremdbestimmung dar"[301] und stehen somit dem Grundsatz der Autonomie des Menschen entgegen. Diese „Zumutungen der ökonomischen Lebensführung" bilden widerum „die Hauptursache für soziale Kälte und moralische Rücksichtslosigkeit"[302].

In den erwähnten objektiven Zwecken findet sich ein weiteres argumentatives Standbein der normativen Legitimation des ökonomischen Handlungsmodells als individuelle Handlungsorientierung wieder: die von Starbatty dargestellte Sachzwanglogik, der zufolge Sachzwänge als gegebene Bedingungen ökonomische Handlungsoptionen determinieren. Brodbeck sowie Ulrich kritisieren diese Sachzwänge als „ein *hergestelltes Ergebnis*, ein *Handlungsresultat*, getrieben von falschen Motiven"[303] und entlarven damit ihre wirtschaftswissenschaftliche *Naturgesetzlichkeit* als menschengemacht: „Der angebliche Sachzwang – die *höhere* Rendite auf den globalen Märkten – entpuppt sich damit nur als beschränkter Egoismus und – wenigstens für die Menschen, die ethisch noch bei Sinne sind – als verwerfliche *Untugend*. [...] Die vorgebliche Objektivität dieser Struktur ist nur die Universalität einer schrankenlosen Gier – kein ‚Gesetz' der Wirtschaft, [...] keine Naturmacht, nur ein *Mangel* an sittlicher Vernunft und an Mitgefühl"[304] seitens der wirtschaftlich Handelnden.[305] Es existieren demzufolge keine Sachzwänge, denn: „Märkte werden *gemacht*, und alles menschliche Handeln wird durch Motive bestimmt."[306] Hier wird die eingangs erwähnte Feststellung der Wirtschaft als Kulturtätigkeit des Menschen wieder relevant, deren soziale Gesetzmäßigkeiten im Gegensatz zu Naturgesetzen abänderbar sind.

Die individuelle Freiheit innerhalb der Ökonomie wird somit zu Unrecht von Sachzwangbehauptungen begrenzt, da diese zwar durchaus bestehen können, jedoch keinesfalls naturgesetzlich unabänderbaren Tatsachen entsprechen, sondern von Menschen selbst unter Gebrauch ihrer Freiheit verändert werden können. Ob ein aus diesem Versuch resultierender alternativer, humaner Entwurf der Wirtschaftswelt tragfähig und umsetzbar ist, wird die zukünftige Entwicklung der Wirtschaftspraxis durch *CSR*-orientierte Managementkonzepte erst zeigen müssen: „Wir können heute nicht wissen, ob die Menschen zu einem gesellschaftlichen

---

[301] Matthiesen (1995), S. 64.

[302] Heidbrink (2007), S. 7.

[303] Brodbeck 2007, S. 8 (Hervorhebungen im Original).

[304] Ebd., S. 7 (Hervorhebungen im Original).

[305] Brodbeck analysiert die ökonomische Rationalität damit als normative Untugend und bezeichnet die Theorien der Vertreter marktorientierter Sachzwanglogiken (sowohl Wirtschaftswissenschaftler als auch Wirtschaftsethiker) als „Theologie des Marktes" (Brodbeck 2007, S. 8). Er kritisiert Homanns Behauptung, die Marktwirtschaft repräsentiere die bisher effizienteste Form der Charitas, als „zynische und brutale Rede" (vgl. Brodbeck 2007, S. 15).

[306] Ebd., S. 19 (Hervorhebung im Original).

Zusammenleben fähig sind, das auf der inneren Autonomie des einzelnen beruht, denn sie hatten in unserer Kultur bisher nicht die Chance, es zu beweisen."[307] Ein solcher Entwurf würde allerdings selbst stets *korrekturbedürftig* bleiben.[308] Festzuhalten bleibt allerdings, dass das Standardmodell als Handlungsmodell des Individuums weder der menschlichen Freiheit noch der individualwirtschaftsethischen Verantwortungsdimension gerecht wird.

Die gesellschaftlichen Folgen des Homo oeconomicus als Handlungsideal

> „Die Abkehr von diesem universell gesetzten ökonomischen Rationalitätsmodell müßte [sic] eigentlich um so leichter fallen, als sich die Annahme, daß [sic] die Steigerung der Produktivität der Arbeit und des ‚Reichtums der Nationen' auf der Basis einer Theorie des Eigeninteresses und des (weitgehenden) laissez faire zur (optimalen) Steigerung des Gemeinwohls führe, längst als ein Irrtum erwiesen hat."[309]

Die normative Legitimation des ökonomischen Verhaltensmodells basiert auf dem damit verbundenen Glauben an die *invisible-hand*-Theorie des Marktes. Diese hat sich entgegen der zitierten Annahme Mittelstraß' bis in die Gegenwart hartnäckig gehalten. Die folgenden aus der Perspektive der gesellschaftlichen Konsequenzen geäußerten Kritikpunkte des Homo oeconomicus als Handlungsideal lassen sich in *reale*, lebensweltliche Folgen eigennutzorientierten, eindimensionalen Handelns und darüber hinaus in *theoretische*, zukünftige Folgeszenarien klassifizieren. Beginnen wird die Kritik mit den lebensweltlich beobachtbaren Folgen des ökonomischen Verhaltensmodells als Orientierungspunkt wirtschaftlichen Handelns.

Das normative Einspannen des eigennutzorientierten Handelns in das Wohl aller hat sich in der Praxis nicht bewährt. Trotz der Errungenschaft des Wohlstandes in westlichen Industrienationen hat die Entfaltung des wirtschaftlichen Egoismus zu wachsenden sozialen Gegensätzen, gesellschaftlichen Unruhen und (Welt)Wirtschaftkrisen geführt:

> „Der Gedanke, man könnte die Geldgier überlisten und in den Dienst der Allgemeinheit stellen, hat sich als gefährliche Täuschung erwiesen. [...] Die Kombination der Geldgier zu einem globalen Konzert führte im Gegenteil zu genau dem, was zu erwarten war, wenn die Welt durch eine Untugend regiert wird: Zu Armut,

[307] Scherhorn (1991), S. 163.

[308] Ebd.

[309] Mittelstraß (1985), S. 8.

Ausbeutung, Kriegen, wachsenden sozialen Gegensätzen und einer zerstörten Erde."[310]

Die Gesellschaft wird durch den *freien* Wettbewerb unter Homines oeconomici geteilt, die soziale Schere zwischen Arm und Reich öffnet sich immer weiter: „Der Verteilungskonflikt markiert daher dogmengeschichtlich die erste fundamentale Einbruchstelle, an der die ‚reine' Logik des sprachlosen Interessenausgleichs durch den Marktmechanismus prinzipiell versagt."[311]

Auch konkret beobachtbare Ereignisse verweisen auf den Irrtum einer normativen Orientierung ökonomischen Handelns am Homo-oeconomicus-Modell. So liest sich Duecks „Abschied vom Homo oeconomicus" wie eine Vorwegnahme der gegenwärtigen Finanz- und Wirtschaftskrise: Nur wenige Trittbrettfahrer können das System zum Kippen bringen, da Vorteilnahme und Gier Einzelner dazu führt, dass auch moralisch handelnde Wirtschaftsindividuen irgendwann eigennutzorientiert agieren, was auf lange Sicht das ganze System zu Fall bringt. Hinzu kommt der Effekt der zeitverzögerten Reaktion des Systems auf Veränderungen: negative Entwicklungen schlagen später durch, positives Einlenken greift später als erhofft. Die egozentrisch-eigennutzorientierte und daher beschränkte Sichtweise sorgt dafür, dass das Verhalten das System auf Dauer zum Kollabieren bringt. Dieser Zyklus, den der Homo oeconomicus in Gang setzt, wird auf Dauer zur Todesspirale des Systems.[312] Der freie Wettbewerb unter Homines oeconomici ist nicht wie von Verfechtern der freien Marktwirtschaft verteidigt schon an sich gerecht: „Die Idee der Produktivitätssteigerung ist es, andere zu besiegen. Die [...] aber wollen sich nicht besiegen lassen und [versuchen], das Überleben zu sichern. Die gnadenlose Effizienzsteigerung hat dadurch einen universellen Sinn verliehen bekommen. Man muss die Effizienz steigern."[313] Somit zerstören Homines oeconomici langfristig den Markt, weil Anbieter, „die andere Anbieter und auch ihre Kunden übervorteilen wollen", letztlich *Qualität* aus dem Markt verdrängen.[314] Das Verhalten des Homo oeconomicus ist damit letztlich auch Ursache und Triebkraft der Schere zwischen Arm und Reich, die sich immer weiter öffnet. „Der ganz freie Markt aber erzeugt arm und reich, oben und unten, Privatjets und Slums."[315]

Besonders vor Augen geführt wird uns der Bedarf an wirtschaftlich verantwortungsbewusstem und damit nicht bloß eigennutzorientiertem Handeln auch im Fall der Ökologie bzw. der durch die Wirtschaft entstandenen Umweltschäden und

---

[310] Brodbeck (2007), S. 2f.

[311] Ulrich (1993), S. 206.

[312] Vgl. Dueck (2008), S. 40.

[313] Ebd., S. 42f.

[314] Vgl. ebd., S. 48ff und Conrad (2006), S. 32f.

[315] Dueck (2008), S. 57.

Langzeitfolgen in Form der Klimaveränderung. Die allgemein bekannten ökologischen Probleme entstehen dabei, „weil die ökonomische [...] Rationalität die Nebenwirkungen unseres Handelns auf die Natur nicht hinreichend berücksichtig[t].“[316] Als so genannte externe Effekte gehen diese Folgen aufgrund ihrer ökonomischen Irrelevanz nicht in die Gesamtrechnung der Wirtschaft mit ein. Daher ist es auch sinnvoll, den Wirtschaftsbürger entsprechend zu bilden, d.h. auf individueller Ebene „den Konsumenten davon zu überzeugen, daß [sic] ökologische Rationalität notwendig ist und daß [sic] auch der Konsument diese in den (ökonomischen) Kalkül seiner eigenen Wahlentscheidung miteinbeziehen muß [sic].“[317]

Dass somit behauptet wird, dass Wirtschaftskrisen sowie ökologische Folgeschäden ökonomischen Handelns insbesondere auf rein eigennutzorientiertes Verhalten nach dem Vorbild des Homo-oeconomicus-Modells sowie mangelnde staatliche Regulierung und individuelle Wirtschaftsbildung zurückzuführen sind, bedeutet im Übrigen nicht, dass dem ökonomischen Verhaltensmodell empirische Validität zukommt. Vielmehr deutet dies darauf hin, dass ein Zuviel an eigennutzmaximierendem Verhalten, geprägt durch die Überhöhung des eindimensionalen, *normativen* Handlungsideals, zu den beobachtbaren Folgen führt, insbesondere als Entscheidunglogik in Schlüsselpositionen wie dem Unternehmensmanagement oder Investment.

Diese einseitige, normative Ausrichtung wirtschaftlichen Handelns sowie deren lebensweltliche Folgen lassen sich, wie in Mittelstraß Zitat zu Anfang des Kapitels angedeutet, nicht nur gegenwärtig, sondern auch historisch beobachten. So wurde John Stuart Mill durch den irischen Hungerwinter dazu veranlasst, Änderungen an der *invisible-hand*-Theorie vorzunehmen.[318] Wenn bereits historische Beispiele das Scheitern des alleinigen Glaubens an die Wirksamkeit des *invisible-hand*-Ansatzes zeigen, stellt sich jedoch die berechtigte Frage, warum viele Ökonomen auch gegenwärtig noch auf das Allheilmittel Deregulierung vertrauen.

Neben den erwähnten lebensweltlich-praktischen Auswirkungen der normativen Handlungsausrichtung am Homo-oeconomicus-Modell lässt sich diese Orientierung bereits auf theoretischer Ebene kritisieren:

> „Da die guten sozialen Resultate der eigennützigen Handlungen der Individuen nur unter bestimmten Bedingungen zustande kommen, kann man gerade in streng ökonomischer Argumentation vielfach zeigen, warum das Argument ‚Der Markt wird es schon richten', nicht zutrifft. Denn die Bedingungen dafür, daß [sic] ein

[316] Koslowski (1988), S. 82.

[317] Ebd., S. 83.

[318] Vgl. Manstetten (2002), S. 153.

gänzlich sich selbst überlassener Markt zu einem Optimum nach rein ökonomischen Maßstäben führt, sind äußerst restriktiv."[319]

Wenn diese Bedingungen nicht gegeben sind, dann führt das Verhalten der Homines oeconomici „gerade nicht zu einem gesamtwirtschaftlichen Optimum"[320]. Die theoretische Lösung der bereits erwähnten externen Effekte bzw. der Probleme unvollständiger Bedingungen liegt für die Wirtschaft in der Internalisierung nicht-beabsichtigter Nebenwirkungen, doch dadurch „stellt sich das Problem einer Instanz außerhalb der Wirtschaft, die in der Lage ist, die Internalisierung externer Effekte politisch durchzusetzen"[321]. Man braucht unparteiische Beobachter oder wohlwollende Politiker. Damit aber werden nicht alle Individuen des ökonomischen Verhaltensmodells auf theoretischer Ebene „als homines oeconomici, als egoistische rationale Nutzenmaximierer konzipiert. [...] Nimmt man [...] den Homo oeconomicus, [...] so gibt es für Wirtschaftswissenschaftler keine Rechtfertigung dafür, überall da, wo man Eigenschaften braucht, die nicht dem Konzept egoistischer rationaler Nutzenmaximierung entsprechen, ein andersartiges Verhalten zu unterstellen."[322]

Die theoretischen Konsequenzen einer Weiterführung der Individualisierung und normativen Orientierung am ökonomischen Verhaltensmodell für die Gesellschaft hat Dueck analysiert. Auch er kommt zu dem Ergebnis, dass „[i]solierter Egoismus oder im Extrem isoliertes Ausleben von Neurosen dem Ganzen so sehr [schadet], dass das Ganze darüber zerfällt."[323] Wenn die Individuen als Homines oeconomici handeln, d.h. „einige Unternehmen einen Preiskrieg beginnen, einige Menschen an den Sozialeinrichtungen schmarotzen, dann kann sich ein *Dominoeffekt* einstellen: Alle fallen nach und nach um und werden egoistisch. Wie eine Lawine begräbt der Egoismus die Gemeinschaftskultur."[324]

Diese theoretischen Mängel lassen ebenso wie die beobachteten lebensweltlich-praktischen Folgen eine normative Ausrichtung am ökonomischen Verhaltensmodell aus gesamtgesellschaftlicher Perspektive mehr als fragwürdig erscheinen: „Vom reinen Eigennutzmaximierer führt kein Weg zu einer moralischen Welt"[325]. Das ökonomische Verhaltensmodell führt als normatives Handlungsideal letztlich zum

---

[319] Ebd., S. 172.

[320] Ebd., S. 43.

[321] Ebd., S. 44.

[322] Ders. (2006), S. 45.

[323] Dueck (2008), S. 146.

[324] Ebd., S. 150.

[325] Göbel (2006), S. 71.

eigennutzfokussierten Wertewandel in der Gesellschaft und höhlt diese samt ihrer kulturvarianten Wertressourcen aus.[326]

Die letzte Bastion des Homo-oeconomicus-Modells: Der Beitrag zur Gestaltung einer Rahmenordnung

Als normativ legitimiertes Handlungsideal ist das Modell des rationalen Eigennutzmaximieres aufgrund der realen als auch möglichen individuellen und gesellschaftlichen Folgen zurückzuweisen. Wenn das ökonomische *Handeln* sich demnach aufgrund der dargestellten Konsequenzen nicht am Homo-oeconomicus-Modell orientieren sollte, bleibt dennoch ein Bereich des normativen Legitimationsanspruchs des ökonomischen Verhaltensmodells: die behauptete Leistung als grundlegende Annahme bei der Gestaltung der gesellschaftlichen Rahmenordnung. Die Frage, die bezüglich der Kritik der normativen Bedeutungsebene des Homo oeconomicus somit noch zu untersuchen bleibt, lautet: Entspricht ein auf der Annahme des Homo-oeconomicus-Modells ausgelegtes Regelsystem der besten wirtschaftlichen bzw. gesellschaftlichen Rahmenordnung?

Dem Argument zufolge soll eine homo-oeconomicus-geprüfte Rahmenordnung gegen Trittbrettfahrertum und andere Formen sozialer Ausbeutung abgesichert sein. Auf der Grundlage der *worst-case*-Annahme soll so ein optimales, moralsicherndes Regelsystem entstehen. Die Frage, die sich aus kritischer Perspektive jedoch stellt, ist, ob ein solches Vorgehen tatsächlich zu einer optimalen Rahmenordnung führt, da das angenommene Handlungssubjekt, auf dessen Verständnis die Ordnung errichtet wird, sowohl empirisch falsifiziert als auch normativ abzulehnen ist. Insofern der Anspruch des Homo oeconomicus als Modellgrundlage daher nicht von vorne herein bestritten wird (die möglichen Gründe wurden bisher analysiert), lässt sich diese Vorgehensweise kritisieren, da auch normative Regelsysteme auf objektive Erkenntnisse und Rückkopplungen angewiesen sind. Welche Rahmenordnung ergibt sich also aus einem homo-oeconomicus-geprüften Modell, wenn die Grundannahme bezüglich des Testobjekts nicht den objektiven Gegebenheiten entspricht? Was passiert, wenn *Menschen* eine HO-Rahmenordnung bevölkern?

> „Die Installation h-o-geprüfter Institutionen bewirkt *eine sich selbst erfullende Prophezeiung*, weil sie ausschließlich auf extrinsische Motivation abstellt. Sie setzt einen homo oeconomicus voraus und produziert ihn genau dadurch.“[327]

---

[326] vgl. insbesondere das Buch des Harvard-Ökonoms Stephen A. Marglin: *The Dismal Science: How Thinking Like An Economist Undermines Community*, Harvard University Press 2008.

[327] Osterloh (1996), S. 215.

Eine Rahmenordnung auf der Gestaltungsgrundlage des Homo oeconomicus tendiert in Richtung einer eindimensional-extrinsischen Problemlösungsstrategie. Um menschliches Handeln im Sinne einer gerechten Ordnung zu beeinflussen, bedarf es jedoch einer Wechselwirkung zwischen intrinsischer und extrinsischer Motivation, da die Idee der Einflussnahme durch Anreizsetzung nicht einfach nach dem Grundprinzip des eigeninteressierten Homo oeconomicus funktioniert: „An attempt to steer people's behaviour in a desired direction may even lead to the contrary. [...] [A]ttempting to evaluate employees in a strictly calculating, instrumental way may induce at least some people to relinquish their tendency to cooperate and to work against the organization."[328] Der Hauptgrund für dieses Ergebnis liegt in der Minderung der intrinsischen Motivation. Durch materielle (monetäre) Anreize werden Wirtschaftssubjekte in gewisser Weise konditioniert, nur noch gegen Bezahlung die Dinge zu erledigen, die sie vorher ohne dieses Anreizsystem übernommen hätten. Wer nur für Geld gute Arbeit leistet bzw. Gutes tut, handelt irgendwann nicht mehr aus einem Gefühl der Verantwortung oder Verpflichtung. Ein Regel- oder Anreizsystem muss diese Aspekte zur optimalen Gestaltung berücksichtigen.

Das Modell des Homo oeconomicus ist jedoch als Testobjekt dazu nicht in der Lage, da es nicht die Gesamtnatur des Menschen als soziales Wesen berücksichtigt, d. h. die differenzierte Handlungslogik des Menschen aus eigennützig-defektierendem aber auch moralischem Verhalten nicht abbildet. Somit repräsentiert der HO-Testdummie für soziale Regelsysteme nicht jenes Wesen, für das diese Regeln letztlich konstruiert werden. Die „Reduzierung der ‚Natur des Menschen' auf einen *rein wirtschaftlichen Menschen* und *eine entsprechende soziale Organisation* hat keine Zukunft, sollte auch keine Zukunft haben."[329]

Trotz der Kritik an der normativen Bedeutungsebene des Homo-oeconomicus-Modells bleibt der analytische Wert der Annahme insofern bestehen, als „daß [sic] es eine bewusst pessimistische Grundannahme ist. Man muß [sic] damit rechnen, daß [sic] Individuen sich so verhalten, und man muß [sic] diese Annahme treffen, um Regeln zu finden, die geeignet sind, eine anonyme Massengesellschaft dezentral zu steuern [sic]."[330] Dieses verbleibende Argument, das die Bedeutung des Homo-oeconomicus-Modells als analytisches Werkzeug des *worst-case*-Szenarios hervorhebt, ist nicht unerheblich. Ein skeptisches Menschenbild ist insofern funktional, als dass es vor Ausbeutung und damit Ungerechtigkeit schützen soll. Daraus resultiert jedoch die Frage, wann und wo wir von dieser Annahme ausgehen sollten und ob in diesem skeptischen Menschenbild nicht womöglich der Kern des Problems anzutreffen ist.

---

[328] Frey (1999), S. 151.

[329] Blum (1991), S. 118 (Hervorhebungen im Original).

[330] Werding (1998), S. 38.

Bezüglich der Rahmenordnungsgestaltung bildet diese Rechtfertigung nur die halbe Wahrheit ab. Die Prämisse des eigennützig-opportunistischen Trittbrettfahrers legitimiert sich zunächst durch die Annahme, dass bereits wenige Homines oeconomici das System zum Kippen bringen können und Kooperation so zum Stillstand gelangt. Auch wenn diese Verhaltensweisen experimentell festgestellt wurden, legitimiert sich dadurch nicht automatisch die Funktion des Homo oeconomicus als allgemeingültige Grundannahme zur Gestaltung der Gesellschaftsordnung. Auf diese Weise würde eventuell gerade dort ein enges Regelungssystem entstehen, wo flexibles Handeln und Vertrauen die einzig mögliche Basis kooperativen Verhaltens bilden. Zudem wäre eine vollständige Regulierung auch auf Basis eines HO-Tests nicht möglich. Weder lassen sich alle undichten Stellen eines Sozialsystems mit Hilfe des skeptischen Menschenbildes des Homo oeconomicus ausmachen, noch lassen sich selbige allein durch Regelwerke ausbessern. An vielen Stellen rücken daher Prinzipien wie Kooperation, Vertrauen und kommunikative Verantwortung in den Mittelpunkt. Dennoch ist eine grundlegende Rahmenordnung unabdingbar, denn prinzipiell gilt: „Situations can be changed more easily than people."[331]

Aufgrund der experimentellen Ergebnisse sowie der realen Wirtschaftspraxis kann man begründeterweise damit rechnen, dass Menschen gerade nicht überwiegend eigennützig agieren, sondern vielmehr prinzipiell kooperieren, was die eigenen Handlungsoptionen wesentlich erweitert. Kersting fasst daher zusammen: „Ich stimme dem zu, daß [sic] der *homo oeconomicus* eine Testfigur ist, eine Art Lackmustest für die Ausbeutungsfähigkeit gesellschaftlicher Institutionen durch Undisziplinierte. [...] Die Tatsache [jedoch], daß [sic] wir noch einigermaßen kohärent zusammenleben, ist nicht darauf zurückzuführen, daß [sic] unsere Institutionen ausbeutungsresistent sind und man sich bei ihrem Design an dem *homo oeconomicus* orientiert hat, sondern daß [sic] wir immer noch von moralischen Disziplinierungsgrundlagen zehren".[332] Ein Homo-oeconomicus-Szenario kann sich somit bei der Gestaltung einer Rahmenordnung als hilfreich erweisen, darf jedoch nicht die alleinige Gestaltungsgrundlage bilden. Ein allzu skeptisches Menschenbild beschränkt durch seine dogmatische Wirkung die real-bestehenden bzw. im Prozess der Verantwortungsreflexion zu ergründenden Handlungsmöglichkeiten maximal.

7. Die Grenzen des ökonomischen Verhaltensmodells

Die Kritik der modelltheoretischen, deskriptiven und normativen Bedeutungsebene des Homo oeconomicus hat die jeweiligen Grenzen des Verhaltensmodells aufge-

[331] Parfit (1984), S. 64.

[332] Kersting (1998a), S. 41.

zeigt. Dabei ist deutlich geworden, dass die Erklärungskraft des Homo-oeconomicus-Modells überschätzt wird und die Gefahr besteht, jede Abweichung in ein ökonomisches Theorienkorsett zu zwängen.[333] Das zentrale Problem der Ökonomie beim Entwurf eines menschlichen Verhaltensmodells besteht darin, als wissenschaftlicher Teilbereich auf „eine Abgrenzung des Menschen als wirtschaftenden Menschen" angewiesen zu sein, um den Besonderheiten wirtschaftlichen Handelns und der resultierenden Konsequenzen für die Gesellschaft Rechnung zu tragen, „ohne aus der Gesellschaft eine reine Wirtschaftsgesellschaft mit entsprechend ‚genormten Menschen' zu machen."[334] Dieses Bewusstsein für die Begrenzung der Perspektive hervorzubringen ist Aufgabe der Philosophie. Als ökonomisches Menschenbild beschreibt Homo oeconomicus nur einen Teilaspekt menschlich-ökonomischen Handelns. Die Begrenztheit des Modells wird aus der philosophisch-kritischen Perspektive erst sichtbar.

Nach der ausführlichen Darstellung der Kritik am Standardmodell ökonomischen Verhaltens ist die Sicht freigelegt auf das Kernproblem der Bedeutung bzw. Funktion des Homo-oeconomicus-Modells. Es zeigt sich, dass gerade die Unterscheidung der Bedeutungsebenen bzw. der unterschiedlichen Funktionen des ökonomischen Menschenbildes als präempirisches Analyseinstrument, deskriptive Theorie und normatives Handlungsideal deutlich hervorgehoben werden muss, da sie uns zum Kern der Diskussion führt.

Problemverschlingung oder: die Überhöhung des Homo-oeconomicus-Modells

Die Darstellung (Teil I) und Kritik (Teil II) des Homo oeconomicus hat gezeigt, dass das Modell im Laufe seiner Verwendung zu einem gesellschaftlichen Leitbild überhöht worden ist. Das Modell entwickelt sich wie bereits aus der historischen Darstellung hervorgeht von einem analytischen-hypotetischen Verhaltensmodell zu einer deskriptiv und normativ geltenden Annahme. Aus dem *worst-case*-Modell wird das Standardmodell menschlichen Verhaltens im ökonomischen Kontext (mit Becker sogar über diesen Kontext hinaus) und letztlich *die* wirtschaftliche Verhaltensnorm. Siebenhüner bringt diese Problematik des *sowohl explikativen als auch normativen Charakters* des Menschenbildes auf den Punkt: Neben der Verhaltensexplikation lenken Menschenbilder „die Sicht auf die eigene Person und die Mitmenschen und bestimmen dadurch auch die Handlungsmöglichkeiten und die tatsächlich gewählten Handlungsschritte."[335] Das Kernproblem besteht somit im implizit

[333] Vgl. Kirchgässner (2000), S. 202.

[334] Blum (1991), S. 115.

[335] Siebenhüner (2000), S. 2.

vollzogenen Übergang des Homo oeconomicus vom Analyseinstrument zum Menschenbild mit praktischer Handlungsrelevanz. Dabei wird aus dem theoretischen *worst-case*-Testdummie ein erschöpfendes Abbild der Wirklichkeit und schließlich sogar ein normatives Ideal. *Die idealisierte Behauptung wird zur Realität und schließlich zur Gestaltungsnorm.*

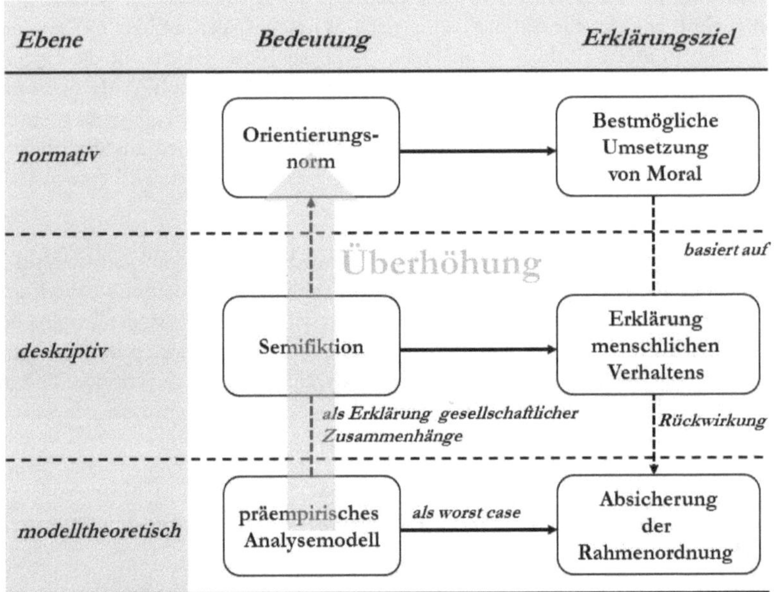

Abbildung 2: Grenzen und weitreichende Überhöhung des Homo oeconomicus

Die ökonomische Rationalität des Homo oeconomicus wird dabei im Verlauf dieser Entwicklung mit dem Vernunftprinzip gleichgesetzt.[336] Diesen Prozess beschreibt Max Weber als *Problemverschlingung*:

> „[Die] ‚staatsfreie', ‚moralfreie', ‚individualistische' reine Theorie [bzw. den Homo oeconomicus], welche als methodisches Hilfsmittel unentbehrlich war und immer sein wird, faßte [sic] die radikale Freihandelsschule als ein erschöpfendes Abbild der ‚natürlichen', d.h. der nicht durch menschliche Torheit verfälschten, Wirklichkeit, darüber hinaus aber und auf Grund dessen als ein ‚Sollen' auf: als ein in der Wertsphäre geltendes Ideal statt als einen für die empirische Forschung des Seienden brauchbaren Idealtyus."[337]

[336] Vgl. Mittelstraß (1990), S. 28.

[337] Weber (1973), S. 536.

Auch Osterloh argumentiert in Anlehnung an Ulrich[338] in diese Richtung: Ihrer Meinung nach „verliert der homo oeconomicus seinen Charakter als heuristisches Konstrukt. Stattdessen wird versucht, die analytische Kunstfigur [...] in die Praxis umzusetzen. Der homo oeconomicus erhält damit unter der Hand und ohne weitere Begründung eine normative, methodisch erschwindelte Bedeutung."[339] Dazu Ulrich:

> „So sehr die methodische Trennung zwischen Realität und idealtypischer Modellanalyse ein potentieller wissenschaftlicher Fortschritt war, so problematisch war nun allerdings die von Ricardo eingeführte Verwendung des Homo oeconomicus. Die unterschwellige Gleichsetzung des methodischen Idealtyps mit einem normativen Ideal verunmöglichte einen kritischen Umgang mit den Modellergebnissen isolierender Abstraktionen. Die Idealwelt des Homo oeconomicus war für ihn letztlich die ‚natürliche' Wirklichkeit. Wich die empirische Realität von jener ab, so musste ihm weniger das theoretische Modell als vielmehr diese Realität selbst als ‚fehlerhaft' erscheinen."[340]

Ulrich schildert hier im Grunde die bereits von Weber dargelegte und Göbel hervorgehobene Problemverschlingung. Diese vollzieht sich sowohl auf Ebene des Rationalitätskonzepts als auch in der Konsequenz auf Ebene des Menschenbildes: Die implizite oder explizite Ausweisung der ökonomischen Rationalität als ganze Vernunft im Zuge des ökonomischen Imperialismus entspricht auf übergeordneter Ebene der Übertragung des ökonomischen Verhaltensmodells auf den gesammten Menschen. Als Ricardianisches Übel bezeichnet Ulrich daher auch den Versuch, „einen analytischen Idealtyp in ein (beliebiges) normatives Ideal zu verwandeln".[341]

> „Statt analytisch-deskriptive Kategorie zu sein, gewinnt der homo oeconomicus für die Ökonomie Leitbildcharakter: Er impliziert den normativen Anspruch, die Wirklichkeit so zu gestalten, daß [sic] das Ideal des ökonomisch rein rational handelnden Kunstmenschen ‚homo oeconomicus' in ihr zur Entfaltung gelangen kann."[342]

[338] Vgl. Ulrich (1996), S. 153.

[339] Osterloh (1996), S. 216.

[340] Ulrich (1993), S. 196.

[341] Ebd., S. 205.

[342] Kleinfeld (1998), S. 141.

Diese Kritik ist insbesondere an Homanns Ansatz der Institutionenökonomik gerichtet, die später noch Gegenstad der Analyse sein wird.

Das „als Hilfsmittel nützlich[e] Modell [wird] unter der Hand zum Abbild der Wirklichkeit gemacht".[343] Wenn Theorien aber objektiv und wertfrei vorgehen wollen, dann dürfen sie „eine solche Problemverschlingung nicht vornehmen"[344]. Homo oeconomicus wird durch diese Überhöhung „zum Paradigma für das spezifische Lebensgefühl des modernen Menschen und dessen Selbstverständnis als Gesellschaftsmitglied."[345] Damit wird zum Teil die Brauchbarkeit des Homo-oeconomicus-Modells als Analyseinstrument, insbesondere jedoch seine erklärungstheoretische Begrenztheit aufgezeigt. Gerade auf diese Gefahr der Problemverschlingung, d.h. der Überhöhung eines disziplinären Fallanalysemodells, muss die philosophische Perspektive aufmerksam machen. Die Gefahr eines falschen bzw. einseitigen Menschenbildes liegt „in einer unreflektierten, gewissermaßen selbstverständlichen Übernahme philosophischer Welt- und Menschenbilder im Gewand der Wissenschaft."[346]

Was mit der experimentellen Ökonomie und deren Zurückweisung des imperialistischen Anspruchs des ökonomischen Verhaltensmodells begonnen hat, ist ein Reifeprozess, der dem Standardmodell wirtschaftlichen Handelns seine benannten Grenzen aufzeigt. Die erarbeitete Unterscheidung der Bedeutungsebenen macht deutlich, welchen Erklärungsansprüchen das Modell gerecht wird (präempirisches *worst-case*-Szenario) und welchen nicht (deskriptives Erklärungsmodell zur Beschreibung ökonomischen Handelns und normatives Verhaltensideal bzw. Menschenbild insgesamt). Das nächste Kapitel wird sich daher aus philosophisch-anthropologischer Perspektive[347] mit den notwendig gewordenen Modell- und *Perspektiv*erweiterungen befassen. Gesucht wird ein realistisches, wissenschaftlich fundiertes Menschenbild, kein *optimistisches Wunschbild*[348]: „Eine Theorie sollte den Menschen keine Fähigkeiten andichten, über die sie nicht verfügen, und stattdessen mit unserer Erfahrungswelt in Einklang stehen. Erst dann lassen sich die Entwicklungen erklären, die sich ergeben aus dem Mit- oder Gegeneinander real existierender Menschen"[349].

---

[343] Göbel (1992), S. 73.

[344] Ebd., S. 74.

[345] Kleinfeld (1998), S. 142.

[346] Kerber (1991), S. 56.

[347] Eine bedeutende Analyse des Homo oeconomicus in diesem Zusammenhang hat Rolle (2005) vorgelegt. Er fragt sich, inwiefern die *anthropologischen Konstanten* (d.h. die zentralen, anthropologischen Merkmale) Berücksichtigung im Menschenbild der Ökonomie finden (vgl. Rolle 2005, S. 285ff).

[348] Vgl. Kirchgässner (2000), S. 48.

[349] Heuser (2008), S. 229.

III. Die Erweiterung des ökonomischen Verhaltensmodells zu einem empirisch fundierten und ethisch integrierten Menschenbild wirtschaftlichen Handelns

Die ebenenübergreifende Kritik des Standardmodells ökonomischen Verhaltens hat sowohl deskriptiv als auch normativ die Grenzen seines Erklärungsanspruches deutlich gemacht. Insbesondere die ökonomische Rationalität wird als eindimensionale Handlungslogik dem Wirtschaftssubjekt nicht gerecht. Eine modelltheoretische Erweiterung um Moralität erweist sich folglich *genau dann* als eine tatsächliche Erweiterung, wenn sie Moral *nicht* unter das Primat der Eigennutzorientierung stellt. Eigennutz repräsentiert ein wichtiges, jedoch nicht erschöpfendes Motiv wirtschaftlichen Handelns. Als zentrale These dieser Arbeit wird so aufgrund der dargelegten Kritik die Ansicht mit Falk und anderen Forschern geteilt, dass „das Modell des Homo oeconomicus wesentliche Determinanten menschlichen Verhaltens unberücksichtigt lässt und dadurch Gefahr läuft, falsche oder zumindest unvollständige Politikempfehlungen zu fundieren."[350] Im vorangegangenen Teil ist deutlich geworden, „wie dringend heute eine nicht-ideologische Wirtschafts- und Sozialphilosophie eines reflektierten anthropologischen Fundaments bedarf."[351] Aus dieser Erkenntnis ergibt sich die Notwendigkeit der Erweiterung des Verhaltensmodells als grundlegende Annahme der Wirtschaftswissenschaft, die im Folgenden auf Basis der empirischen Ergebnisse der Verhaltens- und Neuroökonomie sowie philosophisch-anthropologischer Überlegungen vollzogen werden soll. Die Frage dieses Kapitels lautet also: Lässt sich ein erweitertes Handlungsmodell für die Ökonomie erkennen, das *als Grundlage* einer sowohl deskriptiven als auch normativen, ethikintegrierenden Ökonomie dienen kann?

Prognosen der Erweiterung

> „Ökonomie – wie alle Forschung – verliert nicht ihren modellhaften Charakter, so grundlegend sie neuerdings auch am Menschen ansetzt."[352]

> „It seems logical that basing descriptive economic models on more realistic conceptions of economic agents is bound to increase the explanatory power of the models."[353]

---

[350] Falk (2001), S. 22.

[351] Ulrich (1993), S. 32.

[352] Heuser (2008), S. 158.

[353] Thaler (2000), S. 140.

Die meisten Kritiker des Standardmodells hoffen auf „eine Wirtschaftswissenschaft, in der der ganze Mensch gemäß seiner Natur Ausgangspunkt ist."[354] Auch wenn diese Hoffnung theoretisch berechtigt erscheint, muss sich die wissenschaftliche Praxis wohl auf eine aspektrelevante Erweiterung des Modells beschränken. Ein umfassendes Menschenbild würde eine allgemeine Wissenschaft vom Menschen voraussetzen. Danach strebt zwar die philosophische Anthropologie, die Übertragung ihres ganzheitlichen Ansatzes auf die Ökonomie kann jedoch insbesondere aufgrund der Komplexität ihres transdisziplinären Unterfangens nicht Sinn und Zweck der disziplinären Forschung und Auseinandersetzung sein. Eines kann und will daher eine Erweiterung des Homo oeconomicus als Standardmodell der Wirtschaftswissenschaft nicht leisten: ein *umfassendes* Menschenbild. Ziel eines ökonomischen Verhaltensmodells sollte es vielmehr sein, „to understand, explain and predict human behaviour in a way such that economic relationships can be fruitfully studied and used for description, prognosis and policy."[355] Innerhalb des Diskurses ist dabei zu beobachten, wie „aus dem Homo oeconomicus ein anderes Bild entsteht, eine Art Homo oeconomicus humanus."[356]

Kritiker eines erweiterten Modells bezweifeln, dass „durch den Übergang vom rationalitätstheoretischen Modell zur komplexen soziokulturellen Wirklichkeit erstens die deskriptive Angemessenheit der Ökonomie und ihrer rationalitätstheoretischen Argumentationsmuster gesteigert, und zweitens mit dieser derart ‚kulturalisierten' Ökonomie gar eine prognostisch solide Gesellschaftspolitik betrieben werden kann."[357] Die bisher dargestellten Experimente und Argumente sollten diese Zweifel allerdings beseitigt haben – zumindest insofern, als dass das bestehende Modell keine Lösungen anbietet. Der Forderung „bei [der] Gestaltung der Wirtschaftsordnung […] ein realistisches Menschenbild zugrunde zu legen"[358] kann nur ein erweitertes Modell gerecht werden, das wirtschaftliches Handeln exakt und umfassender beschreibt, bessere Prognosen liefert und darüber hinaus eine Grundlage für einen normativen, wirtschaftsethischen Ansatz bietet, indem es hervorhebt, welche moralischen Aspekte dem wirtschaftlichen Handeln des Menschen innewohnen. Eine Erweiterung des ökonomischen Verhaltensmodells könnte im Sinne des wissenschaftlichen Fortschritts im Stande sein, genauere Erkenntnisse über menschliches Verhalten in wirtschaftlichen Entscheidungssituationen zu liefern, steht jedoch auch vor der Problematik der Integration neuer Axiome und sogar neuer Fachbereiche. Denn eine Erweiterung ist im Grunde Gegenstand interdiszip-

[354] Blum (1991), S. 115.

[355] Sen (1987), S. 79.

[356] Heuser (2008), S. 36.

[357] Kersting (1998a), S. 45.

[358] Noll (2002), S. 40.

linärer Forschung von Wirtschaftswissenschaften, Neurobiologie, Psychologie, Philosophie usw., wie die jüngsten interdisziplinären Forschungsentwicklungen der Neuro- und Verhaltensökonomie (bzw. -psychologie) zeigen. Für die Ökonomie bedeutet dies die Wiederentdeckung ihrer sozialen Wurzeln: „Die Analyse des Wirtschaftlichen bringt also die menschliche Natur des Einzelnen wieder zusammen mit der sozialen Natur der Ökonomie."[359]

Darüber hinaus ist bei der Erweiterung des ökonomischen Verhaltensmodells durchaus zu erwarten, dass trotz der abzubildenden Komplexität menschlichen Verhaltens die modelltheoretische Anwendbarkeit erhalten bleibt. Sozialökonomisches Verhalten „kann ohne weiteres in einem Modell abgebildet werden, aber nicht in Modellen, die von einem alles andere überragenden Nutzen oder Ziel ausgehen."[360] Das Standardmodell als unzureichende Erklärungshypothese aufrecht zu erhalten, nur weil notwendige Theorieerweiterungen nicht ohne weiteres mathematisch formulierbar sind, ist keine wissenschaftlich akzeptable Begründung. Als deskriptive Erklärungsaspekte lassen sich Moralität bzw. Reziprozität prinzipiell konzeptualisieren. Die mathematische Formulierung stellt dabei keine wissenschaftliche Notwendigkeit dar, denn was sich in klaren Axiomen ausdrücken lässt, bedarf keiner Mathematisierung. Auch wenn eine moralintegrierende Ökonomie „nicht als kausal-mechanistische Theorie möglich ist, kann doch die Wirksamkeit ethischer Überzeugungen nicht geleugnet werden und können allgemeine ethische Werte als handlungsleitende Vorzugsperspektiven unterschieden, beschrieben und verstanden werden."[361]

Die Erweiterung des ökonomischen Standardmodells menschlichen Verhaltens erfolgt, wie die Bedeutungsanalyse des Modells bereits deutlich gemacht hat, sowohl auf deskriptiver als auch auf normativer Ebene. Die Frage nach einem neuen Menschenbild für die Wirtschaft und damit nach einer neuen Ökonomie entspricht daher neben der empirisch-wissenschaftlichen Frage auch einer evolutionär-ethischen Fragestellung.[362] Aufgrund dieser Bedeutung des ökonomischen Menschenbildes und der Gefahr, normative Argumente und deskriptive Erklärungsinhalte zu konfundieren, soll im Folgenden zunächst eine Erweiterung des Homo oeconomicus als deskriptives Erklärungsmodell menschlichen Handelns auf der Grundlage verhaltens- und neuroökonomischer Erkenntnisse (Kapitel 8) sowie philosophisch-anthropologischer Überlegungen (Kapitel 9) erfolgen. Im Anschluss stellt sich dann im zehnten Kapitel die Frage, inwiefern dieses Modell menschlichen Handelns als Grundlage einer (individuellen) Wirtschaftsethik dienen kann.

---

[359] Heuser (2008), S. 59.

[360] Etzioni (1994), S. 170.

[361] Koslowski 1988, S. 68.

[362] Vgl. Zimmerli (2003), S. 218f.

8. Die Erweiterung des Homo oeconomicus durch die experimentelle Ökonomie

Die empirische Ökonomie hat über ihre Kritik hinaus Vorschläge für eine positive Theorieerweiterung des Standardmodells. Dabei repräsentiert die empirische Wirtschaftsforschung einen methodischen als auch inhaltlichen Paradigmenwechsel der Ökonomie in Bezug auf das Handlungssubjekt der Wirtschaftswissenschaften. Methodisch führt der Weg vom mathematischen Modell zum Experiment: „In conducting experiments with him and observing how he behaves, economists have come to treat economic man more like a laboratory rat than a mathematical construct."[363] Inhaltlich wird dies insbesondere in der Integration psychologischer und neurobiologischer Erkenntnisse deutlich.[364] Insgesamt lässt sich daher bezüglich des Menschenbildes der Ökonomie von einem Kuhnschen Paradigmenwechsel sprechen, da sich die Ökonomie inmitten eines solchen Prozesses befindet, in dem die Zahl der Experimente, Artikel und Bücher, die auf dem neuen Paradigma fußen, wächst.[365] Die durch den Gebrauch der experimentellen Methoden „gesteigerte Realwissenschaftlichkeit"[366] bildet wissenschaftstheoretisch einen grundsätzlichen Fortschritt, wobei jedoch beachtet werden muss, dass Verhaltensexperimente unter idealisierten Laborbedingungen stattfinden: „Wer nur auf das Labor und die Erklärung der Resultate von Laborexperimenten fixiert ist, baut nur eine Parallelwelt – entsprechend einem platonischen Ideenhimmel – zur realen Welt auf."[367] Wie radikal diese empirische Wende sein wird, bleibt abzuwarten: „Das Marktverständnis jedenfalls wird erst einmal von schlichten Glaubenssätzen befreit."[368]

---

[363] Morgan (2006), S. 25.

[364] Fehr spricht in diesem Zusammenhang auch von der *psychologischen Wende* in der Ökonomie (vgl. Fehrs Vortrag „Die Psychologische Wende in der Ökonomik", Fehr 2002).

[365] Vgl. Kuhn (1976) S. 79ff und S. 147ff bezüglich der Beobachtbarkeit des Paradigmenwechsels.

[366] Güth & Kliemt (2002), S. 1.

[367] Ebd. In diesem Zusammehang sei bspw. erwähnt, dass in wirtschaftsexperimentellen Situationen in der Regel „Kuchen verteilt wird, den keiner backen musste. Dies wirkt eher fremd auf Probanden, die aus ihrer Lebenswelt anderes gewohnt sind. […] In der Alltagswelt müssen Kuchen schließlich gebacken und Gewinne erarbeitet werden, bevor man sie verteilen kann." (Güth & Kliemt 2002, S. 7) Eine entsprechende Erweiterung des experimentellen Aufbaus könnte daher zu realistischeren Ergebnissen führen. Dieses Problem wird in der empirischen Forschung als „ökologische Validität" bezeichnet.

[368] Heuser (2008), S. 223.

Inhaltliche Erweiterungen

„Wie man es auch wendet: Zum Vorschein kommt ein bemerkenswerter Sinn für Fairness und Kooperation."[369]

Die empirische Wirtschaftswissenschaft belegt, dass Altruismus, intrinsische Motivation sowie reziprokes Verhalten eine bedeutende Rolle spielen für menschliches Handeln.[370] Die bereits dargestellten Versuche haben gezeigt, dass Homo sapiens lediglich begrenzt rational agiert, sich oft mit einem Gewinn zufrieden gibt, den er für ausreichend hält und sich in gewissem Grad auch um andere kümmert, wobei er dabei insbesondere Wert auf Fairness legt.[371] Um wirtschaftliches Verhalten daher verstehen zu können, müssen Emotionen, Reziprozität und Moralität als handlungsrelevante Bezugsgrößen bzw. Dimensionen integriert werden.[372]

Wie die in Kapitel 6.3 dargestellten Experimente belegen, bevorzugen Menschen es entgegen der Eigennutzmaximierungsannahme des Homo oeconomicus, „to be treated fairly and resist unfair outcomes, and they do not always choose what seems to be their best interest."[373] Homo oeconomicus *humanus* achtet somit sehr genau darauf, ob Gerechtigkeitsprinzipien eingehalten werden oder nicht.[374] Aus diesem Grund bilden *Emotionalität* und *Moralität* (insbesondere als *Fairness*) grundlegende Erweiterungskategorien.

Im Handeln selbst äußern sich diese dimensionalen Modellerweiterungen zum einen in *Kooperation*, wenn davon auszugehen ist, dass auch ihr Gegenüber kooperativ handelt (ebenso wie Defektion aus einer angenommen geringen Wahrscheinlichkeit kooperativen Verhaltens entstehen kann[375]) und zum anderen in *Reziprozität*. Homo oeconomicus humanus ist für die Verhaltensökonomen ein Homo reciprocans: Er „ist bedingt kooperationsbereit, schenkt Vertrauen, schlägt aber auch zurück, wenn es missbraucht wird [...] und ist bereit, unfaires Verhalten unter

[369] Ebd., S. 41.

[370] Vgl. Kirchgässner (2005), S. 559.

[371] Vgl. Ruffieux (2006), S. 50.

[372] Raab und Neuner stützen diese kategoriellen Modellerweiterung beispielsweise in puncto nicht-eigennutzorientierter Motivationen durch eine Studie zur Erhebung von Motiven für Geldanlageentscheidungen, wonach neben dem ökonomischen Motiv weitere Motive zur Geldanlage bestehen (vgl. Raab & Neuner 2004, S. 536). Das Experiment hat gezeigt, dass 20% der Probanden das ökonomische Motiv (Gewinnmaximierung durch Rendite) *nicht* als Grund für ihre Investitionen genannt haben (vgl. Raab 2006, S. 116f).

[373] Fehr & Camerer (2006), S. 47. Vgl. auch Fischbacher et al. (2008).

[374] Heuser (2008), S. 219.

[375] Vgl. Henrich et al. (2005), S. 813.

Einsatz eigener Mittel zu ahnden – auch dann, wenn man sich […] kein zweites Mal im Leben sieht."[376] Modelltheoretisch bedeutet reziprokes Verhalten außerdem, dass kooperatives Verhalten *im Gedächtnis* bleibt, d. h. die Erwartungshaltung des Individuums bezüglich der Kooperation des Gegenübers nicht beim wiederholten Aufeinandertreffen auf null gesetzt wird, wie es beim Homo-oeconomicus-Modell der Fall ist.[377] Das sich daraus insgesamt ergebende ökonomische Verhaltensmodell zeichnet sich durch begrenzte Rationalität und reziprok-kooperatives bis stark-altruistisches Verhalten aus. Starker Altruismus meint dabei *nicht-strategisch* altruistisches Handeln.

8.1 Verhaltensökonomie

Die Verhaltensökonomie, die sich insbesondere auf der Grundlage der *Prospect Theory*[378] Kahnemans und Tverskys sowie bereits Mitte der achziger Jahre des letzten Jahrhunderts in Deutschland u.a. durch Reinhard Selten[379] entwickelte, befasst sich mit der empirischen Überprüfung ökonomischer Modelle. Dabei bedient sich dieser Forschungszweig meist spieltheoretischer Experimente wie dem bereits angeführten Ultimatum- oder Gemeinwohlspiel. Wichtig ist bei derartigen Experimenten die Realitätsnähe: Es müssen vergleichbar reale Anreize geschaffen werden, weshalb es in Experimenten u.a. um echtes Geld geht (das Probanden in der Regel verdienen können).

Da die *experimentellen* Grundlagen der Modellerweiterungen des Homo oeconomicus bereits in den vorangegangenen Kapiteln dargestellt wurden, ist an dieser Stelle der Schritt zur *Theorie*erweiterung durch Verhaltensforscher und Neurobiologen möglich. Auf der Grundlage der in Kapitel 6.3 dargestellten experimentellen Erkenntnisse erweitern so Falk et al. das ökonomische Verhaltensmodell um o.g. Prinzipien.

---

376 Heuser (2008), S. 56.

377 Vgl. Herold (2009), S. 19. Einer möglichen Auslegung reziproken Verhaltens, wonach es sich auch dabei um eigennutzmaximierendes Verhalten handelt, da Nicht-Bestrafung das soziale Ansehen und damit die eigene Stärke beeinträchtigen könnte, wird experimentell dadurch verhindert, dass kein direkter Gegenüber existiert, aufgrund dessen Anwesenheit eine Investition in die eigene Darstellung von Stärke (Rache) sinnvoll wäre.

378 Die *Prospect Theory* ersetzt das Modell des rationalen Eigennutzmaximierers durch ein Modell, in dem die Rationalität durch Wahrnehmungsverzerrungen modifiziert wird und dabei mathematisch modelllierbar bleibt (vgl. Kahneman & Tversky 1979).

379 Selten erhielt 1994 gemeinsam mit John Forbes Nash und John Harsanyiden den Nobelpreis für Wirtschaftswissenschaft. Er gründete bereits 1984 das Laboratorium für experimentelle Wirtschaftsforschung in Bonn (BonnEconLab).

Moralität als Fairness

Den wohl beeindruckensten Beleg sozial-moralischen Verhaltens liefern das Ultimatumspiel sowie die Sanktionierungen im Gemeinwohlspiel. Sowohl die zumeist im Bereich von 50% liegenden Teilungsabgebote als auch die nicht-strategischen Bestrafungen unkooperativen Verhaltens deuten auf die Handlungsrelevanz eines starken Fairnessempfindens hin: „Die Mehrheit der Individuen belohnt faires und bestraft unfaires Verhalten, selbst wenn dies mit Kosten verbunden ist."[380] Dabei sind nicht nur die Konsequenzen und Ergebnisse von Handlungen, sondern insbesondere auch *Intentionen* und *Verfahren* für eine Beurteilung von Fairness relevant.[381] Diese Erkenntniss hat weitreichende Folgen für das Standardmodell menschlichen Verhaltens in der Ökonomie, da Nutzen im Rahmen des Homo oeconomicus „konsequentialistisch definiert wird", während sich im Rahmen der Verhaltensexperimente die Bedeutung der „prozedurale[n] Gerechtigkeit" gezeigt hat.[382] Die Experimente verdeutlichen somit, dass Moralität in Form von Fairness kulturübergreifend eine handlungsrelevante Bezugsgröße bildet, die sowohl den Ausgang als auch den Prozess betrifft und daher in letzterem institutionell gestützt werden kann. Die modelltheoretische Integration des Fairnessprinzips liefert in der Konsequenz deutlich bessere Handlungsprognosen, die jedoch aufgrund ihrer Abhängigkeit von situativen und somit prozeduralen Bedingungen stets aufs Neue überprüft werden müssen.

Kooperation und Reziprozität

Im Handeln der Wirtschaftsindividuen hat sich Fairness als grundlegende Form von Moralität insbesondere auch in kooperativem (speziell bei wiederholtem Aufeinandertreffen) bis hin zu stark-altruistischem und Defektion-bestrafendem (*altruistic punishment*) Verhalten geäußert. Die Ergebnisse des Gemeinwohlspiels haben dabei zunächst die prinzipielle Bereitschaft zur Kooperation experimentell belegt, wobei dieses Verhalten generell in Abhängigkeit von der Erwiderung der Kooperationspartner steht. Diese Reziprozitätsregel, d.h. die Verpflichtung zur Gegenseitigkeit, ist in allen menschlichen Gesellschaften vorhanden.[383] Kooperatives Verhalten bildet „die Grundlage unserer Zivilisation"[384], doch wie und unter welchen Bedingungen entsteht Kooperation?

Mit dieser Frage hat sich Axelrod im Rahmen des klassischen Gefangenendilemmas beschäftigt. Er überprüfte interdisziplinär eingesandte Handlungsstrategien von

[380] Falk (2001), S. 3.

[381] Vgl. ebd., S. 4.

[382] Ebd., S. 5.

[383] Vgl. Cialdini (2006), S. 44f.

[384] Axelrod (2005), S. 1.

Wissenschaftlern in einem Computer-Gefangenendilemmaturnier. Als erfolgreichste und zugleich einfachste Strategie erwies sich dabei *Tit for Tat* (*Wie Du mir, so ich dir*)[385], die sich in fünf von sechs experimentellen Bedingungen durchsetzte.[386] Die Strategie besteht in der einfachen Anweisung, in einem mehrperiodigen Spiel im ersten Zug zu kooperieren und danach genauso zu handeln wie der Gegenspieler im jeweils vorangegangenen Spielzug. Für Axelrod ist das Ergebnis des Turniers ein Beleg dafür, dass „unter geeigneten Bedingungen tatsächlich Kooperation in einer Welt von Egoisten ohne zentralen Herrschaftsstab entstehen kann."[387] Für kooperatives Verhalten muss seinem Argument zufolge nur eine hinreichend große Chance bestehen, dass sich die Individuen wieder treffen.[388]

Kooperation kann demnach überhaupt erst entstehen, wenn Interaktionen iteriert werden, d.h. man sich mit ausreichender Wahrscheinlichkeit öfter begegnen wird: „Die andauernde Interaktion ermöglicht die Stabilität gegenseitiger Kooperation."[389] Kooperation kann dabei selbst in einer Umgebung „unbedingter Defektion in Gang gesetzt werden"[390]. Grundvoraussetzung dazu ist, dass es sich um wenigstens eine kleine Gruppe von Individuen handelt, die einen bestimmten Teil an Interaktionen austauschen. In dieser Ausgangssituation erweist sich *Tit for Tat* als Kooperationsprinzip (Reziprozitätsprinzip) gegenüber anderen Verhaltensweisen als überlegen. Reziprokes Verhalten kann sich im Folgenden auch gegen neu eindringende Strategien destruktiveren Verhaltens behaupten. Dies veranlasst Axelrod zu der Annahme, dass die Zahnräder der sozialen Evolution mit einer Art *Rückwärtssperre* ausgestattet seien.[391] Der Erfolg der kooperativen Strategie in Langzeitstudien erklärt sich aus der Kombination verschiedener Faktoren: grundsätzliche Freundlichkeit, d.h. Bereitschaft zur Kooperation, Nachsicht (zur Wiederaufnahme nach Defektion) und Bestrafung.[392]

Was sagen Axelrods Experimente wirklich über Verhaltensstrategien und Kooperation aus? Alle *erfolgreichen* Strategien waren mit einer Ausnahme freundliche, d.h. zuerst nicht-defektierende Strategien, die somit den Erfolgsfaktor Kooperation erst möglich machen konnten.[393] Zur Förderung wechselseitiger Kooperation hebt

---

385 Vgl. ebd., S. 17. Später erwies sich mit *Tit for Two Tat* eine noch nachsichtigere Strategie als dominant.

386 Vgl. ebd., S. 43.

387 Ebd., S. 18.

388 Vgl. ebd.

389 Ebd., S. 113.

390 Ebd., S. 18.

391 Vgl. ebd., S. 19.

392 Axelrods Ergebnisse der Dominanz einer reziprok-kooperativen Strategie werden durch Fehr und Gächter prinzipiell bestätigt (vgl. Fehr & Gächter 1998, S. 845).

393 Vgl. Axelrod (2005), S. 102.

Axelrod drei Bereiche hervor: erstens die Erweiterung des Zukunftsrahmens (der kooperativen Perspektivität), zweitens die Änderung der Auszahlung für die jeweiligen Ausgänge (was letztlich der institutionellen Einflussnahme durch das Setzen von Anreizen entspricht) und drittens die Belehrung über kooperationsfördernde Fakten und Fertigkeiten (was im Grunde der Idee einer handlungslogischen und damit auch wirtschaftsethischen Bildung gleichkommt).[394] Offen bleibt allerdings die Frage, inwiefern ein virtuelles Turnier von Strategien tatsächlich vergleichbar ist mit menschlichem Verhalten und sich daher überhaupt bedeutsame Schlüsse aus Axelrods Experiment ableiten lassen.

Die Ursprünge sozial-moralischen Verhaltens

Die Verhaltensökonomie beschäftigt sich neben der Frage ökonomischen Handelns ebenso mit der Frage, auf welchen Ursprung dieses Verhalten zurückgeht. Im Rahmen des *evolutionstheoretischen* Paradigmas geht man in diesem Zusammenhang davon aus, dass ethische Normen und Moralsysteme, so unterschiedlich sie auch interkulturell sein mögen, „auf universellen, biologisch begründeten Anlagen beruhen"[395]. Die Lebensbedingungen der menschlichen Vorfahren erzwangen vermutlich „ein auf Gegenseitigkeit beruhendes Gemeinschaftsleben, also eine verinnerlichte Moral – ein Naturrecht im wahrsten Sinne des Wortes."[396] Kooperative Verhaltensstrategien erwiesen sich in ihrem Erfolg als evolutionär stabil.[397] Aus Sicht dieses funktionellen Erklärungsansatzes handelt „der reziproke Altruist [...] also durchaus im Interesse seiner Gene."[398] Altruismus und kooperatives Verhalten werden somit durch den aus ihnen resultierenden evolutionären Wettbewerbs- bzw. Überlebensvorteil erklärt. Wir befolgen demnach den Kantischen Imperativ oder die Goldene Regel, „weil sie zu unserem evolutionären Erbe als kooperative Primaten gehör[en]."[399] Verhalten, welches biologischen Erfolg verspricht, wird dabei emotional belohnt durch Genuss oder eben auch das gute Gefühl, fair zu handeln.[400]

Fehr argumentiert aufgrund seiner Studien zur kulturellen Divergenz von Fairness und altruistischem Verhalten eher aus *kultureller* Perspektive, da diese Unterschiede ihm zufolge belegen, „dass Konzepte wie Fairness, Gerechtigkeit oder Kooperation nicht genetisch verdrahtet sein können."[401] Erziehung und (Wirtschafts)Kultur

[394] Vgl. ebd., S. 113.

[395] Sigmund et al. (2006), S. 62.

[396] Ebd.

[397] Axelrod (2005), S. 84.

[398] Illies (2006), S. 128f.

[399] Waal (2006), S. 79.

[400] Vgl. Sigmund et al. (2006), S. 62.

[401] Fehr (2006a), S. 58.

prägen seiner Meinung nach unser ökonomisch-soziales bzw. -moralisches Verhalten. Aufgrund der gesellschaftlichen Bedeutung einer gerechten Handlungslogik erscheint es dabei kaum verwunderlich, „dass die Reziprozitätsregel nach dem Sozialisationsprozess, den wir alle durchlaufen, so tief in uns verwurzelt ist."[402] Inwiefern es sich daher evolutionsbiologisch um eine selektiv vorteilhafte Verhaltensweise und somit um „funktionalen Eigennutz"[403] handelt, oder reziprok-kooperatives Verhalten eher auf kulturellen Bedingungen basiert, kann letztlich im Rahmen dieser Arbeit nicht endgültig geklärt werden. Trotz dieses offenen Verhältnisses von kulturellen und evolutionsbiologischen Ursprüngen sozial-moralischen Handelns sind somit dennoch die Wurzeln dieser Verhaltensweisen dargestellt. Auch wenn der Funktionalismus plausibel zu machen versucht, dass „Altruismus nur eine besondere Weise ist, den (genetischen) Selbstinteressen des Individuums zu dienen"[404], lässt er die zentrale Frage nach der Herkunft bzw. der Entstehung allgemein-moralischen Verhaltens offen[405]: „Sollten wir tatsächlich stets den Gedanken an unseren eigenen Vorteil mit uns tragen, dann ist nicht mehr zu erklären, wieso es zum reziproken [...] Altruismus kommen kann."[406]

8.2 Neuroökonomie

Die neuroökonomische Forschung basiert auf der Annahme, dass *Verhalten* durch genaue Messverfahren im Gehirn *verortet* werden kann, d.h. bestimmten Hirnarealen aufgrund der zeitlichen *Korrelation von neuronaler Aktivität und beobachtetem Verhalten* bestimmte Funktionen (wie Emotionen, rationales Entscheiden, etc.) zugeschrieben werden können.[407] Zu diesem Zweck kommen die Elektroenzephalographie (EEG) und bildgebende Verfahren wie die funktionelle Magnetresonanztomographie (fMRT) zum Einsatz. Eine EEG misst die summierte elektrische Aktivität bestimmter Hirnareale durch Aufzeichnung der Spannungsschwankungen an der Kopfoberfläche, während sich mittels fMRT Hirnaktivitäten durch die Darstellung des Sauerstoffgehalts im Blut abbilden lassen (der Sauerstoffgehalt des Blutes steigt in besonders aktiven Hirnregionen), woraus Rückschlüsse über psychologische Prozesse wie z.B. Entscheidungen gezogen werden können. Entscheidungsprozesse werden sozusagen neuronal beobachtbar. Auch wenn die Bedeutung neurobio-

402 Cialdini (2006), S. 45f.

403 Vgl. Krupp et al. (2005), S. 828.

404 Illies (2006), S. 189.

405 Vgl. McPherson (1984), S. 79.

406 Illies (2006), S. 191.

407 Vgl. Hain et al. (2007), S. 72.

logischer Erkenntnisse selbst umstritten ist, entspricht der neuroökonomische Forschungsansatz wissenschaftstheoretisch einer Rückkehr zum erfahrungswissenschaftlichen Erklärungsanspruch:

> „Neuroscience [...] points to an entirely new set of constructs to underlie economic decision making. [...] Neuroscience is sometimes criticized as providing little more than a picture of 'where things happen in the brain' or, more cynically, as simply showing that behavior is caused by action in the nervous system (which was never in doubt). [...] By tracking what parts of the brain are activated by different tasks, and especially by looking for overlap between diverse tasks, neuroscientists are gaining an understanding of what different parts of the brain do, how the parts interact in 'circuitry' and, hence, how the brain solves different types of problems."[408]

In diesem grundlegenden Verständnis liegt Camerer et al. zufolge die Bereicherung ökonomischer Theorien durch die neurowissenschaftliche Forschung: „[D]irect understanding of neural circuitry can inspire theorizing and the search for new data."[409] Die neuroökonomische Forschung kann so mit ihren Methoden helfen, durch die Erforschung neuronaler Prozesse ein besseres Verständnis ökonomischen Entscheidungsverhaltens zu entwickeln. Der ökonomische Ansatz, der bisher auf *als-ob*-Konstruktionen basierte, soll aufgegeben und mit Hilfe des empirischen Forschungszweigs der erfahrungswissenschaftliche Anspruch der Ökonomie wieder aufgenommen werden. Von der neuroökonomischen Forschung versprechen sich Wissenschaftler eine empirische Fundierung ihrer theoretischen Verhaltensannahmen und Handlungskonstruktionen: „The nascent field of neuroeconomics seeks to ground economic decisionmaking in the biological substrate of the brain."[410]

Die theoretischen Modellerweiterungen

Neuroökonomische Experimente untermauern insbesondere die Bedeutung von Emotionen bei Entscheidungsprozessen sowie darüber hinaus die limitierte Verarbeitungskapazität des Gehirns (und damit die Grundidee der *bounded rationality*).[411] Von besonderer Bedeutung sind im Rahmen der neuroökonomischen Theorieer-

---

[408] Camerer et al. (2005), S. 14f.

[409] Ebd.

[410] Sanfey et al. (2003), S. 1755. Eine exemplarische Übersicht neuroökonomischer Forschung bieten Fehr (2006b), Braeutigam (2005), Camerer et al. (2005) und Kenning & Plassmann (2005) sowie Ahlert und Kenning (2006).

[411] Vgl. Hein & Henning (2007), S. 113f.

weiterung dabei Emotionen sowie das Zusammenspiel von Emotionalität und Rationalität:

> „Was diesem Homo oeconomicus vollkommen abgeht, ist nicht die kognitive Kapazität [...] sondern die emotionale Regung. Dass die Neuroscience auch die Emotion [...] empirisch messen kann, macht ihre Methoden für Entscheidungstheorien besonders interessant. [...] Eine Reihe von Studien belegen, dass die für Emotionen zuständigen Hirnregionen in Situationen aktiv werden, in denen die ökonomische Theorie bloß Kalkül erwartet."[412]

Eine solche Studie liefern beispielsweise Sanfey et al., die das Ultimatumspiel im Rahmen einer neurobiologischen fMRT-Studie durchführten. Dabei wurden die Hirnaktivitäten jedes Probanden bei der Entscheidung, das Angebot anzunehmen oder abzulehnen, gemessen. Bei unfairen Angeboten des Gegenübers zeigte sich insbesondere eine verstärkte Aktivierung der bilateralen anterioren Insula, einer Hirnregion, die in der Regel mit negativen emotionalen Zuständen wie Angst, Abscheu oder Schmerz verbunden ist.[413] Umso höher diese Aktivierung in Folge des unfairen Angebots bei Probanden war, umso eher lehnten diese das Angebot ab: „Indeed, [...] those participants with stronger anterior insula activation to unfair offers rejected a higher proportion of these offers."[414] Rationales Entscheiden wird in neurobiologischen Studien in der Regel mit der Aktivierung des dorsolateralen präfrontalen Kortex in Verbindung gebracht. Während die anteriore Insula stärker bei Angebotsablehnung aktiviert war, wurden im dorsolateralen präfrontalen Kortex verstärkte Aktivierungen bei Annahme des Angebots festgestellt, was auf eher strategische, nicht-impulsive Entscheidungsprozesse schließen lässt:

> „Unfair offers that are subsequently rejected have greater anterior insula than DLPFC [dorsolateral prefrontal cortex] activation, whereas accepted offers exhibit greater DLPFC than anterior insula. [...] The contrast in activation between these two areas is significantly different for accepted and rejected offers [...], consistent with the hypothesis that competition between these two regions influences behavior."[415]

---

[412] Kabalak (2007), S. 151.

[413] Vgl. Sanfey et al. (2003), S. 1756.

[414] Ebd., S. 1757.

[415] Ebd.

Die neuroökonomische Forschung belegt somit die Bedeutung sowie das Zusammenspiel von Emotionalität und Moralität bei unserem Entscheidungsverhalten: „A basic sense of fairness and unfairness is essential to many aspects of societal and personal decision-making and underlies notions as diverse as ethics [...] and personal morality."[416] Fairness erscheint vor diesem Hintergrund als eine im Gehirn verankerte Präferenz. Faires Verhalten bewirkt Aktivitäten im Belohnungszentrum[417], wohingegen als unfair empfundenes Verhalten die Insula aktiviert.

Der wohl wesentliche Beitrag dieser neuen interdisziplinären Forschungsrichtung liegt folglich im „empirischen Nachweis, dass neben der Kognition auch Emotionen [...] eine wichtige Rolle in Entscheidungsprozessen spielen"[418]. Hain et al. unterscheiden daher zwischen „kognitiv gesteuerte[n] oder emotional-affektive[n]" Entscheidungsprozessen.[419] Ebenso weisen Sanfey sowie insbesondere Greene et al. darauf hin, dass bezüglich der Urteilsfindung „both ‚cognitive' and emotional processes play crucial and sometimes mutually competitive roles", was sich vermutlich in der „underlying tension between competing subsystems in the brain"[420] zeigt.

Unabhängig vom Zusammenspiel dieser Subsysteme unseres Gehirns[421] und der wirklichen Aussagekraft neurobiologischer Forschung im Bezug auf (moral)philosophische bzw. geisteswissenschaftliche Probleme allgemein[422], scheinen diese Ergebnisse uns in unserem Selbstverständnis zu bestätigen, wonach sich unsere Entscheidungsfindung in solchen Situationen auf phänomenaler Ebene wie folgt darstellt: Wir analysieren die Situation – bspw. das Angebot unseres Gegenübers im Ultimatumspiel – logisch, d.h. vor dem Hintergrund der wählbaren Optionen sowie unserer Ziele, bilden uns jedoch ebenso ein moralisches Urteil, das von Emotionen begleitet wird – wie bspw. Verärgerung im Fall eines unfairen Angebotes – und eben dieser Prozess der sowohl logisch-rationalen als auch emotionalen Entscheidungsfindung scheint sich in diesen Forschungsergebnissen wiederzuspie-

---

416 Sanfey et al. (2003), S. 1757.

417 Vgl. de Quervaine et al. (2004), S. 1254.

418 Priddat (2007a), S. 8.

419 Vgl. Hain et al. (2007), S. 74.

420 Greene et al. (2004), S. 389.

421 Vgl. dazu insbesondere Damasio (2007). Damasio betont als einer der führenden Hirnforscher, „daß [sic] zwischen den sogenannten kognitiven Prozessen und den Prozessen, die gemeinhin als ‚emotional' bezeichnet werden, eine enge Partnerschaft besteht." (Damasio 2007, S. 239)

422 Auf die Bedeutung der Neurophilosophie und ihrer Erkenntnisse kann im Rahmen dieser Arbeit nicht eingegangen werden, auch wenn ihre weiterführenden Fragen im Rahmen deterministischer bzw. reduktionistischer Theorien sicherlich bedeutsam für die Thematik wären. Relevant in Bezug auf die Frage nach dem Menschenbild wäre hier bspw. Pauen (2007).

geln. Allerdings gestalten sich die Ergebnisse dabei keineswegs derart einfach, dass bspw. „utilitarian judgements are wholly allied with ‚cognition' while nonutilitarian judgements are wholly allied with ‚emotion'."[423] Die jeweils als relevant betrachteten und beobachteten Hirnareale unterscheiden sich zwar je nach Dilemma in ihrer Aktivität, ermöglichen jedoch keine klare Zuordnung rein *emotional-basierter* bzw. rein *rationaler* Handlungsentscheidungen. Von emotionalen Arealen beeinflusste Hirnprozesse sind nämlich ebenso auf reine Informationsprozesse angewiesen, wie umgekehrt scheinbar rein kognitiv-rationale Prozesse nicht völlig emotionslos arbeiten.[424] In diesem Zusammenhang wäre es daher womöglich besser, zum einen von „representations that have direct motivational force" zu sprechen und zum anderen von „representations that have no direct motivational force of their own, but that can be contingently connected to affective/emotional states that do have such force"[425]. Insgesamt scheint somit die Relevanz sowohl der kognitiv-rationalen wie auch der emotionalen Prinzipien zur Entscheidungsfindung des Menschen empirisch untermauert zu sein. Markowitsch geht sogar davon aus, dass Emotionen unser Verhalten am stärksten bestimmen.[426]

Neuroökonomie als Bestätigung des Homo oeconomcius?

Obwohl die bisherigen Ergebnisse eine deutliche Kritik am Standardmodell des Homo oeconomicus geübt haben, werden Erkenntnisse neuroökonomischer Forschung von Verteidigern des ökonomischen Standardmodells als Bestätigung desselben angesehen. Insbesondere Kirchgässner beruft sich dabei auf die Studie de Quervains zur Hirnaktivität bei Bestrafungshandlungen in Experimenten wie dem Gemeinwohlspiel:

> „Neuere Ergebnisse der ‚Neuroeconomics' zeigen aber noch etwas anderes: Wie D. J.-F. de Quervain et al. gezeigt haben, werden bei solchen Bestrafungshandlungen die gleichen Regionen im Gehirn aktiviert wie bei anderen bewussten Handlungen, die auf eine Befriedigung zielen. Dies bedeute jedoch nichts anderes, als dass die Individuen solche Handlungen, die für sie mit Kosten verbunden sind, unternehmen, weil sie dadurch ihren Nutzen steigern können. Insofern kommt hier das alte Modell des Homo oeconomicus wieder zum Vorschein: Die Individuen handeln, um ihren Nutzen zu steigern. [...] Was zunächst wie eine Widerlegung

[423] Greene et al. (2004), S. 397.

[424] Vgl. ebd.

[425] Ebd., S. 397f.

[426] Vgl. Markowitsch (2007), S. 61.

des ökonomischen Verhaltensmodells aussah (und von vielen nach wie vor dafür gehalten wird), stellt sich bei genauerer Betrachtung als damit vereinbar heraus."[427]

Zur Überprüfung dieser Hypothese dient zunächst die besagte Studie de Quervains et al., die zu belegen scheint, dass „people derive satisfaction from punishing norm violations and that the activation in the dorsal striatum reflects the anticipated satisfaction from punishing defectors."[428] Kirchgässners Argumentation zufolge käme die zu beobachtende Aktivierung des Belohnungszentrums durch die Bestrafungshandlung einer hinreichenden Bedingung zur Interpretation der Handlung als ausschließlich eigennutzorientiertes Verhalten und daher als Bestätigung des Homo-oeconomicus-Modells gleich. Die beobachtete Hirnaktivierung bzw. die damit verbundene „satisfaction" wären demnach als primäres, *antizipiertes* Nutzenziel der Handlungsentscheidung zu betrachten.

An dieser Stelle lohnt sich jedoch ein genauer Blick auf die Begriffe und Ergebnisse. Bei dem von Kirchgässner unterstellten Nutzenziel kann zunächst die Antizipation einer *Hirn*aktivierung ausgeschlossen werden, das unterstellte Handlungsmotiv bleibt auch in dieser Interpretation der Handlungslogik des Homo oeconomicus die *bewusste*, positive Empfindung des Handlungssubjekts als Folge des „altruistic punishment". Somit wird behauptet – es sei denn man verschiebt die Handlungsziele des Individuums in den Bereich des Unbewussten – dass es ausreichend Grund zu der Annahme gibt, die Aktivierung des Belohnungszentrums bei Bestrafungshandlungen als hinreichende Bedingung bewusst eigennutzorientierten, hedonistischen Handelns anzusehen. Diese Schlussfolgerung ist jedoch unzulässig, da die beobachtete Hirnaktivität für sich noch keine Aussage über das Handlungsmotiv und somit den *beabsichtigten*, antizipierten Nutzen des Handelnden zulässt. Die Korrelation von Bestrafung auf Ebene der Handlung und Aktivität des Belohnungszentrums auf neuronaler Ebene entspricht keiner eindeutigen Bestimmung der *bewussten* Handlungsmotivation. Die auf neuronaler Ebene beobachtbare Belohnung (bzw. „satisfaction") kann ebenso gut als empfundene Moralität, d.h. als Ausdruck eines *Gerechtigkeitsempfindens* interpretiert werden. Diese weitaus wahrscheinlichere und mit den angeführten Studien sowie dem phänomenalen Empfinden des Handlungssubjekts am besten vereinbare Interpretation unterstreicht zudem die Mehrdimensionalität menschlichen Handelns, die über die bereits kritisierte Eindimensionalität der Handlungslogik des Homo oeconomicus hinausgeht. Vielmehr kommt es daher *infolge der Normverletzung*, die (wie die Studie von Sanfey et al. gezeigt hat) für eine stärkere Aktivierung der Insula und somit auf phänomenaler Ebene für eine emotionale Regung sorgt, zu einer ablehnenden *Reaktion* der Versuchsperson.

---

[427] Kirchgässner (2006), S. 102f.

[428] de Quervain et al. (2004), S. 1254.

Darüber hinaus unterscheiden sich *relief* (Erleichterung) bzw. *satisfaction* (Befriedigung) begrifflich von der Antizipation der bewussten, emotionalen Selbstbelohnung: „We hypothesize that altruistic punishment provides relief or satisfaction to the punisher and activates, therefore, reward-related brain regions."[429] Für den handelnden Menschen besteht ein deutlicher Unterschied, ob sein Handeln *ihm Erleichterung verschafft* oder er *bewusst* aus dem Motiv der emotionalen *Selbstbelohnung* (möglicherweise der Befriedigung an der Bestrafung des anderen) gehandelt hat.

Eine hohe Aktivierung des Belohnungszentrums korreliert zudem scheinbar mit der Höhe des Geldbetrages, den ein Proband einzusetzen bereit ist, um zu bestrafen. Daraus leiten de Quervain et al. ab, dass die entsprechende lokale Hirnaktivierung des Belohnungszentrums verantwortlich ist „for a high willingness to punish, which suggests that caudate activation reflects the anticipated satisfaction from punishing defectors."[430] Im Gegensatz zu Kirchgässners Interpretation im Sinne des eigennutzorientierten Homo-oeconomicus-Modells liegt somit auch hier eine andere Auslegung der experimentellen Erkenntnisse wesentlich näher: Eine hohe Aktivierung der Insula, die mit einer darauf folgenden hohen monetären Bestrafung korreliert, spricht vielmehr dafür, dass besonders unfaires Verhalten vom Proband schlicht und ergreifend als unfairer empfunden und folglich härter bestraft wird. Diese wesentlich naheliegendere Interpretation spricht ebenfalls für die Bedeutung des individuellen Gerechtigkeitsempfindens. Hinzu kommt, dass die Bestrafungshandlung an sich bereits gegen die Annahmen des Homo-oeconomicus-Modells spricht, wodurch entweder die Schlussfolgerung Kirchgässners ad absurdum geführt wird oder das Modell insbesondere als Prognoseinstrument sich selbst entleert. Die Integration beider Phänomene in die Handlungsprognose (*altruistic punishment* sowie gewinnmaximierenden und daher gerade nicht-bestrafenden Verhaltens) ist modelltheoretisch unmöglich. Kirchgässners Interpretation erweist sich daher als unhaltbar. Bereits auf Bewusstseinsebene kann nicht davon gesprochen werden, dass die Belohnung basierend auf dem emotionalen Geschehen des Gehirns als Ziel der Handlung ausgegeben wird. Wir bestrafen in der Regel, weil wir uns unfair behandelt fühlen, nicht weil wir uns ein *gutes Gefühl* bzw. Befriedigung davon versprechen (mit Ausnahme eines psychopathologischen Hintergrunds). Die Interpretation im Sinne der Eigennutzannahme setzt zudem sinnvoller Weise *bewusst* eigennutzorientiertes Verhalten voraus. Auf phänomenaler und damit bewusster Ebene wird die Interpretation der Bestrafung auf Basis einer Normverletzung der Handlungserklärung wesentlich eher gerecht als Kirchgässners Auslegung des Handelns aus Eigennutz. Die empirisch messbare Aktivierung des Belohnungszentrums während der altruistischen Bestrafungshandlung kann viel eher als Bestätigung der eigenen Normen denn als rein *eigennutz*orientiertes Handeln gesehen werden, insbesondere vor dem Hintergrund, dass sich die Probanden durch die

[429] Ebd.

[430] Ebd.

vorangegangene Handlung offensichtlich als unfair behandelt empfanden. Das Gefühl unfair behandelt zu werden löst die emotionale Ablehnung des Angebots aus.[431] Dieser Argumentation folgt auch Ainslie, der wie andere diese Schlussfolgerung bezüglich der *Nützlichkeit* altruistischen Verhaltens kritisiert:

> „Although well-adapted individuals undoubtly have to husband resources with which to propagate their genes for posterity, organisms do not think about this goal as such and might not sympathize with it if they did. It is true that the reward process that evolution has shaped [...] includes the satisfaction of material needs, but it also involves emotions, which, whatever their adaptive function for the species, *stand for their own* as motivators of individuals."[432]

Kritik an der Neuroökonomie

Hauptkritikpunkt an den Methoden bzw. Experimenten der neuroökonomischen (und verhaltensökonomischen) Forschung bildet die Aussage, dass dieser Forschungszweig keinen *Mehrwert* an Erklärung schafft. Erkenntnisse, denen zufolge Hirnregionen, die mit Verlustangst oder Furcht generell in Verbindung gebracht werden, aktiv sind, wenn Anleger das Risiko meiden[433], stehen unter dem Verdacht der Trivialität, da man Risikovermeidung auch ohne finanziell aufwendige Neuro-Forschung mit Angst begründen kann. Die Neuroökonomie erweitert zwar das ökonomische Verhaltensmodell um den Faktor Emotion (neben Kognition), bestätige aber darüber hinaus nur bereits alltägliches Wissen. Dass unfaire Angebote eine emotionale Reaktion verursachen, sei auf Basis einer gesunden Menschenkenntnis kaum überraschend.[434] Kabalak spricht in diesem Zusammenhang von der Anreicherung theoretisch bereits bestehender Annahmen mit empirischen Belegen der Neuroökonomie: „Neurowissenschaftliche Verweise auf die Selbstbelohnung des Hirns in bestimmten Fällen bergen für sich genommen letztlich genauso wenig Erklärungswert für Verhaltensweisen, wie ex post das Präferenzen-Argument der Ökonomen."[435] Der neurobiologische Erklärungsansatz kann insofern bisher „lediglich [als] ein deskriptives Mittel zur Erklärung neurobiologischer Vorgänge"[436] dienen, die in Korrelation stehen:

[431] Diese Begründung wird auch durch King Casas et al. (2008) gestützt, die ebenfalls in einer Studie die Korrelation von Fairnessempfindungen und Insula-Aktivierungen bei monetären Interaktionen nachweisen konnten (vgl. King Casas et al. 2008, S. 806ff.).

[432] Ainslie (2005), S. 815 (Hervorhebungen durch C.H.).

[433] Vgl. Heuser (2008), S. 132.

[434] Vgl. Kabalak (2007), S. 155.

[435] Ebd., S. 165.

[436] Hain et al. (2007), S. 99.

„Um dem Verständnis menschlichen Verhaltens innerhalb seiner neuronalen Strukturen näher zu kommen, reicht das ‚Wo?' der Prozesse nicht aus. Die Anstrengungen müssen in Zukunft darauf abzielen, zu erklären, ‚wie' die verschiedenen Vorgänge zusammenhängen."[437]

Spezifischere Kritikpunkte bilden darüber hinaus die Anonymität der Interaktionspartner sowie die künstliche Situation des Experiments, wodurch womöglich die Realitätsnähe des untersuchten Handelns beeinträchtigt wird.[438]

Implikationen für die politische Ökonomie bzw. Institutionenökonomie

Die empirische Wirtschaftsforschung befasst sich neben den modellinternen Handlungsbedingungen ebenso mit der Frage nach der Bedeutung externer Faktoren wie der politischen oder wirtschaftlichen Rahmenordnung. Welche Konsequenzen ergeben sich aus dem bisher Gesagten für das Umfeld des Wirtschaftsindividuums? Welche Schlüsse bzw. Gestaltungsaufträge kann die politische Ökonomie aus der empirischen Wirtschaftsforschung ableiten?

Wie die Experimente bereits gezeigt haben, wird moralisches Verhalten durch äußere Faktoren wie die Rahmenordnung oder die Möglichkeit der Sanktionierung verstärkt. Fest steht, dass dem Handlungssubjekt durch die entsprechende Rahmenordnung auf Dauer die Möglichkeit gegeben werden muss, sein kooperatives Handeln umzusetzen und zu stabilisieren: „Individuals who violate the assumptions of economics may create powerful economic incentives for Economic Man to change his behavior, but depending on the economic structure, the existence of Economic Man may also create strong incentives for those with bounded rationality or other-regarding preferences to behave like Economic Man."[439] Die externen Bedingungen sozial-moralischen Handelns wie bspw. die Möglichkeit der Durchsetzung von Sanktionierungen nicht-kooperativen Verhaltens sind somit bedeutsam für die Frage, welche Verhaltensweisen sich durchsetzen.[440] So führt die Möglichkeit der Bestrafung im Gefangenendilemma wie bereits gesehen dazu, dass die Quote kooperativen Verhaltens rapide steigt.[441]

---

[437] Ebd., S. 101.

[438] Vgl. dazu insbesondere Henrich et al. (2005).

[439] Fehr & Camerer (2006), S. 48.

[440] Vgl. Falk (2001), S. 10f.

[441] Vgl. Fehr & Camerer (2006), S. 48.

Der ökonomische Akteur ist „Beeinflusser und Beeinflusste[r]“[442] zugleich, weshalb die empirische Wirtschaftsforschung langfristig das Ziel verfolgt, aussagekräftige Modelle für Entscheidungsprozesse darzustellen, an denen sich die Entscheidungsfindung orientieren kann.[443] Menschliches Verhalten wird dabei durch folgende Institutionen beeinflusst: Entscheidungssysteme (z.B. Marktsystem, politisches System), Normen (Traditionen und Verhaltensregeln) sowie Organisationen.[444]

Aufgrund dieser Erkenntnis lassen sich Bedingungen derart umgestalten, dass Gründe für nicht-kooperatives Verhalten wie bspw. Angst vor Ausnutzung verringert werden können. Die politische Ökonomie kann, auf Basis der empirischen Erkenntnisse, Axiome zur Gestaltung der Rahmenordnung ableiten, um letztlich kooperatives bzw. moralisches Handeln (bspw. vertrauensfördernde Maßnahmen) zu ermöglichen und zu fördern. Einseitige Menschenbilder hingegen „veranlassen Wirtschaftswissenschaftler dazu, Anreize zu setzen, die unerwünschtes Verhalten erst erzeugen.“[445] Bedacht werden muss daher in diesem Zusammenhang auch, dass „explizite Leistungsanreize freiwillige Formen von Kooperation verdrängen können“ und je nach Bedingung zu einem schlechteren Gesamtergebnis führen können.[446] Die Rationalisierung der Moral wie sie im ökonomischen und zum Teil wirtschaftsethischen Kontext stattfindet, raubt in ihrer extremen Form der individuellen Moralität ihre eigentliche Wirkungskraft. Vertrauen und moralisches Verhalten können nicht vollkommen durch institutionelle Überwachung ersetzt werden. Individuelle Moralität bleibt die Grundlage wirtschaftsethischen Handelns und Gestaltens. Diese Grundlage gilt es zu entwickeln bzw. sicherzustellen, zu fördern und auf entsprechende Handlungsmöglichkeiten hinzuweisen.

Perspektiven der empirischen Wirtschaftsforschung

Insgesamt betrachtet verspricht die empirische Wirtschaftsforschung „einen Beitrag zur besseren Erklärung des ökonomisch relevanten Verhaltens von Wirtschaftssubjekten“ zu leisten, um damit „die prognostische Kraft ökonomischer Modelle zu erhöhen“[447], indem sie diese auch auf realitätsnahen Annahmen aufbaut. Grundvoraussetzung für diese empirische Neufundamentierung und Umgestaltung ist im Fall der Neuroökonomie die Annahme, dass psychische Entscheidungsprozesse

[442] Heuser (2008), S. 155.

[443] Ebd., S. 156.

[444] Vgl. Frey (1999), S. 4f.

[445] Fehr (2006a), S. 58.

[446] Vgl. Falk (2001), S. 18.

[447] Ahlert & Kenning (2006), S. 38f.

neuronal realisiert sind.[448] Auf Basis des bisher erarbeiteten, deskriptiven Wissens über das ökonomische Verhaltensmodell kann im zehnten Kapitel argumentiert werden, welche Ziele auf welche Weise zu erreichen sind und „dass es im Hinblick auf bestimmte Ziele bessere und schlechtere Lösungen gibt."[449]

9. Die Erweiterung des ökonomischen Menschenbildes durch die philosophische Anthropologie und Moralphilosophie

Nachdem mithilfe der empirischen Wirtschaftswissenschaften das ökonomische Verhaltensmodell kritisiert und die modelltheoretische Bedeutung kooperativen, moralischen Verhaltens hervorgehoben wurde, können wir uns im Folgenden aus philosophischer Perspektive den Modellerweiterungen eines zukünftigen Homo oeconomicus humanus und seinen Implikationen für ein ökonomisches Menschenbild widmen. Die ganzheitliche philosophische Perspektive ermöglicht es dabei, die einseitige Fragmentierung bzw. Funktionalisierung des Menschen durch ein disziplinäres Verhaltensmodell zu verhindern und den ganzheitlichen Bezug des ökonomischen Menschenbildes als präskriptive Annahme, deskriptive Theorie und normative Handungsorientierung herzustellen.

Eine Erweiterung des ökonomischen Verhaltensmodells will neben Rationalität als logisches Entscheidungskalkül ebenso Moralität als gleichberechtigtes Prinzip des menschlichen Entscheidungsverhaltens einführen.

> „Erkennt man einmal die beschränkten Fähigkeiten des Menschen zu wissen und die Schlüsselrolle des Affekts und der Werte an und akzeptiert sie in letzter Konsequenz, verändert sich die Sichtweise der Welt entscheidend, besonders die des Entscheidungsprozesses. […] [Somit] betrachten wir Emotionen oder Werte nicht einfach als Beschränkungen bei der rationalen Entscheidungsfindung; wir erkennen ihre legitime Rolle als Basis der Entscheidung an."[450]

[448] Diese Annahme, die letztlich in das philosophische Leib-Seele-Problem mündet, kann an dieser Stelle nicht weiter ausgeführt werden. Zur Vertiefung dienen bspw. Pauen (2007) sowie Fuchs (2007).

[449] Vgl. Kirchgässner (2000), S. 235.

[450] Etzioni (1994), S. 436. Folgerichtig betont Etzioni hier die Bedeutung von Emotionalität und Moralität. Im Folgenden soll die aus moralphilosophischer Perspektive besondere Bedeutsamkeit der Moralität fokussiert werden, ohne dabei die Zusammenhänge zwischen Emotionalität, Moralität und Rationalität zu vergessen. Dieser Zusammenhang wird durch die nachstehende Definition von Moralität (als Urteils- und Empfindungsvermögen) gekennzeichnet (vgl. Kapitel 9.1).

Was Etzioni hier betont, wird gegenwärtig von Verhaltensökonomen wie Fehr u.a. als Erweiterung des Standardmodells (als Kooperationsmodell) auf Basis neuester Forschungserkenntisse gefordert und umgesetzt.[451] Die Erweiterung der Entscheidungs- bzw. Handlungstheorie um den Faktor Moralität fügt die Moral als weitere Bedingung ökonomischen Handelns hinzu. Homo oeconomicus humanus

> „würde fortan [...] seine Aktivitäten aus zwei Blickwinkeln zugleich abwägen: von ihrer kommunikativ-ethischen ebenso wie von ihrer strategischen Rationalität her. Dann freilich müsste auch die eindimensionale ökonomische Verhaltenstheorie einer zweidimensionalen Sozialökonomie weichen [...]. Die falsche Totalität der utilitaristisch-strategischen Verhaltens- und Rationalitätsprämissen könnte so in einer umfassenderen, realitätsgerechteren Praxisperspektive aufgehoben werden."[452]

Zunächst sollen daher Moralität und Rationalität als relevante Entscheidungsdimensionen betrachtet sowie im Anschluss ihr Verhältnis geklärt werden.

9.1 Die Moralität des Homo oeconomicus humanus

> „Die Suche nach dem Vernünftigen führt auf dem Gebiet der moralischen und politischen Wissenschaften genau das wieder ein, was die ökonomische Rationalität aus ihm verbannt hatte, nämlich die Moral und die Politik."[453]

> „Die Schlüsselstellung nimmt [...], so meine ich, [daher] das Axiom des geläuterten Selbstinteresses ein."[454]

Die Moralität entspricht der moralischen Urteilsfähigkeit und Empfindsamkeit des Menschen und bildet somit die individuelle Veranlagung, sich im Handeln an Normen zu orientieren. Diese generelle Disposition des Handlungssubjekts unter-

[451] Vgl. insbesondere Falk (2001), S. 22f.

[452] Ulrich (1993), S. 243.

[453] Latouche (2004), S. 111.

[454] Recktenwald (1986), S. 26.

scheidet sich intersubjektiv nochmals durch das jeweils individuelle Moralbewusstsein, d.h. die individual-moralischen Grundsätze des Menschen.[455]

Die dargestellten Studien der empirischen Ökonomie haben gezeigt, dass Moralität im ökonomischen Kontext handlungsleitend und somit modelltheoretisch relevant ist. Hausmann und McPherson nennen in diesem Zusammenhang vier Gründe, warum Moral die Wirtschaft betrifft: *Erstens* spielt die Moralität der Wirtschaftenden eine wichtige Rolle für ihre Entscheidungen, *zweitens* benötigt Wohlfahrtsökonomie bzw. Politische Ökonomie moralisches Denken, *drittens* dienen ökonomische Schlussfolgerungen sowohl Politik als auch Gesellschaft und *viertens* sind positive und normative Ökonomie eng miteinander verwoben, da positive Wirtschaftstheorien die Grundlage für normative Handlungsanweisungen bilden.[456] Die Erweiterung der reinen und somit *unvernünftig* bzw. *inhuman* gewordenen Rationalität sowie des ökonomischen Verhaltensmodells insgesamt führt im Rahmen des Handlungsmodells daher zurück zur Moralphilosophie. Ökonomisches Handeln beschäftigt sich stets auch mit ethisch-relevanten Fragen, wodurch die Moralität der Handelnden eine entscheidende Rolle spielt. Das moralische Bewusstsein ist somit grundlegend notwendig zur sozial-ökonomischen Handlungsorientierung des Menschen sowie im wirtschaftsethischen Rahmen „zur Internalisierung der institutionalisierten Normen [und] […] als kritisch hinterfragende Instanz einer institutionellen Ethik."[457]

Grundvoraussetzung für moralisches Handeln ist die menschliche Freiheit: „Das Phänomen der spezifischen humanen Moralität wurzelt in der prinzipiellen *Willensfreiheit* des Menschen"[458]. Ohne den Begriff der Freiheit wird die Vorstellung ökonomisch-moralischen bzw. wirtschafts*ethischen* Handelns obsolet. Ethik setzt Freiheit voraus. Dabei geht der Freiheitsbegriff über die Wahl- bzw. Handlungsfreiheit der ökonomischen Theorie hinaus: „Handlungsfreiheit ist zu wenig Freiheit. […] Willensfreiheit ist die Fähigkeit, seine eigenen Präferenzen zu bestimmen."[459]

Neben der menschlichen Freiheit ist die Moralentwicklung des Menschen eine Grundvoraussetzung für ökonomisch-moralisches Handeln. Die menschliche Moralentwicklung wird sozialpsychologisch insbesondere von Kohlberg in einem dreistufigen Modell dargestellt: auf *präkonventioneller* Ebene erfolgt Moral nach

---

455 Vgl. Ulrich (2008), S. 44. Grundlegend handelt es sich bei der Moralität des Menschen sowohl aus Sicht der Psychologie (bspw. Kohlberg) als auch der (Moral)Philosophie (bspw. Smiths „Theorie der ethischen Gefühle") um ein grundlegend emotions- und vernuftbasiertes Prinzip, dessen genaueres Zusammenspiel im Kontext der Analyse jedoch nur soweit werden soll, wie es die Ansprüche an das Handlungsmodell notwendig machen (vgl. dazu auch Abschnitt 9.3).

456 Vgl. Hausmann & McPherson (1993), S. 673.

457 Kleinfeld (1998), S. 88.

458 Ulrich (2000), S. 556.

459 Kutschera (2000), S. 39f.

Vorschrift, auf *konventioneller* Ebene basiert Moral auf Reziprozität und auf *postkonventioneller* Ebene erlangen wir schließlich eigenverantwortliche Moral und Moral*reflexion.* Homo oeconomicus kommt dabei in dieser Einteilung nicht über die erste Stufe hinaus: „Die hedonistische Moral des Homo oeconomicus […] bleibt aber in ihrem lebenspraktischen Kern doch auf der *präkonventionellen* Stufe der individuellen Nutzenmaximierung stehen (‚Was nützt es mir?').“[460] Im Verlauf unseres Lebens, geprägt von Sozialisation und Erfahrung, durchlaufen wir das Kohlbergsche Stufenmodell, wobei nicht garantiert ist, dass jeder Mensch automatisch die höchste Stufe der Moralität erreicht.

Nach Darstellung der Voraussetzungen stellt sich nunmehr die Frage, was überhaupt das Spezifikum moralisches Handeln bildet. Bayertz beschreibt moralisches Handeln als „fremdnützliges Handeln“[461], das über die eigennutzorientierte Perspektive hinausgeht. Moralisches Handeln besitzt im Kern einen Sollenscharakter, der „für das Phänomen der Moral grundlegend ist; er stellt eine elementare Eigenschaft der Moral dar. […] In logischer Betrachtung läßt [sic] sich ein Sollen niemals aus einem Sein, sondern immer nur aus einem anderen Sollen herleiten.“[462] Dieses Sollen basiert dabei auf der Einsicht, dass die Normen „nicht als ein von außen auferlegter Zwang aufgefaßt [sic] werden, sondern als Garanten der größtmöglichen Freiheit aller Mitglieder der Handlungsgemeinschaft.“[463] Erst aus diesem Gefühl der Verantwortung entsteht moralisches Handeln im eigentlichen Sinn.[464] Die menschliche Moral entspricht dabei nicht bloß einer zweckrationalen Vernunft, sondern einem selbstreferentiellen System. Moralisches Handeln geht als Selbstzweck insofern über Vorteilskalküle hinaus, als dass man „sich [nicht] erst dann entscheidet, moralisch zu handeln, wenn man von der Nützlichkeit der Moral überzeugt ist“[465], sondern bereits dann, wenn man von seiner *Richtigkeit* überzeugt ist. Das *Mehr* des moralischen Handelns liegt dabei im Übersteigen des eigenen Vorteils und der gleichwertigen Annerkennung der Interessen anderer. Der Wert moralischer Kooperation liegt in sich selbst. Auch wenn Moral in Termini des Eigennutzes formuliert werden kann bzw. das Eigennutzaxiom formal auf alles menschliche Handeln ausgeweitet werden kann, ist dieser Imperialismus weder legitim noch deskriptiv vollständig: „Daß [sic] das gesamte Moralsystem dem vertragstheoretischen Verständnis nach eine gewisse instrumentelle Bedeutung hat, schließt keineswegs aus, daß [sic] moralisches Handeln für uns sehr wichtig ist und daß [sic] wir es um seiner selbst willen schätzen.“[466]

---

[460] Ulrich (1993), S. 348.

[461] Bayertz (2004), S. 40.

[462] Ebd., S. 63.

[463] Pieper (2003), S. 20.

[464] Vgl. ebd., S. 21.

[465] Horn (1996), S. 20.

[466] Gauthier (2000) (2000), S. 121.

Die Nicht-Reduzierbarkeit der Moral(ität): strategische Moral vs. moralische Rationalität

Wie im zweiten Teil dieser Arbeit[467] deutlich wurde, lässt sich Moralität nicht auf strategisches Handeln reduzieren, schließt dieses jedoch ebenso wenig aus. Auch wenn es zunächst so aussieht, als ob „[s]ich strategisch zu verhalten [...] als Gegenteil von Moralität verstanden"[468] werden muss, ist die *Moral* strategischen Handelns abhängig von der Intention (Gesinnung) des Handelnden. Moralisch-integratives Handeln kann durchaus strategisch umgesetzt werden. Umgekehrt erschöpft sich Moral jedoch nicht in Strategie, sondern bedient sich vielmehr ihrer Methode: „Was verantwortbar ist, darf auch profitabel sein, nicht umgekehrt."[469] Entscheidend bleibt daher: strategische Moral ist nicht gleich Moralität. Weder deskriptiv noch normativ bildet die strategische Moral eine hinreichende Erklärung des moralischen Handelns der Wirtschaftssubjekte. Die strategische Moral bzw. Scheinmoral des Homo oeconomicus entspricht insofern dem *Moralmaximum* des Standardmodells. Er ist wie dargestellt nur dann in der Lage, *moralisch* zu handeln, wenn die moralische Enscheidung auch zugleich die eigennutzmaximierende Wahl repräsentiert, d.h. wenn Eigeninteresse und Moral zusammenfallen. An diesem Moralmaximum der strategischen Moralität setzt das Erweiterungsmodell an, wobei Homo oeconomicus humanus darüber hinaus in der Lage ist, prinzipiell moralisch zu agieren.

9.2 Die Rationalität des Homo oeconomicus humanus

Ein modelltheoretisch erweitertes Verständnis von Rationalität integriert die soeben beschriebene sozial-moralische Dimension zu einer *vernünftig*-rationalen Perspektive. Rationalität besteht somit modelltheoretisch wie schon philosophiegeschichtlich aus mindestens zwei Dimensionen: der *funktional-technischen* sowie der *praktisch-ethischen* Rationalität.[470] Die eindimensionale, eigennutzmaximierende Ratio des Homo oeconomicus wird so zur menschlichen Vernunft erweitert:

> „Wenn wir wissen, daß [sic] Menschen in Bezug auf andere vernünftig sind, dann wissen wir, daß [sic] sie bereit sind, ihr Handeln von einem Prinzip leiten zu lassen, auf dessen Grundlage sie und andere gemeinsam argumentieren können; und ver-

---

[467] Vgl. Kapitel 6.3 sowie 6.4.

[468] Göbel (2006), S. 151.

[469] Göbel (1992), S. 339.

[470] Vgl. Kapeller (2008), S. 77.

nünftige Menschen berücksichtigen die Konsequenzen ihrer Handlungen für das Wohlergehen anderer. Die Disposition, vernünftig zu sein, ist weder vom Rationalen abgeleitet noch ihm entgegengesetzt, aber sie ist unvereinbar mit Egoismus, weil sie auf die Disposition, moralisch zu handeln, bezogen ist."[471]

Der Entwicklungsschritt hin zur moralisch-integrierten Rationalität entspricht einer prinzipiellen Erweiterung, die das Handlungssubjekt im Gegensatz zum strategischen Wechselverhalten des Homo oeconomicus nicht rückgängig machen kann. Die Akzeptanz der moralischen Perspektive ist nicht umkehrbar: „Ich möchte damit sagen, daß [sic] ein wirkliches Akzeptieren der Zwänge die Reflexionsweise eines Menschen tatsächlich verändert, und zwar vom Modus des Eigeninteresses zum Modus der Moral."[472] Das heißt nicht, das moralisches Handeln stets erste Wahl ist, da die moralische Alternative durchaus unzumutbar werden kann, jedoch bedeutet diese Modelländerung die unumkehrbare Integration der moralischen, nicht-strategischen Perspektive in unser Handeln. In diesem Sinne ist es dann nicht nur rational moralisch zu sein, weil moralisches Handeln dem eigenen Vorteil bzw. dem Wohl der Gemeinschaft dienen kann, sondern auch, weil man die Moral selbst will.[473]

9.3 Das Verhältnis von Moralität, Rationalität und Emotionalität

Die modelltheoretische Integration der Moralität geht somit einher mit der Erweiterung der Rationalität des Wirtschaftsindividuums. Während die ökonomischen Präferenzen die Handlungen des Individuums in Form individueller Vorzüge bestimmen (bspw. monetäre Interessen), bildet die Moralität einen dimensional übergeordneten Entscheidungshintergrund auf Ebene einer Metapräferenz.[474] Ökonomisch-rational zu handeln bedeutet unter diesen Bedingungen unter Berücksichtigung der Präferenzen und Metapräferenzen zu handeln. Die Entscheidungssituationen werden dadurch erweitert: Das Wirtschaftsindividuum handelt aufgrund seiner Präferenzen, die selbst wiederum auf Metapräferenzebene der Moralität sowie der Fähigkeit zur selbstkritischen Reflexion unterliegen. Metapräferenzen

---

[471] Rawls (2003), S. 120f.

[472] Gauthier (2000), S. 105.

[473] Vgl. Bayertz (2004), S. 259.

[474] Vgl. Priddat (2005), S. 107ff. Die Metapräferenzen bzw. *Präferenzen zweiter Ordnung* gehen modelltheoretisch zurück auf Harry Frankfurt (vgl. Frankfurt 1971, S. 5ff).

sind jedoch keineswegs stets entscheidungsdeterminierend, ob und wie stark sie Einfluss nehmen ist situationsabhängig.[475]

Moralität und Rationalität bilden somit im Modell des Homo oeconomicus humanus ein synthetisches Prinzip, innerhalb dessen das Wirtschaftsindividuum *rational* unter Berücksichtigung ökonomischer sowie moralischer Aspekte entscheidet. Auch wenn Emotionalität und Moralität nicht gleichgesetzt werden dürfen, besteht der Zusammenhang dabei im moralischen *Empfinden* (bspw. Gerechtigkeitsempfinden) des Handlungssubjekts. Ulrich spricht in diesem Kontext von der „moralischen Empfindsamkeit“[476]. Emotionen spielen folglich eine entscheidende Rolle bei der moralischen Entscheidungsfindung.[477] Die Moralität des Handlungssubjekts wird beispielsweise nach einem unfairen Angebot im Ultimatumspiel insbesondere dadurch wirksam, dass das Angebot als unfair *empfunden* und damit *beurteilt* sowie in der Folge abgelehnt wird. Ökonomisches Handeln basiert neben den eigennutzorientierten Präferenzen somit ebenso auf Werten (Metapräferenzen) und Emotionen, aus denen auf Handlungsebene reziprok-kooperatives Verhalten oder *altruistic punishment*[478] resultiert. In diesem Zusammenhang wiederum spielt auch die Erwartungshaltung des Handlungssubjekts eine bedeutende Rolle. Illies ordnet dieses Zusammenspiel in den Kontext der evolutionären bzw. kulturellen Entwicklung ein:

> „Die natürlichen Anlagen des Moralwesens Mensch und die Forderungen der Vernunftmoral weisen in dieselbe Richtung; sie *konvergieren* in dem moralisch handelnden Menschen.“[479]

Moral und natürliche Veranlagung (Moralität als *Disposition*) stehen demnach in einem konvergenten (auf dasselbe Ziel zustrebenden) Verhältnis. Im Rahmen der evolutionären Entwicklung ist der Mensch einerseits Teil der Natur, andererseits verfügt er kulturell bedingt über moralische Regeln und Werte. Im rationalen, d.h. auf den dargestellten Bedingungen basierenden, moralisch-reflektierten Handeln, finden beide Prinzipien zusammen. Die evolutionären, natürlichen Veranlagungen des Menschen „bringen von sich aus ein moralisches Verhalten (im philosophischen Sinne) zwar nicht hervor, aber sie *ermöglichen* es.“[480] Für die „Evolutionswissenschaften ist es methodisch unmöglich, begründete normative Aussagen zu

[475] Vgl. Priddat (2005), S. 124.

[476] Ulrich (2008), S. 44.

[477] Vgl. Salvador & Folger (2009), S. 1.

[478] Vgl. de Quervain et al. (2004).

[479] Illies (2006), S. 14.

[480] Ebd., S. 313 (Hervorhebung durch C. H.).

machen; sie beschreiben was ist, aber können nicht sagen, was sein soll"[481]. Diese Aufgabe obliegt auf Basis der deskriptiven Annahmen menschlichen Verhaltens der rationalen Selbstbestimmung des vernunftbegabten Menschen.[482]

Nach der Darstellung der Modellerweiterung auf deskriptiver Ebene lautet die weiterführende Frage aus Sicht des ökonomischen Menschenbildes: Wie lassen sich diese philosophisch-wissenschaftlichen Erkenntnisse über den Menschen mit wirtschaftsethischen Ansätzen zusammenführen? Oder anders formuliert: Wie kann Wirtschaftsethik angesichts der dargestellen Erkenntnisse auf der Grundlage des erweiterten Menschenbildes *praktisch* werden?

9.4 Das Prinzip Verantwortung

Mit der Frage nach Selbstbestimmung und somit der Gestaltung wirtschaftsethischer Ansätze auf der Grundlage eines erweiterten ökonomischen Verhaltensmodells beginnt die Analyse des ökonomischen Menschenbildes als Grundlage der Wirtschafts- und Unternehmensethik. Doch bevor im zehnten Kapitel der Abgleich deskriptiver und normativer Theorien erfolgt, soll in einem Zwischenschritt zunächst die individuelle Verantwortung, die sich aus der Freiheit sowie der Moralität des Wirtschaftsindividuums ergibt, thematisiert werden. Das Verantwortungsprinzip bildet dabei das Bindeglied zwischen der deskriptiven und normativen Dimension des Homo oeconomicus humanus. Erst die beschriebene Modellerweiterung ermöglicht es, von einem *tatsächlich* (bzw. hinreichend) *freien* und *moralischbegabtem* Individuum auszugehen, dem dann Verantwortung modelltheoretisch zugesprochen werden kann und das selbige auch praktisch umsetzt.

Mit dem Begriff Verantwortung „ist generell die Zurechnung bestimmter Handlungsfolgen auf verursachende Handlungen"[483] gemeint. Verantwortung verankert sich als Prinzip in fünf Bezügen: „*Wer* trägt Verantwortung? (Verantwortungs*träger*) – *Wofür* trägt er sie? (*Gegenstand* der Verantwortung) – *Vor wem* trägt er sie? (*Instanz* der Verantwortung) – *Im Rahmen welcher Verbindlichkeiten* ist er rechenschaftspflichtig? (*Verbindlichkeitsform der Verantwortung*) – *Unter welchen Maßgaben* hat er sie zu verantworten? (*Kriterien* der Verantwortung)."[484] An diesen Fragen entscheidet sich die Zuweisung von Verantwortung. Konstitutive Grundvoraussetzung von Verantwortung ist dabei die menschliche Freiheit: „Nur daher können wir ihn [den Menschen] für sein Tun bzw. nicht Tun verantwortlich machen, weil wir ihm die

[481] Ebd., S. 26.

[482] Vgl. ebd., S. 26 und S. 314.

[483] Suchanek (2007a), S. 71.

[484] Schröer (2005), S. 335 (Hervorhebungen im Original).

Freiheit unterstellen, sich für dies oder jenes zu entscheiden."[485] Der Verantwortungsbegriff ist mit dem Freiheitsbegriff untrennbar verbunden.

Was bedeutet nun verantwortliches Handeln im ökonomischen Kontext? Verantwortung meint im Rahmen der Wirtschaft die Zuschreibung von Verantwortlichkeit für das eigene wirtschaftliche Handeln (bezogen auf Unternehmen für ihre unternehmerischen Kernaktivitäten) sowie darüber hinaus die Verantwortung gegenüber der Zukunft und somit die Nachhaltigkeit des Wirtschaftens. Auch wenn die Bevorzugung der Gegenwart gegenüber dem Zukünftigen eine nicht zu vernachlässigende anthropologische Grundlage besitzt, kann diese „durch kulturelle, soziale und individuelle Faktoren qualitativ und quantitativ so weitgehend überformt werden, daß [sic] sie sich allenfalls in Streß- und Notsituationen [sic] manifestiert."[486] Verantworliches Handeln betrifft dabei insbesondere das Maßhalten als individuelles sowie unternehmerisches Prinzip.[487] Man muss dieses Verhalten jedoch erst lernen: Gefragt sind „Beharrlichkeit, Tugend, langfristiges Denken, Ethik, Umsicht, Zukunftsplanung, Schonung der Umwelt und der zukünftigen Ressourcen [...], Sinn [...] für Qualität. [...] Das sind aber alles Themen der praktischen Philosophie!"[488] Die ethische Fundierung im Handlungssubjekt „verlangt keine von Grund auf neue Ethik, sondern die Aktualisierung allgemeiner moralischer Prinzipien, die bereits heute weitgehend anerkannt sind."[489]

Göbels Prinzip der sozialen Verantwortung hebt dabei wie Ulrich den entscheidend *integrativen* Aspekt wirtschaftsethisch-verantwortungsvollen Handelns hervor: „Soziale Verantwortung im Unternehmen heißt für uns nicht mehr, aber auch nicht weniger, als die wirtschaftliche Tätigkeit selbst verantwortlich zu leisten."[490] Dieses Zitat bringt den Kerngedanken der Transformation der ökonomischen zur menschlichen, *verantwortungsbewussten* Rationalität zum Ausdruck: Verantwortung als Prinzip ist hier nicht Korrektiv, sondern meint die Integration der moralischen Perspektive im ökonomischen Handeln und vollzieht somit letztlich die Transzendenz der eigennutzorientierten Perspektive. Die Transzendierung des Eigeninteresses ist jedoch umgekehrt „nicht gleichbedeutend damit, sein individuelles Interesse aufzugeben, sondern meint in erster Linie, das auf sich fixierte, hermetische Ich für den anderen und dessen Ausrichtung zu öffnen."[491]

Das Prinzip Verantwortung ist insofern bedeutsam in diesem Zusammenhang, als dass es begrifflich die Verbindung herstellt zwischen theoretischem Konstrukt und

---

[485] Manstetten (2002), S. 103.

[486] Birnbacher (1988), S. 192.

[487] Vgl. Dueck (2008), S. 189.

[488] Ebd., S. 220.

[489] Birnbacher (1988), S. 269.

[490] Göbel (1992), S. 344.

[491] Kleinfeld (1998), S. 324.

praktischem Handeln. Durch die intrinsische Ausrichtung des Begriffs auf die erfolgreiche Umsetzung kann sich Verantwortung auf Basis bestimmter Kriterien praktisch realisieren. Dabei besitzt Verantwortung als Prinzip eine genuin moralische Dimension: „Wo Verantwortung übernommen wird, handelt man nicht nur aus Gründen der Schuldigkeit, sondern ebenso aus Motiven der Fürsorglichkeit, nicht nur aus Zwang, sondern genauso aus freiem Willen.“[492] Gerade wegen dieser Mehrdimensionalität eignet sich das Verantwortungsprinzip „um mit komplexen Problemlagen und ungewissen Handlungssituationen umzugehen.“[493] Erst das Verantwortungsprinzip ermöglicht es, „Unternehmen als korporative Akteure zu behandeln, die nicht nur dem Gebot der erfolgreichen Geschäftsführung unterliegen, sondern auch ethische Verpflichtungen gegenüber ihren *Stakeholdern* und gesellschaftlichen Anspruchsgruppen besitzen.“[494] Das Verantwortungsprinzip entspricht somit dem Hebel, der die Reintegration der Moral im Handlungssubjekt *praktisch* werden lässt.

Verantwortung kann dabei nur unter bestimmten Voraussetzungen zugeschrieben werden, die sich durch die o.g. fünf Bezugsdimensionen bestimmen lassen. Kennzeichnend für den Gebrauch von Verantwortung in konkreten Fällen ist laut Suchanek in der Regel *erstens*, dass hinreichend klar umrissene Aufgabenfelder definiert sind, dass *zweitens* die Handlungsspielräume des Handelnden, dem Verantwortung zugerechnet wird, hinreichend klar bestimmt sind, dass *drittens* die Realisierung verantwortlichen Handelns im Rahmen dieser Handlungsspielräume liegt, der Akteur also über entsprechende Kompetenzen und Ressourcen verfügt, und *viertens* dass verantwortliches Handeln für den Akteur auch zumutbar, d.h. ökonomisch gesprochen anreizkompatibel ist.[495] Probleme ergeben sich beispielsweise bei der Zuordnung von Verantwortung für *öffentliche Güter* (wie bspw. sauberer Luft), die schon aus technischen Gründen nicht einer Person oder Institution zugesprochen werden, d.h. in der Sprache der Wirtschaft nicht als bisher externer Effekt nunmehr integriert werden können.[496] Ohne *Marktpreis* kann ihr Gebrauch im Wirtschaftssystem nicht verortet und somit nicht kontrolliert geschweige denn nachhaltig gemaßregelt werden.

---

[492] Heidbrink (2007), S. 8.

[493] Ebd.

[494] Ebd.

[495] Vgl. Suchanek (2007b), S. 8. Die Zumutbarkeit bzw. Anreizkompatibilität moralischen Handelns als Kriterium innerhalb der Ökonomischen Ethik wird in Kapitel 10.1 ausführlicher behandelt.

[496] Vgl. Birnbacher (1988), S. 242f.

9.5 Der ökonomische Wert der Moral

Im Rahmen der empirischen Wirtschaftsforschung hat sich neben der deskriptiven Relevanz von Moralität für das Verhaltensmodell ebenso der ökonomische Wert der Moral als Verhaltensstrategie gezeigt. Auch auf normativer Gestaltungsebene ergeben sich aus wirtschaftlicher Perspektive durch die Integration moralischen Handelns ökonomisch vorteilhafte Folgen. Moralität spielt dabei „a central role within the economy and [...] the moral ideas [...] [are] essential to normal economic functioning."[497] Im Gefangenendilemma erweisen sich Kooperationsbereitschaft und Reziprozität als vorteilhaft und effizienzsteigernd. Somit lässt sich „theoretisch nachweisen und empirisch belegen, daß [sic] sich Ehrlichkeit und Verlässlichkeit [sic] bei Marktbeziehungen auszahlen."[498] Ohne ein Mindestmaß an Moralität in Form von Ehrlichkeit, Versprechenseinhaltung und Nicht-Vorteilsnahme wären ökonomische Transaktionen undenkbar: „The most relevant dimension of morality from the standpoint of economic interaction is what might loosely be called 'honest dealing': a general willingness to tell the truth, to keep promises and contracts, and more broadly, to refuse to 'take advantages' of others".[499] Vertrauen und damit Moralität bildet in solchen Transaktionen einen unverzichtbaren Hintergrund.

Moralisches Handeln erweist sich dabei „in der Regel [als] die klügste Strategie zur Verwirklichung des eigenen Interesses"[500]. Für eine *praxis*ethische Öffnung seitens der Ökonomie ergibt sich somit die belegbare Annahme der Produktivitätssteigerung durch (Wirtschafts)Ethik: „[E]conomics, as it has emerged, can be made more productive by paying greater and more explicit attention to the ethical considerations that shape human behaviour and judgement."[501] Aufgrund des Bestehens dieser Effektivitätsprüfung kann die Ökonomie Moral nicht mehr als ineffizientes Verhalten zurückweisen, da moralisches Verhalten sozusagen den ökonomischen Härtetest besteht.[502] Das Argument des strategischen Werts der Moral dockt dabei Wirtschafts- bzw. Unternehmensethik *instrumentalistisch* an die Ökonomie an. Diese prinzipielle Vereinbarkeit erleichtert die praktische Realisierung wirtschaftsethischer Modelle, da „nur realistische Ziele Aussicht auf Verwirklichung haben."[503] Auch wenn im Sinne der Erweiterung die perspektivische Integration moralischen Handelns über die Form der strategischen Moral hinausgehen sollte, ist somit zumin-

[497] McPherson (1984), S. 71.

[498] Starbatty (1999), S. 17.

[499] Ebd., S. 72.

[500] Bayertz (2004), S. 173.

[501] Sen (1987), S. 9.

[502] Vgl. Priddat (2001), S. 41f.

[503] Vgl. Göbel (1992), S. 111.

dest die prinzipielle Möglichkeit einer ethisch-integrativen Ökonomie gegeben und die praktische Notwendigkeit sowie der ökonomische Wert der Moral(ität) belegt. Wirtschaftsethik ist theoretisch und praktisch relevant, Ethik *ist* Business Case:

> „[T]he moral character of a society's population is a valuable economic resource."[504]

> „Die fundamentalen Gründe, aus denen wir in diese Zwänge einwilligen, hängen mit unseren Interessen und Anliegen zusammen. [...] Jeder von uns, der erkennt, daß [sic] es für ihn von Nutzen ist, mit anderen zum gegenseitigen Vorteil partnerschaftlich zusammenzuarbeiten, kann demnach einsehen, dass [sic] es sinnvoll ist, jemand zu sein, den andere sich als Partner bei einer solchen Kooperation wünschen. Dies ist ein Argument, das bei den Interessen und Anliegen eines Menschen ansetzt."[505]

> „Die Kooperation der Handelnden [...] wird gesteigert und in einigen Fällen erst ermöglicht, wenn die wirtschaftlich Handelnden [...] ihr Handeln an ethischen Regeln und an Verallgemeinerbarkeit orientieren. Die ökonomische Theorie muß [sic] daher die Ethik als Disziplin und die ethischen Normen als handlungsleitende oder zumindest handlungsbeeinflussende Motive und als Faktoren der Präferenzbildung mit berücksichtigen und in eine umfassende Theorie wirtschaftlichen Handelns und seiner Koordination integrieren. [...] Die Ethik ist spieltheoretisch gesehen eine Steigerung der ökonomischen Koordination und Kooperation".[506]

Die verschiedenen theoretischen Ansätze werden im folgenden Kapitel ausführlicher diskutiert. Aus moralphilosophischer Sicht bleiben die ökonomisch-strategischen Ziele in Dilemmasituationen stets der unternehmensethischen bzw. moralischen Verantwortung untergeordnet[507], allerdings muss dazu der handlungspraktische Rahmen unterstützend gestaltet werden. Insgesamt ist entgegen des Einwands der lediglich strategischen Bedeutung von Moral zu beobachten, „dass inzwischen immer mehr Unternehmen mit moralisch fundierten Geschäftspraktiken Gewinne machen [...] [und] dass die Einhaltung sozialer, ökologischer und

---

[504] McPherson (1984), S. 76.

[505] Gauthier (2000), S. 104f.

[506] Koslowski (1988), S. 88.

[507] Vgl. Göbel (1992), S. 112.

ethischer Standards zur Wertschöpfung beiträgt."[508] Aus diesem Grund sieht Heidbrink auch Moral und Ökonomie „als vitale Koalitionäre"[509].

Die Ethik kann der Ökonomie (bzw. dem Homo oeconomicus) somit nachweisen, dass es wirtschaftlich vernünftig ist, moralisch richtig zu handeln. Diese Annahme wird auch von Fehr und Fischbacher gestützt, die in vielen Experimenten bezüglich Kooperation und Altruismus belegen konnten, dass kooperatives Verhalten dann am höchsten ist, wenn entsprechende Erwartung bestehen, d.h. eine hohe Reputation gegeben ist.[510] Da in Dilemmasituationen kooperatives Verhalten beider Seiten zum maximalen Erfolg führt, ist eine kooperative Reputation für die Wahl der besten Strategie somit von beidseitigem Vorteil, da sie die Wahrscheinlichkeit kooperativen Verhaltens erhöht. Die individuelle Vorteilhaftigkeit von Normbindung sorgt für erhöhte Akzeptanz und Stabilität selbiger. Das kann durch die ökonomische Analyse von Normen belegt werden: „Der Nutzen der Moral wird sozusagen durch die ökonomische Theorie verifiziert."[511] Dabei darf der Aspekt der Korrelation nicht wie durch das Prinzip der ökonomischen Rationalität geschehen zur Reduktion moralischen Handelns auf strategisches Handeln führen: „Wer beweist, daß [sic] die Moral vom Eigeninteresse nicht wirklich verschieden ist, hat zuviel bewiesen. [...] Entscheidend ist, daß [sic] Moral und Klugheit faktisch eben nicht zusammenfallen. Da das Selbstinteresse der Handelnden zwar nicht immer, aber doch oft genug in Konkurrenz zu den Interessen der anderen steht, bleibt die Notwendigkeit der Moral erhalten."[512] Moralisches Handeln umfasst sozusagen strategische Moral, nicht umgekehrt.

Menschliches Verhalten ist letztlich nicht-linear, weshalb sozialpsychologische Mechanismen sehr gut im Nachhinein erklärt, jedoch oft nicht a priori vorhergesagt werden können. Die bisherigen Ausführungen haben gezeigt, inwiefern eine Theorieerweiterung notwendig und möglich ist. Dabei können – wie an den experimentellen Erkenntnissen deutlich wurde – Verhaltensweisen auf Basis eines Homooeconomicus-humanus-Modells insgesamt gut prognostiziert werden. Der Erklärungsgrad eines erweiterten Verhaltensmodells erweist sich dennoch als wesentlich umfassender.

Die deskriptive Erweiterung des Standarmodells individualökonomischen Handelns sowie die Frage nach dem ökonomischen Wert der Moral führen letztlich zur normativen Gestaltungsfrage der politischen Ökonomie. An die Beantwortung der deskriptiven Fragestellung „Wie handeln Menschen in der Ökonomie?" schließt sich daher die normative Frage an: „Wie *sollen* Wirtschaftsindividuen handeln?"

---

508 Heidbrink (2007), S. 5.

509 Ebd., S. 10.

510 Fehr & Fischbacher (2003), S. 786f.

511 Mack (1994), S. 176.

512 Bayertz (2004), S. 258.

IV. Homo oeconomicus humanus als Grundlage der Ökonomie und Wirtschaftsethik

„Das neue Bild vom wirtschaftlich handelnden Menschen zeigt eine bemerkenswerte Form der Rationalität: Es ist ein Bild, geprägt von Charakter und Genen, von Evolution und Kultur, Lernen und sozialen Erfahrungen."[513]

„Auf diese Weise normativ orientierte Menschenbilder zu entwerfen, ist ein Unterfangen, das nicht die Realitäten gegenwärtig vorherrschender Verhaltensmuster ignoriert, sondern in dem Bemühen steht, Orientierungen für eine ganzheitliche, im Zeichen der Nachhaltigkeit wirkende wissenschaftliche Forschung aufzuzeigen, die wegführen von der Fixierung auf eigennutzorientierte und nicht-nachhaltige Handlungsweisen von Menschen."[514]

10. Der Homo oeconomicus humanus als Grundlage wirtschaftsethischer Ansätze?

Die (moral)philosophische Erweiterung des ökonomischen Menschenbildes dient in erster Linie der Fundamentlegung eines wissenschaftlich gefestigten und philosophisch reflektierten Menschenbildes, das darüber hinaus als ethisch integriertes Menschenbild die Brücke schlagen kann von der deskriptiven Betrachtungsweise der Moral(ität) des Menschen (im Sinne einer realistischen Wissenschaft vom Ethischen Max Webers[515]) zu einer realisierbaren, d.h. an den Erkenntnissen der empirischen Wissenschaft ausgerichteten Wirtschaftsethik (und Gesellschaftstheorie). Die Wissenschaft kann „uns einiges darüber sagen, welche Anlagen der Mensch hat und in welche Richtungen sie uns ziehen. Sie [kann] allerdings keinen Rat geben, welchen Weg wir gehen sollen."[516] Auf der Grundlage der beschriebenen Verhaltensregularitäten und Theorien kann jedoch im nächsten Schritt die Bedeutung des Homo oeconomicus humanus als Bedingung wirtschaftsethischer Ansätze analysiert werden. Hier besteht der Anknüpfungspunkt der Analyse an die Wirtschafts-

---

[513] Heuser (2008), S. 222.

[514] Siebenhüner (2000), S. 10.

[515] Für Weber befasst sich die empirische Sozialwissenschaft auf diese Weise (empirisch-deskriptiv) mit der Ethik, indem sie „die kausale Wirkung des faktischen Bestehens gewisser ethischer und religiöser Überzeugungen auf das Wirtschaftsleben untersucht." (Weber 1991, S. 191)

[516] Illies (2006), S. 213.

ethik: Das Verhaltensmodell beschreibt menschliches Handeln im ökonomischen Kontext und bildet somit die Basis der wirtschaftsethischen Perspektive, die sich vor diesem Erkenntnishintergrund mit der Frage wie Menschen handeln sollen befasst. Doch inwiefern wird ein erweitertes ökonomisches Verhaltensmodell in gegenwärtigen wirtschaftsethischen Ansätzen berücksichtigt? Die Beantwortung dieser Frage bildet eine notwendige Voraussetzung zur bestmöglichen Umsetzung wirtschaftsethischer Ansätze. Die Ethik kann auf diese Weise wissenschaftliche Theorien „für eine weiche Lenkung"[517] normativer Ansätze nutzen: „Wenn wir den Menschen besser kennen, so die These, wissen wir auch, wie mit ihm die Moral verwirklicht werden kann."[518] Die philosophisch-anthropologische Erweiterung der Wirtschaft um die Perspektive der ethischen Bedeutsamkeit ökonomischen Handelns bildet somit die Grundvoraussetzung, um vorhandene wirtschaftsethische Fragestellungen sinnvoll beantworten zu können: „Eine Anthropologie des Wirtschaftens geht der Ethik der Wirtschaft also notwendig voraus."[519]

Aus lebensweltlicher Perspektive sowie aufgrund der Mehrdimensionalität ökonomischer Fragestellungen existiert kein Grund, „warum die ethische Idee des richtigen Lebens und der Vollgestalt des Menschen nur außerhalb des Bereichs der Wirtschaft gelten und in der Wirtschaft auf bloß formelle, ökonomische Rationalität und Vernunft eingeschränkt werden sollte."[520] Wirtschaftliches Handeln betrifft in der Praxis nicht nur die Frage nach den *Gesetzen* ökonomischen Verhaltens, sondern ebenso die Frage, wie Wirtschaftssubjekte handeln sollen. Die normative Perspektive integriert nicht nur das Ziel ökonomischer Effizienz, sondern ebenso die Frage nach dem Menschen sowie den gesamtgesellschaftlichen Folgen seines wirtschaftlichen Handelns. Effizienz kann demnach niemals einen letzten Wert darstellen, sondern „muss stets hingeordnet bleiben auf den Menschen selbst."[521] Das Individuum bildet aus philosophisch-anthropologischer Perspektive sowohl den Ausgangspunkt der Erkenntnis als auch den moralphilosophischen Bezugspunkt der (Wirtschafts)Ethik.

Zunächst muss dabei geklärt werden, inwiefern sich Fragestellungen dieser Art methodisch beantworten lassen. An dieser Stelle soll daher nochmals klar zwischen deskriptiven Feststellungen und normativen Ansprüchen unterschieden werden. Dass Menschen Moralität als wesentliche Eigenschaft zukommt, ist eine empirisch nachweisbare Erkenntnis und sagt noch nichts über den Sollens-Inhalt einer (Wirtschafts)Ethik aus. Die Beurteilung der wirtschaftsethischen Ansätze wird sich daher auch auf die Kompatibilität der Wirtschaftsethikkonzeptionen mit den empirisch-

[517] Vgl. ebd., S. 258.

[518] Ebd., S. 272.

[519] Rolle (2005), S. 378.

[520] Koslowski (1992), S. 75.

[521] Rolle (2005), S. 376.

wissenschaftlichen Erkenntnissen über den Menschen stützen. Es darf nicht vom Sein auf das Sollen geschlossen werden, aber es soll auch nicht sein, was nicht sein kann, d.h. was mit den Vermögen des Menschen inkompatibel erscheint, denn das wäre tatsächlich *irrational*. Das bedeutet, dass sich eine Wirtschaftsethik auf Ebene des Individuums sowohl an der Kompatibilität (der Wahrscheinlichkeit ihrer Realisierung) als auch an ihrem Realisierungs- bzw. Verbesserungswert messen lassen muss (Die Parallelen zu Poppers Verständnis der Kriterien zur Beurteilung einer wissenschaftlichen Theorie sind auffällig: wissenschaftliche Theorien müssen sich analog an ihrer Wahrscheinlichkeit sowie an ihrer Erklärungskraft messen lassen, wobei beide Faktoren voneinander abhängig sind).

Auch wenn sich die Analyse der hier vorgestellten Wirtschaftsethikmodelle aus der Perspektive eines individualökonomischen Verhaltensmodells mit normativen Fragen befasst, erweist sich unsere Fragestellung in sich somit als vollständig objektiv beantwortbar. Eine wissenschaftlich-analytische Auseinandersetzung mit dem Thema Wirtschaftsethik ist problemlos möglich: „Wenn wir [...] untersuchen [...] wie sich verschiedene Zwecke zueinander verhalten – etwa Gewinnziel und soziale Verantwortung – und welche Mittel für die Erreichung des Ziels der sozialen Verantwortung geeignet erscheinen, wenn wir weiter fragen, welche unbeabsichtigten Nebenfolgen die Anwendung dieser Mittel haben könnte, dann befinden wir uns immer noch auf dem Boden der objektiven Wissenschaft."[522] Die Beantwortung dieser Fragestellung ist folglich objektiv möglich, da es sich primär um ein technisches Problem handelt: Der Ansatz ist „wertfrei, da er das Ziel der sozialen Verantwortung als empirisch gegeben unterstellt"[523]. Sowohl dieses Ziel als auch die gegebenen Bedingungen in Form der Handlungsmöglichkeiten des Individuums werden berücksichtigt.

Auch wenn sich der Gegenstand der Wirtschaftsethik von den Erkenntnisobjekten der Naturwissenschaften unterscheidet, lässt sich die Fragestellung mit wissenschaftlichen Methoden untersuchen. Welches wirtschaftsethische Modell verspricht

---

[522] Göbel (1992), S. 54.

[523] Ebd., S. 25. Zur Möglichkeit der Objektivität sei angemerkt: Jede Wissenschaft bringt bereits durch die Fragen die sie stellt ein wertendes Interesse in den Wissenschaftsbetrieb ein. Auch wissenschaftliches Handeln ist von Zwecken bestimmt: [D]ie Behauptung, dass [sic] sich wissenschaftliche Rationalität und Normativität gegeneinander isolieren lassen, ist falsch." (Mittelstraß 1985, S. 12) Insofern kann ein vollständiger Wertfreiheitsanspruch der Wissenschaft als „Illusion entlarvt" (Matthiesen 1995, S. 21) werden. Die Normativität muss dabei explizit gemacht werden und „soll einen Stellenwert auch in der Wirtschaftswissenschaft erhalten", damit „ein neu zu konzipierender homo oeconomicus [...] unter der wirtschaftsverantwortungsethischen Verpflichtung stehen" (Baumgardt 1990, S. 108) kann. Was man als wissenschaftliche Objektivität bezeichnet liegt letztlich „einzig und allein in der kritischen Tradition, die es trotz aller Widerstände so oft ermöglicht, ein herrschendes Dogma zu kritisieren", weshalb „die Objektivität der Wissenschaft" letztlich „eine soziale Angelegenheit [...] gegenseitige[r] Kritik" (Popper 1969, S. 112f) darstellt.

folglich auf der Grundlage der dargestellten Handlungslogik des Homo oeconomicus humanus die besten Ergebnisse unter dem vorausgesetzten Ziel einer Integration moralischen Handelns und sozialer Verantwortung? Bevor die Analyse der gewählten wirtschaftsethischen Ansätze erfolgt, soll jedoch zunächst eingangs die disziplinäre Perspektive der Ethik bzw. Wirtschaftsethik einleitend dargestellt werden, um das notwendige Orientierungswissen zum Verständnis und zur Beurteilung der Theorien bereitzustellen.

Die philosophische Ethik

Die Ethik bzw. Moralphilosophie hat die Moral (alle normativ geltenden Handlungsmuster einer Gemeinschaft) sowie die Moralität (die Fähigkeit des Individuums, den Normen Folge zu leisten) zum Gegenstand ihrer Analyse.[524] Die philosophische Ethik unterscheidet dabei zwischen der deskriptiven Beschreibung moralischer Handlungen (deskriptive Ethik) und normativ begründeten Handlungsanweisungen (normativer Ethik).[525] Aus den Bedingungen (u.a. das Wesen des Menschen) und den normativen Idealen werden dann Sollensziele abgeleitet.

Der Fokus der vorliegenden Fragestellung liegt insbesondere auf dem individualethischen Ansatz des jeweiligen wirtschaftsethischen Konzepts. Das hier analysierte und erweiterte Handlungsmodell der Ökonomie dient dabei als Vergleichsmodell und theoretische Grundlage. Wie Menschen handeln bzw. handeln können ist entscheidend für individual- wie institutionsethische Umsetzungen.

Der Übergang zur Diskussion des erweiterten Menschenbildes als Grundlage der Wirtschaftsethik führt unmittelbar zur Frage nach der Gewichtung des institutionsethischen bzw. individualethischen Ansatzes. Wo soll Ethik im Wirtschaftskontext ansetzen? Lässt sich Moral im Rahmen der politischen Ökonomie vollständig auf Institutionen bzw. die Rahmenordnung übertragen? Vertreter des institutionsethischen Ansatzes behaupten, die Institutionenökonomie sei realistischer, da sie es vermeidet, „die moralische Last der kollektiven Verantwortung auf einzelne Individuen zu legen“ und anstatt an das individuelle Engagement zu appellieren, klare Strukturen festschreibt und „dadurch individuelle Wahlhandlungen erleichtert bzw. in eine kollektiv sinnvolle Richtung lenk[t].“[526] Durch die bloße Korrektur der individuellen Präferenzen lassen sich die Probleme einer hochkomplexen modernen Gesellschaft ihrer Meinung nach nicht lösen. Zudem „verbietet es sich“, durch ethische Überlegungen die individuelle Handlungsebene verändern zu wollen, da dies als ein „unberechtigter autoritärer Eingriff“ gedeutet wird.[527] Veränderungen

[524] Vgl. Pieper (2003), S. 28. Moralität wird dabei von Pieper nicht im hier verwendeten Sinn verstanden, sondern als „das Prinzip aller Moral(en)“ (ebd., S. 46).

[525] Vgl. Nida-Rümelin (2005), S. 48.

[526] Mack (1994), S. 76.

[527] Vgl. ebd., S. 77.

müssten daher vielmehr durch institutionelle Reformen angestrebt werden und „konsensual legitimier[t]“[528], d.h. von der Mehrheit der Gesellschaft anerkannt, sein.

Um die Bedeutung der bisherigen Analyse einordnen zu können, muss dieser Diskurs kurz aufgegriffen werden: Das erste Argument der moralischen Last des Individuums entpuppt sich bei genauerem Hinsehen insofern als Scheinargument, als dass diese moralische Last letztlich ohnehin nur Menschen tragen können, weshalb die Institutionalisierung nicht als Entledigung von Moral, sondern lediglich als Moralstütze dienen kann. Auch das zweite Argument der moralischen Autonomie spricht nicht gegen individualethische Ansätze. Zum einen ist Ethik stets eine gesellschaftliche Angelegenheit, weshalb ethische Überlegungen notwendiger Weise über die individuelle Autonomie hinaus diskutiert werden, zum anderen ist die Schaffung eines ethischen Bewusstseins nicht mit einer Normindoktrinierung gleichzusetzen. Darüber hinaus können ethische Fragestellungen erst auf Basis eines moralischen Bewusstseins gesellschaftlich diskutiert und konsensual legitimiert werden. Zudem liegt hier eine bereits im Kontext des ökonomischen Freiheitsbegriffs diskutierte, reduktionistische Deutung des Freiheits- bzw. Autonomiebegriffs zugrunde. Gerade die stetige Reflexion der individualwirtschaftsethischen Verantwortung repräsentiert das höchste Maß individueller und damit auch ökonomischer Freiheit.

Die Erweiterung um die Dimension der individuellen Moralität birgt jedoch auch Anwendungsprobleme. Die „ordnungsstiftende Kraft der Moral“ kann zunächst nur auf der Ebene der Individuen angenommen werden, wobei „[j]eder […] potentiell seine Moral [hat]; sie kann jederzeit aktualisiert werden (oder nicht). Die gemeinsam geteilte Moral dagegen wird in einer anderen Abteilung der Ökonomik, in der ‚institutional economics‘ behandelt, und zwar als gemeinsame Regelgeltung.“[529] Daher muss die gemeinsame Moral bzw. ein gemeinsames Moral*bewusstsein* erst kommunikativ entstehen, was durch die wirtschaftsethische Ausbildung sowie einen konstanten gesellschaftlichen Diskurs gefördert werden kann.

Die Basis institutioneller Veränderungen ist und bleibt letztlich das Individuum samt seiner Initiative. Zwar ist eine Institutionenethik angesichts der realgesellschaftlichen Probleme zur Bewältigung unabdingbar, jedoch bilden Institutionen- und Individualethik dabei „ergänzende Teile eines Ganzen.“[530] Noch vor der nachfolgenden Betrachtung individual- und institutionsethischer Ansätze kann daher davon ausgegangen werden, dass beide Aspekte im Rahmen einer wirkungsvollen Wirtschaftsethik relevant sein werden und eine Kombination aus ethischer Per-

[528] Ebd., S. 78.

[529] Priddat (2001), S. 26.

[530] Göbel (1992), S. 22.

spektive sinnvoll erscheint[531]. Individuelle Moralität bleibt dabei die Basis: Wirtschaftsethik kann schließlich nur dann gelingen, wenn Individuen die institutionsethische Rahmenordnung individualethisch ausfüllen.[532] Somit bildet die „personale Verantwortungsübernahme“ eine „[u]nabdingbare Voraussetzung eines verantwortungsvollen Wirtschaftens. [...] Man kann persönliche Moral u.E. nicht durch Institutionen völlig ersetzen, aber natürlich können Institutionen bestimmte Verhaltensweisen fördern oder verhindern“.[533] Der individualethische Ansatz versucht dabei deskriptiv das moralische Verhalten im ökonomischen Handlungskontext zu beschreiben bzw. zu analysieren und normativ eine Änderung des ökonomischen Handelns unter möglichst objektiv-realistischer Perspektive herbeizuführen.[534] Konkret ist dabei der praktische Ausgangspunkt aufgrund der Macht- und Vorbildfunktion auf der Ebene der Unternehmens- bzw. Managementethik anzusiedeln, da die „personale Verantwortungsübernahme durch die Unternehmensführung [...] der Ausgangspunkt“ für alle wirtschaftsethische Umsetzung ist und es „besonders die Führungskräfte [sind], die mehr Moral in die Unternehmung bringen können.“[535]

Gegenwärtige wirtschaftsethische Ansätze lassen sich allgemein in schwerpunktmäßig *handlungstheoretische* und *ordnungstheoretische* Konzepte unterteilen. Gemeinsam ist beiden Ansätzen der wirtschaftende Mensch als Zentrum der Konzeptualisierung, da beide auf Veränderungen des individuellen Verhaltens abzielen. Im Rahmen dieser Arbeit können die wirtschaftsethischen Entwürfe der derzeit im deutschen Sprachraum wichtigsten Autoren (Homann und Ulrich) nicht in ihrer Gesamtheit dargestellt werden.[536] Vielmehr soll sich die Betrachtung weitestgehend auf die jeweilige individualethische Ebene und somit das Menschenbild bzw. das zugrunde liegende individuelle Handlungsmodell konzentrieren.

---

531 „Die Makrostrukturen der Wirtschaftsordnung und/oder der Gesetzgebung sind für die einen die einzig möglichen Ansatzpunkte, sozial verantwortliches Handeln in den Unternehmen durchzusetzen. Andere bauen wiederum ausschließlich auf die Mikrostrukturen einer Individualethik im Unternehmen. Wir argumentieren dagegen, daß [sic] es im Rahmen einer durch Gesetze regulierten, sozialen Marktwirtschaft strategische Spielräume für die einzelnen Unternehmen gibt, die mehr oder weniger verantwortlich ausgenutzt werden können. Die Individualethik ist dabei unabdingbare Voraussetzung für eine ‚moralische' Unternehmensführung; sie darf aber nicht zum heroischen ‚ohnmächtigen' Kampf gegen die in der Unternehmung bestehenden Prozesse, Strukturen und Überzeugungen verurteilt werden.“ (Göbel 1992, S. 50)

532 Vgl. ebd., S. 84.

533 Ebd., S. 347.

534 Vgl. Zimmerli & Aßländer (2005), S. 326.

535 Ebd.

536 Für einen Überblick über alle gegenwärtig bedeutenden wirtschaftsethischen Ansätze siehe Zimmerli & Aßländer (2005).

10.1 Ökonomische Ethik

Karl Homanns wirtschaftsethischer Ansatz basiert auf der Annahme, dass normative Forderungen und Ideale „nicht gegen die Wirtschaft, sondern nur in ihr und durch sie geltend gemacht werden können."[537] Unternehmen wie Wirtschaftsindividuen sind im Wettbewerb dem Gewinnmaximierungsprinzip unterworfen: „Unternehmen, die *keinen* Gewinn machen, werden über kurz oder lang gezwungen sein, aus dem Markt auszuscheiden."[538] Für Homann steht daher Wirtschaftsethik unter dem Primat der Ökonomie (*ökonomische* Ethik). Diese Auffassung wird im Folgenden noch zu problematisieren sein. Für die Homannsche Interpretation des ökonomischen Handlungsmodells ist zunächst sein Verständnis von Wirtschaftsethik relevant, da die Umsetzung der individuellen Moralität ihm zufolge von den Bedingungen der modernen Wirtschaft und Gesellschaft abhängt. Homanns Wirtschaftsethik basiert auf einer Gesellschaftstheorie, die die Ohnmacht des Einzelnen postuliert, weshalb Moral nur über die Regulierung der Rahmenordnung integriert werden kann.[539] Die Individualisierung der Moderne macht den Einzelnen zum funktionellen Bestandteil verschiedener Systeme, denen er nie als ganzer Mensch angehört.[540] Unter diesen strukturellen gesellschaftlichen Bedingungen kann „die Implementierung moralischer Normen, d.h. die Stabilität der sozialen Ordnung, nicht mehr aus den ‚ethischen Gefühlen', aus Tradition und Gewohnheit, aus Sympathie und Gerechtigkeitssinn (allein)"[541], d.h. nicht mehr ausschließlich aus der Moralität des Individuums erwartet werden. Die Integration moralischer Normen muss daher auf anderem Weg erfolgen. Seine Kernthese lautet:

> „Der systematische Ort der Moral in der modernen Wirtschaft ist die Rahmenordnung – das ist die für jede zeitgemäße Wirtschaftsethik zentrale Grundthese einer Theorie der Moderne."[542]

Homanns *Institutionen*ethik setzt daher auf „eine *indirekte* Beeinflussung der unternehmerischen Spielzüge durch den als moralisch ausgezeichneten Ordnungsrah-

---

[537] Homann (1992), S. 19. Andere wirtschaftsethische Theorien (bspw. Koslowski) verstehen Ethik als Korrektiv für Wirtschaft. Das vorliegende Verständnis von Wirtschaftsethik geht von einer Ethikintegration aus.

[538] Homann (2005), S. 304f (Hervorhebung im Original).

[539] Vgl. Homann (1992), S. 20ff.

[540] Vgl. Homann (2001), S. 6.

[541] Ebd., S. 7.

[542] Homann (1994b), S. 9.

men“[543]. Die Rahmenordnung ist dabei so zu gestalten, „daß [sic] sich bei vollständig moralfreien eigennützigen Individuen das Gemeinwohl und auch das Wohl der jeweiligen Institutionen, also des Unternehmens, aus deren Zusammenwirken durch die unsichtbare Hand des Marktes ergibt.“[544]

> „Damit die Individuen ihre jeweiligen ‚Vorteile' realisieren können, bedarf es lediglich eines Systems von Regeln, auf die sich die Betroffenen – aus Eigeninteresse – einigen. Regeln, die nicht den Interessen der Regelunterworfenen dienen, ökonomisch: die nicht anreizkompatibel sind [sic], haben keine Chance, dauerhaft eingehalten zu werden.“[545]

Institutionen definiert Homann als „Regelsysteme, die die wichtigsten, häufig wiederkehrenden Interaktionsprobleme dadurch lösen, dass sie bestimmte Handlungsweisen [...] unterbinden. [...] *Institutionen* sind damit zu verstehen als *standardisierte Lösungen von dilemmabedingten Interaktionsproblemen*.“[546] Als Arten von Institutionen gelten dabei Entscheidungssysteme (bspw. Marktsysteme, Rechtssysteme), Verhaltensregeln (Traditionen, Normen, etc.) oder Organisationen (Gruppen, Unternehmen, etc.). Anreize wiederum sind „nichts anderes als die *Gründe*, die die Akteure für ihr Verhalten haben. Das Verhalten [...] [wird] durchweg bestimmt durch die Anreizbedingungen der Situation.“[547] Anreize umfassen dabei monetäre oder soziale Vorteile, die individuelle oder unternehmerische Reputation, Strafe (bzw. Strafandrohung), Anerkennung, Identität sowie die intrinsische Motivation.[548]

Die Bedeutung von Institutionen für die Moralentwicklung

Die Androhung und Verhängung von Sanktionen sind innerhalb Homanns Modell unverzichtbar, nicht nur „um von normabweichenden Handlungen im Einzelfall abzuschrecken, sondern […] auch […], um den Mitgliedern einer Gesellschaft genügend Anreize für eine Herausbildung moralischer Integrität zu geben.“[549] Auf diese Weise wirken die ausgeführten Mechanismen selbstverstärkend, so dass Moral generiert bzw. Moralität gebildet und erhalten werden kann.[550] Diese Bedeutung der

[543] Homann (1992), S. 119 (Hervorhebungen im Original).

[544] Koslowksi (2001), S. 8.

[545] Homann & Gerecke (1999), S. 453.

[546] Homann (2005), S. 36 (Hervorhebungen im Original).

[547] Ebd., S. 53 (Hervorhebungen im Original).

[548] Vgl. ebd., S. 57f.

[549] Baurmann (2000), S. 628.

[550] Vgl. ebd., S. 630.

Rahmenordnung für das Handeln der Wirtschaftsindividuen wird wie bereits gesehen durch Fehr experimentell bestätigt: Je nach Rahmenbedingungen können wenige reziproke Altruisten eine Gruppe dazu bewegen, fair zu agieren, während unter anderen Vorzeichen eine kleine Minderheit an Trittbrettfahrern genügen kann, um Kooperation innerhalb einer Gesellschaft zu schwächen oder gar zu beenden: „It turns out that the economic environment determines whether the fair types or the selfish types dominate equilibrium behavior."[551] Erst durch das Vorhandensein eines solchen ethischen Ordnungsrahmens ist es dann sogar Homann zufolge „für die Unternehmen nicht nur moralisch erlaubt, sondern *ethisch geboten*, ihr Eigeninteresse im Wettbewerb gegenüber den Konkurrenten zu verfolgen. Am Markt sollen sich Akteure an wirtschaftlicher Sachgemäßheit und Zweckmäßigkeit orientieren."[552] Homann definiert in diesem Zusammenhang den Nutzenbegriff ebenso umfassend wie im Rahmen des Standardmodells dargestellt: „Der Begriff ‚Nutzen' ist in der modernen Ökonomik völlig offen und keineswegs nur monetär zu verstehen."[553] Als Nutzen kann sowohl die Maximierung des monetären Einkommens gesehen werden, als auch die persönliche Identität oder das Wohlergehen anderer Menschen.[554] Abgesehen von der Offenheit des Begriffs Eigeninteresse ist hier zu berücksichtigen, dass durch diese Aussage die *Moral* der Ökonomie in den Ordnungsrahmen verlegt wird, was bedeutet, dass die Homannsche Wirtschafts- und Unternehmensethik nur dann greift, wenn die Rahmenordnung die Wirtschaft ethisch hinreichend durchstrukturiert: „In der idealen Marktwirtschaft ist daher die *Moralität* der Personen nicht mehr erforderlich; es reicht hin, wenn sie ihre *ökonomische Rationalität* in Form des strikt erfolgsorientierten, den Eigennutz maximierenden Handelns voll zur Geltung bringen."[555]

Trotz dieser Schwerpunktlegung der Realisierung von Moral auf der Ebene der Rahmenordnung kann und will Homann nicht auf eine Individualethik verzichten: „Damit werden für eine Institutionenethik das *Individuum*, die individuelle Moral und das Gewissen *keineswegs überflüssig*. Die Rahmenordnung ist zwar der systematische, nicht aber der einzige Ort der Moral in der Marktwirtschaft."[556] Inwiefern diese Aussage kompatibel ist mit seiner Festlegung des Ortes der Moral in der Rahmenordnung und mit der normativen Eigennutzausrichtung seines modelltheoretischen Wirtschaftsindividuums (s.o.) ist allerdings fragwürdig. Während er auf Handlungsebene die Gewinnmaximierung und somit im Kern den Homo oeconomicus postuliert, ist er dennoch in den Einzelhandlungen (Spielzügen) sowie auf Gestaltungsebene der Rahmenordnung auf „die Einsicht [der Akteure] in die Rich-

---

[551] Fehr & Schmidt (1999), Abstract.

[552] Homann (1992), S. 125 (Hervorhebungen durch C.H.).

[553] Homann (2005), S. 27.

[554] Vgl. ebd.

[555] Ulrich (2008), S. 123.

[556] Homann (1994b), S. 11 (Hervorhebungen im Original).

tigkeit moralischer Regeln"[557] und somit Individualmoral angewiesen. Die Ethik bildet als Reflexionstheorie und –praxis die Ausgangsbasis legitimer Moral.[558] Aßländer und Nutzinger halten daher entgegen: „Der systematische Ort der Moral ist die Ethik!"[559]

Das Wirtschaftsindividuum bei Homann

Wie bereits in der Einleitung dargelegt, fasst Homann das Modell des Homo oeconomicus nicht als Menschenbild auf, sondern als „*Modell* vom Menschen [...], das nur zu *ganz spezifischen Forschungszwecken* entwickelt worden ist und nur für diese eingeschränkten Forschungszwecke mehr oder weniger tauglich sein kann"[560]:

> „Der Homo oeconomicus stellt daher die Sonde dar, mit deren Hilfe der Ökonom die dauerhafte Funktionsfähigkeit von Institutionen angesichts der immer wieder auftretenden Defektionen untersucht."[561]

> „Moral läßt [sic] sich in modernen Gesellschaften nur via h-o-geprüfte institutionelle Arrangements realisieren."[562]

Das ökonomische Verhaltensmodell fungiert für die Ökonomische Ethik als HO-Test der Wirtschaftsordnung, basierend auf der impliziten Annahme, dass der Homo oeconomicus als empirisches Handlungsmodell das typisch menschliche Verhalten eines rationalen und eigeninteressierten Individuums repräsentiert.[563] Der Grund für die methodische Annahme des Homo oeconomicus als Testobjekt der Rahmenstruktur liegt im defektierenden Verhalten einzelner marktwirtschaftlicher Akteure. Homanns Ansatz ist insofern aus wirtschaftsanthropologischer Perspektive „auf die skeptischsten Annahmen über den Menschen abgestimmt."[564] Aufgrund dieser Annahmen gestaltet die Homannsche Wirtschaftsethik die moralischen Institutionen für den Einzug des Homo oeconomicus: „Weil in Dilemmastrukturen einzelne Akteure alle anderen, auch und gerade die moralischen, ‚Mitspieler' ausbeuten und so zu Selbstverteidigungsstrategien zwingen können, muß [sic] eine

[557] Aßländer & Nutzinger (2010), S. 245.

[558] Vgl. Aßländer & Nutzinger (2010), S. 245.

[559] Aßländer & Nutzinger (2010).

[560] Homann (1992), S. 93 (Hervorhebungen im Original).

[561] Ebd., S. 95.

[562] Homann (1994b), S. 11.

[563] Vgl. Suchanek (2007a), S. 178.

[564] Parche-Kawik (2003), S. 128.

Analyse der Wirkungen institutioneller Arrangements auf diese Problemstruktur – und ihre normative Ambivalenz – berechnet sein."[565] Bleibt ein System auch bei defektierenden Mitspielern auf Dauer stabil, „kann der Ökonom die Etablierung oder Beibehaltung dieses Arrangements empfehlen."[566] Homo oeconomicus dient so als Garant des Transfers der Moral bzw. Moralität in die Rahmenordnung. Aus diesem Grund sieht Homann das Wirtschaftsindividuum in Gestalt des Homo oeconomicus auch nicht als Menschenbild, sondern als *Institutionentestinstrument*, das die grundlegende, wiederkehrende Handlungssituation beschreibt: „Der Homo oeconomicus bildet weder einen ‚Durchschnitt' der Menschen noch den ‚worst case' ab, sondern die nachgerade ‚total normale' Grundstruktur aller Interaktionen, die Dilemmastruktur."[567]

Kritik der wirtschaftlichen Individualethik Homanns

Die Bedeutung des Homo oeconomicus als Testobjekt der wirtschaftlichen Rahmenordnung wurde bereits in Kapitel 6.1 dargestellt und kritisiert. Homann legt sich durch den HO-Test auf ein Verhalten des Menschen in Dilemmasituationen fest, das in dieser Form nachweislich nicht existiert, konstruiert jedoch auf dieser Annahme das entsprechende Regelsystem, das den wirklichen Menschen gesellschaftlich optimal leiten soll. Die empirische Kritik des Standardmodells hat allerdings gezeigt, dass Menschen sich in Dilemmasituationen gerade nicht im Sinne der Handlungslogik des Standardmodells verhalten. Die Gestaltung der Rahmenordnung auf Basis der HO-Annahme fördert letztlich, wie in der Kritik dargelegt, gerade das eigennutzmaximierende Verhalten, gegen das die besagte Rahmenordnung durch das Standardmodell als *worst-case*-Szenario stabilisiert werden soll. Der HO-Test zielt als Maßstab auf ein institutionelles Arrangement ab,

> „unter dessen Regime sich alle Individuen strikt eigennützig verhalten *dürfen* [...]. Der modellinterne schlechteste Fall entpuppt sich als der modellextern für die Gestaltung der Gesellschaft intendierte *beste Fall.* [...] Die vermeintlich so offene und rudimentäre Anthropologie im Begriff des Homo oeconomicus ist somit bei genauerem Hinsehen keineswegs wertneutral und nicht-normativ [...]. Die reine Ökonomik *ist* nichts anderes als die Explikation eines Menschenbilds"[568].

Ulrich spricht hier deshalb vom besten Fall, da bei optimaler Ausgestaltung der Homannschen Rahmenordnung gerade das Verhalten als moralbefreiter Homo

565 Homann (1994b), S. 11.

566 Ders. (1992), S. 95.

567 Ders. (2005), S. 371.

568 Ulrich (2008), S. 201f (Hervorhebung im Original).

oeconomicus legitimiert und *erwünscht* ist. Die Ökonomische Ethik spricht konsequenterweise von der moralischen Pflicht des Gewinnstrebens.[569] Beim HO-Transfer der Moral aus dem Individuum in die Homannsche Rahmenordnung entsteht ein reduktionistischer Fehler:

> „Gerade weil wir die moderne Wirtschaft und Gesellschaft zunehmend von Dilemmastrukturen gekennzeichnet sehen, sind wir der Auffassung, daß [sic] die Realisierung moralischer Intentionen [...] durch eigeninteressiertes Handeln abgearbeitet wird, was bedeutet, daß [sic] geeignete institutionelle Arrangements getroffen werden müssen, die h-o resistent sind."[570]

Die von Homann an dieser Stelle geforderte systemische HO-Optimierung (nicht bloß als *Resistenz* gegen defektierende Wirtschaftsindividuuen, sondern darüber hinaus als Abarbeitung, d.h. *Realisierung* der moralischen Ziele *durch* eigeninteressiertes Handeln) ist jedoch keinesfalls gleichzusetzen mit der Realisierung moralischer Intentionen. Darüber hinaus wird die Spaltung des Individuums, von der Homann noch an anderer Stelle als moralisches Dilemma der modernen Gesellschaft spricht, nicht aufgehoben: Seiner Lösung zufolge sollen und müssen sich Menschen gerade innerhalb der Ökonomie oftmals anders (nämlich strikt eigennutzorientiert) verhalten als im Privatleben. Ein solches Verhalten ist jedoch weder per se legitim, noch faktisch ohne Handlungsalternativen.

Des Weiteren wird die Annahme der Defektion und Ausbeutungsgefahr an dieser Stelle durch die bereits dargelegten Erkenntnisse der empirischen Forschung zur Verhaltensökonomie zum Einwand gegen Homanns Annahme, da genau diese Voraussetzung seiner Institutionenethik nicht gegeben scheint: reale Menschen, für die solche Spielregeln geschaffen werden, verhalten sich *in Dilemmasituationen* nicht wie das Homo-oeconomicus-Testobjekt. Die Dilemmasituationen bilden aber für Homann den Bezugspunkt des Modells zur Realität (während er den Homo Oeconomicus gegen die Empirie abzuschotten versucht). Diese Selektivität empirischer Zugänglichkeit bleibt unbegründet. Der *H-O-Test*[571] als Standardtest wirtschaftsethischer Institutionen prüft somit wie bereist kritisiert unter falschen Voraussetzungen. Institutionelle Arrangements sind unbestreitbar notwendig, müssen jedoch bestmöglich, d.h. realitätsnah am Regelverhalten des Wirtschaftsindividuums, getestet werden.

[569] Homann (2007), S. 7ff.

[570] Homann (1992), S. 96

[571] Homann (1994b), S. 11.

Das Scheitern einer alleinigen Rahmenordnungsmoral

Eine Reduktion der individuellen Moral auf die Ebene der Institutionen würde darüber hinaus einen „gigantische[n] Überwachungs- und Verfolgungsapparat erforderlich machen, um die Rechtstreue der Bürger zu erzwingen."[572] Moralische Richtlinien, die das Verhalten wesentlich stärker steuern als Kontroll- und Sanktionsmechanismen, sollen hingegen gerade dort wirken, wo Rechtsnormen nicht anwendbar sind.

Homanns Wirtschaftsethik versucht letztlich, die Moral(ität) vollständig in die Rahmenordnung zu verlagern.[573] Konsequenterweise enthält daher auch seine Wirtschafts- und Unternehmensethik (1992) kein Kapitel zur Individualethik des Wirtschaftens, was seine Schwerpunktlegung verdeutlicht. Ulrich kritisiert, dass sich diese Art der *sozialen Physik* letztlich als *mathematisierende Metaphysik* entpuppt.[574] Die Gestaltung der Rahmenordnung zugunsten der moralisch wertvolleren Handlungsalternative durch entsprechende Anreizsysteme ist weder ein Garant für eine Integration der Moral in die Wirtschaft, noch vollständig (d.h. bis in die letzte Entscheidungssituation) umsetzbar. Das positive wie negative Potential menschlichen Handelns kann nicht allein durch die Regulierung der Handlungsoptionen auf institutioneller Ebene beschränkt und moralisch gelenkt werden. Da die Rahmenordnung als Ort der Moral bzw. der Markt als Koordinationsmechanismus notwendigerweise Mängel aufweist, „muß [sic] man nach einem ergänzenden dritten Mittel Ausschau halten, daß [sic] den vom Markt zugelassenen Handlungsspielraum i.S. des Gemeinwohls reguliert, ohne ihn damit gleich abzuschaffen. Dieses dritte Mittel ist die Individualverantwortung."[575]

Die Kritik des Homannschen Verhältnisses von Institution und Individuum

Aus der bereits erfolgten Kritik an Homanns Sichtweise des Wirtschaftsindividuums sowie der Unvollkommenheit der Rahmenordnung ergibt sich insgesamt die kritische Frage nach Homanns Verhältnis von Institution und Individuum bzw. von Institutionenethik und Individualethik. Während die einzelnen Handlungen im Markt bzw. innerhalb des Systems modelltheoretisch moralfrei gedacht sind und in der Konsequenz jegliches Handeln (auch das politische) als moralfrei zu bezeichnen ist[576], benötigt er auf Ebene seiner Gesellschaftstheorie sehr wohl Dimensio-

[572] Bayertz (2004), S. 154.

[573] Pies geht sogar soweit zu sagen, dass der „moralische Fortschritt als Entmoralisierung der Einzelhandlungen" (Pies 1993, S. 86) gesehen werden kann und soll. Dieser Ansatz kommt der Sinnentleerung des (Individual)Ethischen gleich und wird dem Menschen samt seiner Intentionalität nicht gerecht.

[574] Vgl. Ulrich (2008), S. 195.

[575] Göbel (1992), S. 81.

[576] Vgl. Nass (2003), S. 157.

nen wie Legitimation, Konsens und Solidarität. Der daraus entstehende innere Widerspruch kann nur durch sein Zugeständnis an die Relevanz und Unabdingbarkeit der individuellen Moralität gelöst werden: „Man könnte meinen [...] die hier vorgelegte Konzeption von Ordnungsethik könne auf individuelle Moral bzw. ‚Tugend' verzichten. Das genaue Gegenteil ist der Fall. Es gibt viele Stellen, an denen individuelle Moral, moralische Motivationen von einzelnen und ihre moralischen Ideale, Utopien unverzichtbar für eine moderne Gesellschaft sind."[577] Warum aber sollten Menschen dann ihre moralische Handlungsperspektive im Subsystem Wirtschaft zurückstellen?

Modelltheoretische Verhaltensannahmen bauen allgemein auf der Annahme des konsistenten Verhaltens des Menschen auf. Man kann folglich nicht im „gesellschaftlichen Segment ‚Wirtschaft' [...] egozentrisch-strategisch[e] Kognitionen" verwenden und dagegen in „'wohlfahrtsorientierte[n] Subsysteme[n]' wie Familie" kooperativ bzw. sozial handeln, ohne dabei selbst in moralische Schwierigkeiten zu geraten.[578] Wenn man sich entschließt moralisch zu handeln, gilt dies für alle Bereiche der Lebenswelt. Mögliche Spannungsverhältnisse zwischen der eigenen Moralität und der Realität der Handlungssituation (d.h. zwischen dem ökonomisch-geforderten und dem moralisch gebotenem Handeln), die sich im Bereich des Wirtschaftens ergeben können, sind kein Sonderfall wirtschaftsethischen Handelns, sondern ein grundlegendes Dilemma der Ethik und des menschlichen Handelns insgesamt.

Menschen werden aufgrund dieser Erkenntnis im Falle stark abweichender Bereichsethiken und deren unterschiedlichen Handlungsanweisungen (von moralisch bis egoistisch) nicht „von der Last eines schlechten Gewissens befrei[t]"[579], sondern ihnen wird bei zu starker Abweichung der Handlungsausrichtung der jeweiligen Subsysteme viel eher ein solches aufgebürdet. Das Argument der ethischen Überforderung des Handlungssubjekts greift nicht:

> „Wenn der moralisches Sensus des M-M [moralischen Menschen] nicht zum Zuge kommt, kann statt der von Homann vorgetragenen Sorge der Überforderung des Menschen das Gegenteil eintreten: die moralische Unterforderung des einzelnen und die Erblindung des ethischen Blickwinkels, der zum Erkennen widernatürlicher Defekte dient. Dies würde die [...] Natur des Menschen in Frage stellen."[580]

[577] Ebd.

[578] Vgl. Parche-Kawik (2003), S. 348.

[579] Ebd., S. 350.

[580] Nass (2003), S. 303.

Moralität ist kein Vermögen, das je nach Handlungssituation aus- oder eingeschaltet werden kann. Rawls spricht in diesem Zusammenhang von *moralischer Identität* (als Vorstellung von uns selbst oder der Art von Mensch, die wir sein wollen), die sich aus den politischen und privaten Inhalten ergibt und das Leben des Menschen gestaltet:

> „Diese beiden Arten von Bindungen und Zugehörigkeiten – politische und nichtpolitische – bestimmen den Inhalt der moralischen Identität und gestalten die Lebensweise einer Person; sie bestimmen, wie man sich selbst sieht in dem, was man tut und in der sozialen Welt zu erreichen versucht."[581]

Die Homannsche, domänenspezifische Wahl moralischer Prinzipien ist hingegen „als ein kognitiv schwieriges Unterfangen einzuschätzen"[582].

Seine Annahme, dass Individualethik nur im Rahmen absehbarer individueller Handlungsfolgen Anwendung finden kann und sich daher nur auf „kleine überschaubare Gemeinschaften beschränken"[583] sollte, ist nicht haltbar. Auch bspw. umweltpolitische Entscheidungen großer Konzerne basieren auf abschätzbaren Folgen (CO2-Ausstoß, etc.) und verlangen eine Individual- bzw. Managementethik. Der Gesetzes- oder Handlungsrahmen kann diese Entscheidungen erleichtern, treffen muss sie aber das Individuum vor dem Hintergrund der eigenen Moral(ität) und Verantwortung: „In den unvermeidlich auftretenden Lücken der Rahmenordnung besteht eindeutig Bedarf an individuellen moralischen ‚Inputs', die über die für den marktlichen Standardfall geforderte Regeltreue hinausgehen."[584]

Diese Lücken zu füllen kann Homanns Homines oeconomici nicht gelingen, denn sie könnten diese Ordnungslücken ebenso gut zum eigenen Vorteil statt zur Verbesserung des Ordnungssystems nutzen. Spätestens hier ist Ordnungsethik im Homannschen Sinne auf Individualmoral angewiesen. Dieser systemische Handlungsspielraum ist auch der Grund für die zentrale Bedeutung der Indiviualethik: „Marktwirtschaften liegt ein individualistisch geprägtes Gesellschaftsmodell zugrunde, in dem die Entscheidungsfreiräume des Individuums betont und gegenüber der Gesellschaft zu schützen sind."[585] Was hier erhalten werden soll, ist letztlich Freiheit. Aber diese Freiheit kann eben nur erhalten werden durch selbstbestimmte Mitverantwortung des Einzelnen, und genau das ist das Programm einer Individualwirtschaftsethik. Der Mensch ist letztlich Bezugspunkt aller wirtschaftsethischen

---

581 Rawls (2003), S. 100.

582 Parche-Kawik (2003), S. 351.

583 Homann (1992), S. 120.

584 Parche-Kawik (2003), S. 130.

585 Noll (2002), S. 36.

Überlegungen, auch wenn durch die Arbeits- und damit Verantwortungsteilung unbestreitbar ein wirtschaftsethischer Rahmen im Sinne Homanns erforderlich ist. Unser ökonomisches Handeln „ist zwar in ordnungspolitische und organisatorische Rahmenbedingungen eingebunden, aber wird davon nicht determiniert.“[586] Moralität ist nicht gleichzusetzen mit „der Befolgung von Gesetzen und Normen, die durch externe Anreize im positiven wie negativen Sinne begründet [sind]“[587]. Kleinfeld kritisiert daher die mangelnde Autonomie der Handlungssubjekte bei Homann: Wirtschaftssubjekte sind „keine ‚Marionetten' der ökonomischen Prinzipien oder der Marktgesetze, sondern handelnde Subjekte.“[588] Der eigentliche Ort der Moral ist nicht wie Homann behauptet die Rahmenordnung, sondern „letztlich das personale Gewissen. Dieser Sachverhalt kann im ökonomischen Kontext nicht einfach verleugnet oder auf das Gewissen bestimmter Personen beschränkt werden“[589]. Eine Institutionenethik ist letztlich ohne ihr individualethisches Fundament nicht denkbar.[590] Dabei muss bedacht werden, „dass die Moral nicht an einen Ort gebunden ist, sondern die verschiedenen Orte der Moral in einer vielschichtigen Wechselbeziehung zueinander stehen.“[591] Folglich liegt der systematische Ort der Moral nicht *insbesondere* in der Rahmenordnung, sondern entsteht in den „selbstbestimmt handelnden Akteuren und der von ihnen errichteten Rahmenordnung.“[592] Einer funktionalistischen Wirtschaftsethik fehlt „[e]in [...] moralisches Handlungssubjekt, an das moralische Ansprüche adressiert würden“.[593] Gerade die von Homann als Ballast dargestellte stetige ethische Reflexion über wirtschaftliches Handeln bildet die unverzichtbare Basis wirtschaftsethischen Handelns. Homann gibt den ökonomischen Sachzwängen den realistischen Vorrang vor individueller Moralität. Allerdings ist aus den Darstellungen eines erweiterten Menschenbildes auf Basis empirisch-wissenschaftlicher Erkenntnisse unersichtlich, warum „Bewertungsgründe moralischer Rationalität geringer gewichtet werden *sollten* als Bewertungsgründe ökonomischer Rationalität“[594]. Wirtschaft muss vielmehr samt ihrer Sachzwänge stets der kritischen Reflexion unterzogen werden. Erst dieser Prozess deckt die tatsächlichen Handlungsspielräume und mögliche wirtschaftsethische Verantwortungsbereiche auf. Ein empirisch rückgekoppelter und moralphilosophisch-integrierter, wirtschaftsethischer Ansatz gründet dabei wie gesehen auf dem erweiterten Verhaltensmodell des Homo oeconomicus humanus, wohingegen die

---

[586] Ebd., S. 38.

[587] Kleinfeld (1998), S. 327

[588] Ebd., S. 84.

[589] Ebd., S. 343.

[590] Vgl. Göbel (2006), S. 33.

[591] Ebd., S. 32.

[592] Hengsbach (1994), S. 26.

[593] Thielemann (2001), S. 164.

[594] Kettner (2001), S. 136f.

Ökonomische Ethik nach wie vor auf der Annahme des Homo oeconomicus zu basieren scheint.

Homanns Ansatz eines organisationalen moralischen Hintergrunds erweist sich daher als eine notwendige, jedoch nicht hinreichende Bedingung zur Herausbildung und Durchsetzung moralischen Handelns: „Es genügt nicht, sich lediglich auf die Schaffung der organisationalen Voraussetzungen für moralisches Handeln zu beschränken. Vielmehr bedarf es auch der Stärkung der informellen Faktoren, die das tatsächlich gelebte Moralverhalten beeinflussen.“[595]

Ethischer Reduktionismus

Die Institutionenökonomik Homanns, d.h. der Versuch, Ethik in Kosten-Nutzen-Kalküle und somit die Systemsprache der Wirtschaft zu übersetzen[596], erweist sich insgesamt betrachtet als ein mit dem erweiterten Menschenbild der Ökonomie unvereinbarer Reduktionismus. Im Rahmen dieses Forschungsansatzes, der Moral in Institutionen verlagert und darüber hinaus das freie Walten des individuellen Eigennutzes legitimiert, kann Albach schließlich behaupten, dass Unternemensethik überflüssig ist.[597] Homanns Ansatz kann in diesem Zusammenhang auch als ethischer *Rahmendeterminismus*[598] verstanden werden, da die Akteure über Anreize vollkommen steuerbar gedacht sind. Doch hochkomplexe Handlungs- und Wirkzusammenhänge wie sie die Wirtschaft bietet lassen sich nicht deterministisch in Richtung Moral steuern: Aufgrund der dynamischen Gesellschaftsentwicklung einerseits und der Unmöglichkeit der vollkommenen moralischen Prästrukturierung von Entscheidungsabläufen andererseits kann „[k]eine Rahmenordnung [...] so perfekt sein, dass alles und jedes institutionell vorgeregelt ist.“[599] Daher bedarf es notwendigerweise eines moralischen Selbst als Träger der wirtschaftlichen Moralität. Aus moralphilosophischer Perspektive handelt es sich deshalb auch nicht um eine Versöhnung von Moral und Eigeninteresse, sondern „nur um eine *Reduktion* von Moral auf Klugheit. Der Ansatz kommt über ein instrumentelles Moralverständnis nicht hinaus. Moral gilt ihm als ein Instrument der Interessenrealisierung;

---

595 Zimmerli & Aßländer (2005), S. 321.

596 Dass es sich bei der Homannschen Wirtschaftsethik um einen reduktionistischen Ansatz handelt, wird bereits aus seiner Definition von Wirtschaftsethik deutlich: „Wirtschaftsethik [...] befaßt [sic] sich mit der Frage, welche moralischen Normen und Ideale *unter den Bedingungen der modernen Wirtschaft* und Gesellschaft [...] zur Geltung gebracht werden können.“ (Homann 1992, S. 14, Hervorhebungen durch C. H.)

597 Vgl. Albach (2007), S. 197.

598 Ulrich (1996), S. 152f.

599 Göbel (2006), S. 33.

und dies hätten Vertreter eines klassischen Verständnisses niemals als Moral anerkannt."[600]

Homanns Institutionenethik entledigt insgesamt das Individuum seiner systematischen Verantwortung, indem unerwünschte Folgen wirtschaftlichen Handelns nicht primär den Individuen, sondern der „*Rahmenordnung* als dem *Gesamt allgemeiner Regeln* [...] zugeschrieben"[601] werden. Der Versuch, „die Akteure bei ihrer Vorteilsorientierung zu fassen"[602], *erzieht* langfristig betrachtet diese Form unverantwortlicher Handlungssubjekte, die es gewohnt sein werden, stets eigennutzorientiert zu handeln:

> „Mit einer *ökonomischen Theorie der Ethik* wird [...] die gesellschaftliche Kontrolle der Wirtschaft durch Sitte und Moral in die ‚ökonomische Sicht der Welt' einbezogen. Damit wird eine ‚Domestizierung' der Wirtschaft durch die Ethik vermieden."[603]

Die Moralphilosophie hat im Ansatz der Ökonomischen Ethik ihr Eigengewicht verloren[604], obwohl im Rahmen einer Wirtschafts*ethik* gerade dieses Gewicht eingebracht werden sollte. Wenn uns das bisherige wirtschaftliche Denken aus der Perspektive des Eigennutz bis hierher gebracht hat und in der Konsequenz zur Forderung nach mehr ethischem Verhalten in der Wirtschaft führte, warum sollten wir dann ansatzweise Ethik in einem Schema von Eigennutzorientierung auflösen, das sich *in der Realität nicht bewährt* hat?

Trotz der Kritik ist an Homanns Ansatz insbesondere die explizite und notwendige Einbeziehung der empirischen Bedingungen im Rahmen der ökonomischen Ethik hervorzuheben. Diese Perspektive garantiert Praxisnähe und somit Umsetzbarkeit. Um Wirksamkeit zu erlangen, muss Wirtschaftsethik dort wo es möglich ist in den *Code* des Subsystems Wirtschaft implementiert werden.[605] Es reicht aus der Perspektive der Realisierung nicht aus, moralische Ansprüche von außen an die Wirtschaft heranzutragen, Vorschläge müssen umsetzbar, Akteure dazu befähigt sein. Als *Übersetzer* will Homann die Ethik für das Subsystem Wirtschaft vollständig in dessen Sprache, d.h. in Kosten-Nutzen-Kalküle übertragen. Diese *Übersetzung* der Ethik gelingt jedoch nicht, wie Homann behauptet, „ohne daß [sic] ihre Substanz

600 Bayertz (2004), S. 160.

601 Parche-Kawik (2003), S. 120.

602 Ebd., S. 121.

603 Blum (1991), S. 117.

604 Vgl. Nass (2003), S. 178.

605 Vgl. Parche-Kawik (2003), S. 123.

verloren ginge."[606] Eine tatsächliche Integration der Ethik findet darüber hinaus durch wirkliches *Umdenken*, d.h. (Aus)Bildung und Kommunikation der handelnden Wirtschaftssubjekte und somit letztlich durch die Schaffung eines ökonomischen Moralbewusstseins statt, das den Rahmen des Möglichen stetig erweitert. Demgegenüber greift Homanns Institutionenansatz zu kurz: „Man kann persönliche Moral [...] nicht durch Institutionen völlig ersetzen, aber natürlich können Institutionen bestimmte Verhaltensweisen fördern oder verhindern"[607]. Um die Lücken in Homanns wirtschaftsethischem Ansatz zu schließen und die Rahmenordnung bestmöglich zu gestalten dient dazu das erweiterte ökonomische Verhaltensmodell als Grundlage.

Trotz der offensichtlichen Verwendung und Verteidigung des Homo-oeconomicus-Modells durch Homann formuliert er selbst, wie theoretische Erweiterungen auf Basis der empirischen Forschung in das Standardmodell eingefügt werden können: Lassen sich die Erweiterungen theoretisch darstellen, „lässt sich das Verhalten auch anders, nämlich mit Hilfe des Homo oeconomicus, ‚rekonstruieren', etwa so: ‚Faires' Verhalten wird erklärt aus dem Eigeninteresse plus gegebenen Bedingungen wie kulturellen Gewohnheiten"[608]. Sowohl hinter dem Begriff des Eigeninteresses als auch den *kulturellen Gewohnheiten* versteckt sich im Homannschen Ansatz das Potential, mit einem erweiterten Verhaltensmodell über seine Annahmen des Homo oeconomicus hinauszugehen.[609] Aus diesem Grund sind zur modelltheoretischen Erweiterung des Homannschen Ansatzes solche Lösungen von besonderem Interesse, „die darin bestehen, daß [sic] nicht die äußere Situation sondern *die Akteure sich ändern*: Die Akteure müßten [sic] sich gewissermaßen *innerlich anketten*, indem sie sich die Moral zueigen machen."[610]

10.2 Integrative Wirtschaftsethik

Peter Ulrichs Ansatz einer *integrativen Wirtschaftsethik* lässt sich in Abgrenzung zum vorangegangenen Konzept wie folgt charakterisieren: Während das Homannsche Modell versucht, die ökonomische Erfolgsrationalität regelethisch zu kanalisieren, will die integrative Wirtschaftsethik „die Wirtschaft und das Wirtschaften *selbst*

606 Homann (1993), S. 49.

607 Göbel (1992), S. 347.

608 Homann (2005), S. 381.

609 Dies zeigt sich neuerdings in der Integration des „Spielverständnisses" als weiterer (individual)ethischer Ebene durch Vertreter der Ökonomischen Ethik (vgl. Suchanek & Lin-Hi 2009, S. 20).

610 Hegselmann (1989), S. 23.

ethisch […] reflektieren"[611]. Aus diesem Grund besteht Ulrichs Kritik an Homann im Vorwurf des Reflexionsabbruchs.[612] Im Gegensatz zu Homann (Primat der Sachzwänge) spricht er vom Primat der Ethik und verlagert die ethische Instanz auf die Handlungsebene. Bei Ulrich steht somit auch das Individuum in der ökonomisch-moralischen Verantwortung:

> „Während Homann das Gewinnprinzip unterhalb der Ebene der Rahmenordnung (fast) uneingeschränkt zur moralischen Pflicht erhebt, geht es Ulrich schon auf der Ebene der Unternehmung um eine Relativierung des Gewinnziels."[613]

Ulrichs wirtschaftsethischer Ansatz basiert auf der Diskursethik bzw. kommunikativen Ethik Habermas' und Apels, die Kants „monologisch[e] Gewissensethik […] zur dialogisch-rationalen Konsensethik"[614] weiterentwickeln:

> „Während Kant davon ausging, dass das, was im Gedankenexperiment der Verallgemeinerung der Maximen jeder einzelne für sich alleine für moralisch richtig zu erkennen glaubt, auch für jeden anderen Menschen als ‚vernünftiges Wesen' moralisch akzeptabel sein müsse, kritisiert die ‚Diskursethik' den monologischen Charakter dieses Begründungsversuchs und will stattdessen moralische Urteile, Normen etc. ‚dialogisch', d.h. intersubjektiv ausweisen. ‚Dialogisch' rechtfertigt die ‚Diskursethik' moralische Regeln dadurch, dass sie diese als das Ergebnis eines Verständigungsprozesses darstellt, der unter idealen Diskussions- und Verhandlungsbedingungen zustandegekommen ist."[615]

Wer dabei „gegenüber anderen Menschen (oder auch denkend zu sich selbst) überhaupt nur ernsthaft zu argumentieren beginnt, der *unterstellt* implizit immer schon die (passive) Zugänglichkeit der angesprochenen Personen für rationale Argumente ebenso wie deren (aktive) Fähigkeit argumentativ zu antworten; sonst wäre ja sein eigener Argumentationsversuch sinnlos"[616]. Durch die Anerkennung des Gegenübers als argumentativ zugängliches und somit auch moralisch-rationales Wesen

---

[611] Thielemann (2001), S. 146.

[612] Vgl. Ulrich (2008), S. 110f. Dieser Relativierung Ulrichs scheint die Ökonomische Ethik zuletzt begrifflich durch die Verwendung des Terminus Gewinn*orientierung* (statt –*maximierung*) nachzukommen.

[613] Osterloh (1996), S. 208.

[614] Kleinfeld (1998), S. 30.

[615] Meran (1990), S. 75.

[616] Ulrich (2008), S. 82 (Hervorhebungen im Original).

wird der moralische Standpunkt eingenommen. Ulrich sieht im kommunikationsethischen Gegenseitigkeitsprinzip die

> „gattungsgeschichtliche und entwicklungspsychologische Wurzel aller ethischen Vernunft […]. [I]n der rationalen Einsicht in die humane Unverzichtbarkeit der gegenseitigen Anerkennung der Kommunizierenden als mündiger Personen gelingt die *Synthese von Moralität und Rationalität.* Diese Synthese ist sowohl die Grundlage der Einheit der Person, also der personalen Identität, als auch die Voraussetzung gelingender rationaler Kommunikation und damit der kulturellen Einheit und Identität einer Lebensgemeinschaft auf der Stufe einer komplexen Kultur."[617]

Ökonomische Rationalität vs. ethische Vernunft

Der Konflikt zwischen Ethik und Ökonomie ist für Ulrich der Konflikt zweier Rationalitätsformen, der ökonomischen Rationalität des Standardmodells und der ethischen Vernunft. Diese Rationalitäten sollen sich über den Diskurs zu einer kommunikativ-ethischen Rationalität synthetisieren und bilden dann in ihrer Umsetzung die sozialökonomische Rationalität.[618] Die ökonomische Rationalität soll also vernunftethisch rekonstruiert werden, um als „philosophisch-ethisch tragfähige Grundlegung einer anderen, erweiterten Idee öknomischer Rationalität, die in sich schon ethisch gehaltvoll ist"[619], zu dienen. Diese Forderung Ulrichs, einen neuen Rationalitätsbegriff zugrunde zu legen und sozialökonomisch umzudenken, bedeutet, „Orientierungen aufzugeben, die lange Zeit das wirtschaftliche Entscheiden und Handeln dominiert haben und gegenwärtig wohl noch immer dominieren."[620]

Zu diesem Zweck weist Ulrich ebenso wie Brodbeck die Ausrichtung einer ökonomischen Ethik an den Sachzwängen der Wirtschaft entschieden zurück: „Eine Wirtschaftsethik, die ihren Namen verdient, besteht in der Kritik dieser angeblichen Sachzwänge und ihrer ‚Begründung' durch eine falsche Wissenschaft."[621] Die Sachzwangargumente werden von ökonomistischer Seite auf zwei Weisen vertreten: als ökonomischer Determinismus (Sachzwangthese) und ökonomischer Reduktionismus (Gemeinwohlthese).[622] „Absolute Sachzwänge" existieren jedoch nur, „wo Naturgesetze herrschen. Diese determinieren die objektiven Beziehungen zwischen *Ursachen* und Wirkungen. Im Bereich sozialer Praxis geht es hingegen um die intersubjektiven Beziehungen zwischen Subjekten, die prinzipiell über einen

617 Ulrich (1993), S. 42f (Hervorhebungen durch C.H.).

618 Vgl. Nass (2003), S. 225.

619 Ulrich (2008), S. 129.

620 Parche-Kawik (2003), S. 93.

621 Brodbeck (2007), S. 19.

622 Vgl. Ulrich (2008), S. 139f.

freien Willen verfügen. Subjekte handeln intentional"[623]. Daraus folgert Ulrich: „Ein ökonomischer Determinismus besteht immer nur soweit, wie er gesellschaftspolitisch *zugelassen* wird. Absolute Sachzwänge des Marktes, buchstäblich losgelöst von lebensweltlichen Vorgaben, existieren nicht"[624]. Sein Verdienst ist es dabei, zunächst die Gegensätze beider Rationalitätsformen herausgearbeitet und darauf verwiesen zu haben, dass die Verteidigung des Gewinnprinzips aus wirtschaftlichen Sachzwängen heraus einem ideologie*un*kritischen Verständnis von Wirtschaftsethik gleichkommt.[625] Diese Sachzwang*ideologie* befördert dann auch als Rahmen im Homannschen Modell den Homo oeconomicus „weit über den von ökonomischer Seite behaupteten bloßen Status einer methodischen Hilfsfigur hinaus – zum normativen Ideal."[626]

Der Ort der Moral: Institutionen- vs. Individualethik

Bei Ulrich ist „der letzte gedankliche Ort der Moral in einer modernen Gesellschaft in der unbegrenzten Öffentlichkeit aller mündigen Personen zu erblicken"[627], d.h. in der „*Moral Community* aller Moralsubjekte"[628]. Ulrich begreift das Verhältnis der verschiedenen Ebenen (Mikro-, Meso- und Makroebene bzw. Individual-, Unternehmens- und Wirtschaftsethik) als „wechselseitige Verstärkung", unter anderem auch deshalb, weil eine gute Rahmenordnung des Marktes „ja nicht einfach vom Himmel [fällt]".[629] Individual- und Institutionenethik greifen bei Ulrich wechselseitig ineinander: „Ohne eine in diesem Sinne ethisch gehaltvolle Gesellschafts- und Wirtschaftsordnung müsste der gute Wille verantwortungsbewusster Wirtschaftsbürger ortlos [...] bleiben – aber ohne solche Wirtschaftsbürger bliebe die Gestaltung und Wahrnehmung aller institutionellen Orte der Moral des Wirtschaftens subjektlos."[630] Ulrich spricht in Bezug auf die Institutionenethik daher auch von *institutionellen Rückenstützen*[631], die wirtschaftsethisches Handeln seitens der Individuen umsetzbar machen bzw. belohnen. Legitimiert werden diese Rückenstützen jedoch letztlich erst *durch* das Individuum als Wirtschaftsbürger, weshalb Ulrich die zugehörigen Bürgertugenden auch als *konstitutiv* bezeichnet: „[R]epublikanischer Wirtschaftsbürgersinn ist unverzichtbar, wenn die Rahmenordnung des Marktes je zum Ort der Moral(-durchsetzung) werden soll. Der wahre Ort der Moral sind und

[623] Ebd., S. 141

[624] Ebd., S. 158

[625] Vgl. Kettner (2001), S.120.

[626] Kleinfeld (1998), S. 144.

[627] Ulrich (2008), S. 133.

[628] Ebd., S. 258.

[629] Ulrich (2002), S. 151.

[630] Ebd., S. 311.

[631] Ebd., S. 345f.

bleiben eben diese republikanisch gesinnten Wirtschafts- und Staatsbürger."[632] Bei Ulrich handelt es sich letztlich im Kern um einen individualethischen Ansatz: „Da sich in den realen Dialog stets der Einzelne als moralisches Subjekt einbringt und im fiktiven Dialog ein Konsens im Inneren eines Einzelnen gefunden wird, handelt es sich bei der Diskursethik um einen eigentlich individualethischen Ansatz."[633] Der individuelle Verzicht „auf strikte Eigennutzmaximierung"[634] ist dem ökonomisch Handelnden dabei prinzipiell zumutbar. Eine entsprechende Gesellschaftsordnung sowie die dargestellte Wechselwirkungsbeziehung zur Individualethik muss zudem Gegenstand stetiger Reflexion sein, um dauerhaft bestehen zu können.[635] Es braucht dazu Individuen, die im Gegensatz zum präkonventionellen Moralbewusstsein[636] des Homo oeconomicus eine höhere Stufe moralischen Bewusstseins erreichen.[637]

Ulrichs Individualmodell

Nach der einführenden Darstellung der integrativen Wirtschaftsethik stellt sich die Frage, in welchem Verhältnis Ulrichs Ansatz zum Standardmodell des Homo oeconomicus bzw. seiner Erweiterung als Homo oeconomicus humanus steht. Der Homo oeconomicus ist für Ulrich dabei als „ökonomisches Menschenbild [...] nichts anderes als der bildhafte Ausdruck für das Rationalitätsparadigma der Disziplin."[638] Mit seiner Kritik an der ökonomischen Rationalität übt er somit ebenso Kritik am Verhaltensmodell des Homo oeconomicus. Ulrich kritisiert den Homannschen Ansatz als *eindimensional*[639], da nur die *ökonomische Rationalität* betrachtet wird. Während Homanns Theorie auf der Annahme des Homo oeconomicus basiert, verlangt Ulrichs integrativer, handlungsleitender Ethikansatz nach einem Individuum, das über Moralität verfügt und von diesem Vermögen auch Gebrauch macht.

Ebenso kritisiert Ulrich die Gestaltung bzw. Überprüfung der Rahmenordnung durch den HO-Test: Dieser zielt vielmehr als Maß auf ein institutionelles Arrangement ab, unter dessen Regime sich alle Individuen strikt eigennützig verhalten *dürfen und sollen*:

[632] Ulrich (2008), S. 398. Vgl. ebenso ders., S. 321.

[633] Kleinfeld (1998), S. 82.

[634] Ulrich (2008), S. 171.

[635] Vgl. ebd., S. 328.

[636] Vgl. Kohlbergs Modell der Moralentwicklung, Kapitel 9.1.

[637] Vgl. Ulrich (2008), S. 329.

[638] Ulrich (1993), S. 195

[639] Vgl. Ulrich (2000), S. 556

> „Der modellinterne schlechteste Fall entpuppt sich als der modellextern für die Gestaltung der Gesellschaft intendierte *beste Fall*. […] Die vermeintlich so offene und rudimentäre Anthropologie im Begriff des Homo oeconomicus ist somit bei genauerem Hinsehen keineswegs wertneutral und nicht-normativ […]. Die reine Ökonomik *ist* nichts anderes als die Explikation eines Menschenbilds“[640].

Im Gegensatz zur ökonomischen Rationalität innerhalb des Wirtschaftsindividuums entwickelt Ulrich dieses Individuum als selbstinteressiert *und* moralisch, wobei die „ethische Vernunft das Eigeninteresse reflektiert und kontrolliert“.[641] Diese Individualmoral ist auch für Homanns Ethikansatz insofern unabdingbar, als dass die Rahmenordnung als der systematische Ort der Moral ohne sie *subjektlos*[642] wird. Ulrich positioniert sein Wirtschaftsindividuum (seinen Wirtschaftsbürger) zwischen dem Modell des Homo oeconomicus und dem von Seiten Homanns bzw. Suchaneks kritisierten altruistischen Alternativmodell: „Zwischen den beiden Haltungen der sozial desinteressierten Selbstsucht (H.O.) und der heroischen Selbstaufopferung (‚Gutmensch') suchen sie den dritten Weg legitimierter wirtschaftlicher Selbstbehauptung, und das heißt: sie sind von vornherein nur an legitimen und gegenüber jedermann verantwortbaren Formen des privaten Erfolgs ‚interessiert'.“[643] Dass Wirtschaftsindividuen darüber hinaus Normen in der Rahmenordnung institutionalisieren, ist selbstverständlich. Im Gegensatz zu den Vorwürfen seitens der Institutionenethik, denen zufolge Ulrich bewährte Lösungsverfahren wie den Homo oeconomicus als Analyseinstrument der Konzepttauglichkeit oder die Anreizsystematik per se ablehnen würde[644], entwickelt Ulrich vielmehr den Ansatz Homanns insbesondere auf individueller Ebene weiter und betont zugleich die Bedeutung der Rahmenbedingungen.

Ulrichs integrativer Ansatz erweitert somit wie bereits in den vorangegangenen Kapiteln geschehen die Perspektive bzw. Handlungslogik des Wirtschaftssubjekts:

> „Es gehört […] zur *Conditio humana*, dass der Mensch […] ein Wesen ist, dessen Verhalten im Unterschied zu demjenigen anderer Lebewesen nicht naturgesetzlich determiniert ist, sondern zu einem wesentlichen Teil die Form willentlichen *Handelns* hat. Grundlage dieser Möglichkeit des Menschen zum Handeln ist seine *Freiheit*“[645].

---

[640] Ulrich (2008), S. 202.

[641] Ulrich (1993), S. 297.

[642] Vgl. Ulrich (2000), S. 565.

[643] Ebd., S. 565.

[644] Vgl. Pies (2000), S. 604.

[645] Ulrich (2008), S. 23 (Hervorhebungen im Original).

Jede

> „deterministische Theorie menschlichen Handelns [geht] von vorneherein fehl – sie kommt schlicht der Leugnung des menschlichen Subjektcharakters gleich. Daraus ergibt sich, dass der *ökonomische Determinismus als empirische Hypothese überhaupt keinen Sinn macht.* […] Wer auf seiner Basis gegen die Möglichkeit moralischen Handelns unter marktwirtschaftlichen Bedingungen argumentiert, der konfundiert offenbar den rein modelltheoretischen Charakter des ökonomischen Determinismus methodisch mit der Realität.“[646]

Entgegen der neoklassischen Standardannahme sind zudem Präferenzen den Menschen „nicht einfach gegeben, sondern bei wachen, sich mit den Fragen des Lebens auseinandersetzenden Personen gleichsam in ständiger Bearbeitung und Veränderung“.[647]

Innerhalb dieser Sichtweise des ökonomischen Handlungssubjekts bildet die Moralität für Ulrich „[d]ie Grundbefindlichkeit oder Disposition des Menschen als eines Wesens, das zu sich selbst Stellung nehmen kann und daher auf die Kultivierung seines moralischen Urteils- und Empfindungsvermögens als der grundlegenden Voraussetzung seiner Menschlichkeit vital angewiesen ist“.[648] Moralität besteht somit in *moralischer Empfindsamkeit* einerseits (Innenperspektive) und *moralischem Urteilsvermögen* andererseits (Außen- bzw. Handlungsperspektive).[649] Beide Komponenten der Moralität bilden gemeinsam die empirische Basis, die unweigerlich zur Frage der (Un)Moral führt. Die Moralität wurzelt dabei in der grundlegenden zwischenmenschlich-sozialen Struktur und „beruht auf der Wechselwirkung zweier wesentlicher Momente: (1) des *affektiven* Moments der moralischen Gefühle und (2) des […] diese[m] immer schon zugrunde liegenden *kognitiven* Moments des moralischen Urteilsvermögens und Bewusstseins.“[650] Die *kognitive* Wurzel der Moralität liegt in der menschlichen Fähigkeit zum gedanklichen Rollentausch, wodurch wir sowohl die Möglichkeit der Anteilnahme als auch die Fähigkeit der *kritischen Selbstreflexion* aus der Perspektive eines alter egos gewinnen.[651] Als derartiger Prozess greift die Moralität nun wiederum in das Prinzip unserer rationalen Entscheidungsfindung ein: „Der Ausgleich zwischen eigenem Glücksstreben und moralischer Rücksichtnahme auf die legitimen Ansprüche anderer Menschen spielt sich immer schon

---

[646] Ebd., S. 164 (Hervorhebungen im Original).

[647] Ebd., S. 336.

[648] Ebd., S. 24.

[649] Vgl. ebd., S. 44.

[650] Ebd., S. 28.

[651] Vgl. ebd., S. 47.

innerhalb unseres moralischen Bewusstseins ab."[652] Moralische Anteilnahme setzt also immer schon eine kognitive Leistung voraus. Da Moralität ein kulturübergreifendes Phänomen darstellt, ist in diesem Prinzip „der moralischen Gegenseitigkeit [...] das [...] grundlegende und universale *Moralprinzip* gefunden."[653]

Um Ulrichs integrative Wirtschaftsethik auf Individualebene in der Praxis zu realisieren, benötigen alle Individuen als *Wirtschaftsbürger* „wirtschaftsethisches Orientierungswissen"[654], da ihr Denken und Handeln im Zentrum wirtschaftsethischer Verantwortung steht. In diesem Sinne lässt sich die Vermittlung von Wirtschaftsethik als *Wirtschaftsbürgerkunde*[655] verstehen. Als Wirtschaftsbürger sind wir zugleich wirtschaftlich handelnde *und* moralische Person. Diese Einheit lässt sich nicht trennen, die moralische „Bürgerverantwortung ist unteilbar."[656]

> „Als solche sind verantwortungsbewusste Wirtschaftsbürger weder hoffnungslos weltfremde *Altruisten*, die mit fliegenden Fahnen in heroischer Selbstaufopferung unterzugehen bereit sind, noch pure *Egoisten*, die jeglichen Verzicht auf Selbstbeschränkung ihres eigeninteressierten Tuns a priori als unzumutbar betrachten. Ihr Prinzip ist vielmehr das der *ethisch integrierten Erfolgsorientierung*. Und das heißt: Sie wollen sehr wohl erfolgreich sein, dies aber nur unter der Bedingung, dass sie ihr Tun vor sich selbst wie vor anderen vertreten und für ‚gut' befinden können."[657]

Aus diesem Grund wählt ein aufgeklärter Wirtschaftsbürger den Weg *legitimer Selbstbehauptung*.[658] Handlungspraktisch bedeutet dies, Verantwortung für die wirtschaftspolitische Rahmenordnung zu übernehmen sowie als Konsument und Kapitalanleger ethisch integriert zu handeln. Ulrich formuliert dazu sechs Thesen hinsichtlich der Verantwortungsbereiche des Wirtschaftsbürgers.[659]

Kritik an Ulrich

Hauptkritikpunkt an Ulrichs integrativem Verständnis von Wirtschaftsethik ist, dass die Voraussetzungen zur Umsetzung seines Ansatzes in vielerlei Hinsicht nicht

---

652 Ebd., S. 34.

653 Ebd., S. 50.

654 Vgl. Ulrich (2002), S. 13.

655 Ebd., S. 14. Zur Praxisrealisierung dieses bildungspolitischen Aspekts vgl. auch Kapitel 12.

656 Ulrich (2008), S. 351.

657 Ulrich (2002), S. 106.

658 Ulrich (2008), S. 89.

659 Vgl. Ulrich (2007).

gegeben scheinen. Gemessen an der Moralentwicklungsskala nach Kohlberg[660] befindet sich weder die Wirtschaft, noch der einzelne Wirtschaftsbürger auf der Stufe eines postkonventionellen Moralbewusstseins, durch das eine stetige Reflexion über die ethische Perspektive im wirtschaftlichen Handeln erfolgt. Insofern erscheint aus realistischer Perspektive die Umsetzbarkeit der Homannschen Rahmenordnungsethik zunächst als wahrscheinlicher.

Schlussendlich erlangt die ebenenübergreifende Integration der ethischen Perspektive und damit die Umsetzung von Wirtschafts*ethik* jedoch erst in Ulrichs Konzeption ihre vollkommene Entfaltung. So weist er zurecht darauf hin, dass langfristig ein ökonomisches Umdenken sowie individuelle Reflexion seitens der Wirtschaftssubjekte unabdingbar sein werden für ein erfolgreiches Gelingen wirtschaftsethischer Ansätze: „Träger von Handlungen und der damit verbundenen sittlichen Verpflichtungen kann nur die physische Person sein."[661] Auch die in diesem Kontext hervorzuhebende Notwendigkeit wirtschaftsethischer Bildung sowie das Ineinandergreifen von Individual- und Institutionenethik kennzeichnen seinen Ansatz. Ulrichs Ziel, wenn er von einer Re-Integration der Ökonomie in die Lebenswelt spricht, ist letztlich nichts anderes als die Rückbesinnung auf die Zwecke anstelle der Glorifizierung der Mittel.[662] Der Weg dorthin vollzieht sich trotz institutioneller Rückenstützen und bildungspolitischer Maßnahmen zuallererst in der Denkweise des ökonomischen Handlungssubjekts, das im Rahmen seiner Theorie deutlich sichtbar auf dem erweiterten Handlungsmodell eines Homo oeconomicus humanus gründet. Die Implementierungsfrage der Ethik muss darauf aufbauend auf individueller Ebene (Mikroebene) geklärt bzw. rückgekoppelt werden, um die Frage nach der Ethik befriedigend zu beantworten.[663] Insgesamt kann auf der Grundlage der Analyse beider wirtschaftsethischer Ansätze von ihrer Vereinbarkeit ausgegangen werden. Homanns Rahmenordnungsethik ist zur Integration der ethischen Perspektive in die Ökonomie ebenso notwendig wie die Wirtschaftsbürgerethik Ulrichs. Homann versteht Ulrichs diskursethischen Ansatz so durchaus auch als theoretische Ergänzung, da seine „funktionsgerechte Implementation der Moral in der Gesellschaft auf die Überzeugungen der moralisch agierenden Personen nicht verzichten kann".[664]

[660] Vgl. Abschnitt 8.1

[661] Kleinfeld (1998), S. 79.

[662] Vgl. dazu auch Horkheimer (1985), S. 56.

[663] Vgl. Kleinfeld (1998), S. 85.

[664] Homann (1992), S. 107.

10.3 Resümee: Die Bedeutung des Menschenbildes für wirtschaftsethische Ansätze

Das zugrundeliegende Menschenbild ist wie wir gesehen haben entscheidend für die Ausrichtung der (Wirtschafts)Ethik:

> „Geht man etwa von einer moralischen Entwicklungsfähigkeit und einer grundsätzlich sittlichen Grundverfaßtheit [sic] des menschlichen Individuums aus, wird die Wahl zugunsten [sic] einer stärker individuell und präferenztheoretisch ausgerichteten Ethik ausfallen, geht man im Hobbsschen Sinne von einem Wesen aus, das im Naturzustand ohne entsprechende gesetzliche und staatliche Restriktionen zum ungezügelten Wilden wird, eher zugunsten einer restriktionstheoretischen Institutionenethik.“[665]

Wirtschaftsethik kann daher „nur von einer angemessenen anthropologischen Basis her entwickelt werden.“[666] Trotz der zentralen Bedeutung des Menschenbildes für das ökonomische und wirtschaftsethische Theoriefundament werden diese anthropologischen Grundannahmen von der ökonomischen Theorie kaum zum Gegenstand kritischer Reflexion erhoben. Ein angemessener Handlungsbegriff kann jedoch nur dann begründet werden, wenn man der Wirklichkeit menschlichen Strebens und Handelns gerecht wird.[667]

Zwar sind Institutionenethik und Individualethik *komplementär* zu denken[668], als Fundament dient jedoch die individualethische Basis. Die individuellen Tugenden bzw. die individuelle Moral bildet „das unverzichtbare subjektive Fundament für das moralische Handeln.“[669] Individualethik bedeutet, „dass das Individuum Träger und Quell jeglicher Moral ist. Es sind immer sittliche Subjekte nötig, um Moral zu etablieren, zu vollziehen, zu kritisieren und abzuändern. […] Das Individuum […] ist Träger und Subjekt der Ethik. Der Ort der Moral ist das Individuum.“[670] Gerade unter den modernen Voraussetzungen einer skeptischen Sichtweise der Individualmoral scheint selbige somit „im Gegenteil zentraler zu werden denn je.“[671] Die notwendige Grundlage einer deskriptiven wie normativen Individu-

[665] Kleinfeld (1998), S. 90.

[666] Ebd., S. 104.

[667] Ebd., S. 96.

[668] Vgl. ebd., S. 99.

[669] Göbel (2006), S. 185.

[670] Ebd., S. 28f.

[671] Ebd., S. 168.

al(wirtschafts)ethik bildet im ökonomischen Kontext dabei das disziplinäre Menschenbild.

11. Wie sieht ein wissenschaftlich fundiertes und ethisch integriertes Menschenbild für wirtschaftliches Handeln aus?

Die Ansätze der empirischen Wirtschaftswissenschaft und der Moralphilosophie haben die Bedeutung einer moralintegrierten Rationalität hervorgehoben. Diese Erkenntnis an sich erscheint uns vor dem Hintergrund der alltäglichen Erfahrung zurecht als selbstverständlich. Für die ökonomische Verhaltenstheorie bringt die Analyse und Erweiterung des Homo-oeconomicus-Modells jedoch sowohl auf deskriptiver als auch auf normativer Ebene einen Erkenntnis- und Orientierungsfortschritt. Die Berücksichtigung der Moralität als Handlungsbedingung liefert präskriptiv optimierte, probabilistische Handlungsprognosen und dient der Gestaltung der Rahmenordnung sowie des ethischen Orientierungswissens auf normativer Ebene. Ausgangspunkt und Zielpunkt der (Wirtschafts)Ethik ist somit der Mensch samt seiner Rationalität und Moralität. Ebenso wie Ethik auf einer Anthropologie gründet, basieren Wirtschaftstheorien auf einem ökonomischen, d.h. die für die Ökonomie relevanten Verhaltensfaktoren betrachtenden, Verhaltensmodell. Aus der bereits geschilderten Doppelaspekthaftigkeit dieses Modells ergibt sich so die Bedeutungsspannweite des HO.

Die Handlungslogik des Menschen als Homo oeconomicus humanus ergibt sich aus dem Zusammenspiel von ökonomischer Rationalität (Verfolgung der ökonomischen Präferenzen) und Moralität (dem Moralbewusstsein bzw. der Normorientierung des Individuums). Diese *moralische Rationalität* beurteilt als oberste Instanz die Handlungssituation und versucht im Rahmen der wirtschaftlichen Bedingungen ethisch integrativ und somit legitim zu handeln. Zum einen handelt Homo oeconomicus humanus somit in Dilemmasituationen moralisch-integriert (handlungsimmanente Ethik), zum anderen begründet und gestaltet er das institutionelle Ordnungsprinzip (handlungsexterne Ethik) und wirkt somit auf die Gestaltung der Bedingungen ein, einerseits politisch (rahmengestaltend), andererseits im Sinne Suchaneks durch sein Handeln und die daraus neu entstehenden Handlungsfolgen und –situationen (Vorbildfunktion, Führungsethik, etc.).[672] Dadurch wird Ethik letztlich sowohl von innen als auch von außen in die Wirtschaft integriert. Die normative Legitimation gründet in der Berücksichtigung und Anerkennung aller Betroffenen.

---

[672] Vgl. Suchanek (2007a), S. 46.

Durch diese Erweiterung wird das ökonomische Verhaltensmodell auch seiner Rolle als anthropologische Bestimmung des Menschen im wirtschaftlichen Handeln, d.h. als Menschenbild, gerecht. Der Mensch rückt wieder in den Mittelpunkt der Ökonomie. Das erweiterte Menschenbild des Homo oeconomicus humanus dient dabei sowohl als deskriptive Grundlage wirtschaftlichen Handelns als auch als Ausgangspunkt wirtschaftsethischer Umsetzung und Gestaltung. Auf der Grundlage des erweiterten Handlungsmodells wird es möglich, Ethik realitätsnah umzusetzen. Das „Zeitalter des homo oeconomicus und der modernen Ausdifferenzierung der Wirtschaft aus der Gesamtkultur einer Gesellschaft geht [zu Ende], [...] [d]ie ökonomische Rationalität wird in der Wirtschaft der Postmoderne wieder als ein und nur ein Bestandteil der umfassenden, integralen Rationalität verstanden werden."[673] Ob es sich dabei um einen Homo oeconomicus humanus, einen Homo integralis[674] oder einen postmodernen Homo oecologicus[675] handelt, entscheidend ist die Reintegration der ethischen Perspektive in das wirtschaftliche Handeln, d.h. die Integration von Moralität als Handlungsbedingung des Wirtschaftssubjekts. Erst ein derart erweitertes Verhaltensmodell kann, da es alle ökonomisch und darüber hinaus sozialwissenschaftlich relevanten Perspektiven berücksichtigt, letztlich „zum Leitbild einer umfassenden Sozialwissenschaft werden."[676]

Entscheidend bei der Gestaltung wirtschaftsethischer Strukturen ist, dass sich die Strukturen den Bedürfnissen des Menschen anpassen, nicht umgekehrt.[677] Die Legitimation der Rahmenordnung ergibt sich nicht aus sich selbst, sondern aus dem diskursiven Konsens sowie den (anthropologischen) Bedingungen. Das bedeutet auch, dass den Wirtschaftsindividuen überhaupt erst die Möglichkeit gegeben werden muss, „an der diskursiven Klärung kollektiver Ziele und Handlungsstrategien teilzunehmen und an der Umsetzung vereinbarter Strategien solidarisch mitzuwirken."[678] Diese Voraussetzung wird entscheidend für eine funktionierende, partizipative Wirtschaftsethik: „Für die Ethik des Wirtschaftens und für die Moral des gesellschaftlichen Lebens überhaupt ist also entscheidend, ob die geltenden Institutionen – gerade auch im ökonomischen System – dem Individuum die Rolle auferlegen, bei seinen Handlungen und Erwartungen primär eigennützige Vorstellungen zu entwickeln und diese in Konkurrenz mit anderen Akteuren zu verfolgen, oder ob die Institutionen den Akteuren die Chance bieten und nahe legen, an der diskursiven Klärung kollektiver Ziele [...] teilzunehmen".[679]

---

673 Koslowski (1992), S. 78.

674 Vgl. ebd., S. 79.

675 Vgl. Pieper (2003), S. 71.

676 Koslowski (1992), S. 79.

677 Vgl. Matthiesen (1995), S. 171.

678 Katterle (1991), S. 145.

679 Ebd.

Die Arbeitswelt muss dazu als *Lebenswelt* definiert[680] und gestaltet werden, wodurch auch dort menschliche Bedürfnisse Vorrang erhalten. Das bedeutet auf normativer Ebene, dass durch die Rahmenordnung Reziprozität (Anerkennung des anderen als gleichberechtigten Kommunikationspartner), Autonomie (Selbstsetzung der Zwecke wirtschaftlichen Handelns) und Identitätsbildung gefördert werden sollen. Außerhalb der Wirtschaft ist es selbstverständlich, dass Werte als Orientierung dienen und beachtet werden, warum sollte der Bereich der Wirtschaft (bzw. der Arbeitswelt, der Unternehmen) ausgespart werden?[681] Die Heraustrennung „der Arbeitszeit als Fremdkörper aus der Lebenszeit"[682] muss beendet werden, stattdessen sollten *Werte* anstelle der *Nutzwert*orientierung der wirtschaftenden Menschen"[683] in den Mittelpunkt des ökonomischen Handelns rücken:

> „Der entscheidende gedankliche und praktische Schritt ist der von einer resignativen Anpassung des ‚Menschen in Wirtschaft' zu einer progressiven Ausschöpfung aller Möglichkeiten zur Gestaltung einer modernen ‚Wirtschaft für Menschen'."[684]

Die stetig wachsende Bedeutung der Wirtschaft für die Lebenswelt wirft immer stärker die Frage auf, was der wirtschaftende Mensch ist bzw. was er sein soll.[685] Zur Beantwortung dieser Frage bedarf es eines auf das *Ganze des Menschen* bezogenen Menschenbildes. Richtungsweisend könnte, wie diese Arbeit gezeigt hat, „die grundsätzliche Einordnung des Wirtschaftens in das kulturelle Ganze und die beidseitige Bezogenheit des Wirtschaftens auf Einträgliches und Zuträgliches" sein, was zu einem „homo oeconomicus humaniter" führen könnte, der als Modell jedoch „offen für neue Erkenntnisse bleiben muß [sic]."[686] Die Abkehr vom strategisch-kalkulierenden Menschenbild des Homo oeconomicus hin zum moralisch-integrierten Handlungssubjekt repräsentiert einen paradigmatischen Wechsel innerhalb der Wirtschaftstheorie. Ökonomie ist keine rein mathematische Wissenschaft, sondern „letztlich eine Humanwissenschaft".[687]

> „Die Regeln, nach denen lebende Systeme [...] ihr Verhalten organisieren, sind etwas anderes als die physikalischen und chemischen Prinzipien von Ursache und Wirkung,

[680] Matthiesen (1995), S. 214.

[681] Vgl. ebd., S. 219.

[682] Ebd., S. 229.

[683] Baumgardt (1990), S. 111.

[684] Matthiesen (1995), S. 234.

[685] Vgl. Baumgardt (1990), S. 112.

[686] Ebd., S. 113.

[687] Ruckriegel (2007), S. 201.

nach denen eine Maschine funktioniert. [...] Das Verhalten biologischer Systeme ist nicht Wirkung einer Ursache, sondern das Ergebnis eines inneren Selbstorganisationsprozesses".[688]

Das Menschenbild dient als Metapher für die grundlegenden Wertprämissen, die der Mensch sich setzt: „Der Mensch muss [...] vor allem Wählen einen Entwurf von sich selbst besitzen – eine Vision davon, wie er *sein will.* Erst dann und auf dieser Grundlage kann er bestimmen, was gut für ihn ist – was die beste Alternative ist, was er also *wollen soll.*"[689]

Die wissenschaftsphilosophische Erweiterung des Homo oeconomicus zu einem reflektierten Menschenbild der Ökonomie fördert somit auch die Nützlichkeit des Modells zur Gestaltung wirtschaftsethischer Handlungsmöglichkeiten und grundlegender Zielsetzungen sowie die darauf aufbauende praktische Umsetzung (bspw. im Bereich Consulting).

Das letzte Kapitel dieser Arbeit fokussiert die praktische Anwendung eines erweiterten Modells. Auch wenn CSR (Corporate Social Responsibility) und Nachhaltigkeitsmanagement als besonders hervorzuhebende, wirtschafts- und unternehmensethische Praxisanwendungen generell im Fokus stehen, soll im Folgenden der Bereich der akademischen Lehre als wirtschaftsethische Praxis den Mittelpunkt bilden. Die Studien zur Einflussnahme der wirtschaftswissenschaftlichen Lehre und insbesondere des Homo-oeconomicus-Modells haben gezeigt, dass die wirtschaftsethische Praxis im Bereich Bildung beginnt, da hier die theoretischen Grundlagen geschaffen werden für eine ethisch integrative Perspektive des später praxisethischen Handelns.

12. Die individual-wirtschaftsethische Praxis am Beispiel der wirtschaftswissenschaftlichen Lehre

Die bisherige Analyse hat uns vor Augen geführt, wie sehr wirtschaftliches Handeln von der kooperativen Erwartungshaltung und Bereitschaft der Individuen abhängt. Die Bedeutung eines solchen Orientierungsmodells hat sich in der Beeinflussbarkeit wirtschaftlichen Handelns durch das Standardmodell gezeigt. Unter den Voraussetzungen der Homo-oeconomicus-Annahme wird es so beispielsweise tendentiell zu weniger kooperativem bzw. moralisch-integriertem Verhalten kommen als unter der Annahme eines erweiterten Homo-oeconomicus-humanus-Modells.

---

[688] Bauer (2006), S. 155 und S. 162.

[689] Rolle (2005), S. 342 (Hervorhebungen im Original).

Bezüglich kooperativen Verhaltens belegt zudem Stanca die Bedeutung des *ersten Schritts* für die darauf folgende oder nicht-folgende Kooperation.[690] Dieser erste Schritt wiederum ist abhängig von der Handlungssituation sowie der Erwartungshaltung und Moralität (Rationalität, usw.) des handelnden Subjekts. Cialdini verdeutlicht dies am Prinzip der sozialen Bewährtheit, das besagt, „dass sich Leute, um zu entscheiden, [...] anschauen, was andere Menschen in der Situation glauben oder tun."[691] Ebenso hebt Mueller die Bedeutung der erzieherischen Konditionierung kooperativen Verhaltens hervor.[692] Das ökonomische Verhaltensmodell dient dabei neben der Erfahrung (die sich in der Erwartungshaltung niederschlägt) als präskriptive Grundannahme einer solchen Handlungssituation. Wie Ockenfels und Weimann belegen, hat insgesamt der „[c]ultural background [...] a strong influence on individual cooperation and solidarity behavior."[693]

Wenn Menschen um diese systemischen Zusammenhänge wissen, können sie „regel- und kooperationsorientierter handeln"[694] oder sich im Zweifelsfall vor Ausbeutung schützen. Ein wissenschaftlich fundiertes und ethisch integriertes Menschenbild kann somit als Grundlage der sowohl deskriptiven als auch normativen Situationsanalyse dienen. Aus wirtschaftswissenschaftlicher Perspektive erscheint es daher als logischer Schritt, das erweiterte Standardmodell gerade auch in Forschung *und* Lehre stärker zu integrieren.

Doch könnte es sein, dass die angeführten Gründe nicht ausreichen? Innerhalb der Wirtschaftswissenschaften wird zum Teil nach wie vor die Meinung vertreten, dass Wirtschaftsethik schlichtweg überflüssig ist. Diese Behauptung erscheint aufgrund der angeführten erdrückenden Beweislast für die Notwendigkeit und Unabdingbarkeit dieser *wissenschaftlich-analytischen* Perspektive unhaltbar. Ebenso wie eine theoretisch und experimentell begründete Erweiterung des ökonomischen Verhaltensmodells nicht zurückgewiesen werden kann, kann die Bedeutung der ethischen Dimension wirtschaftlichen Handelns nicht von der Hand gewiesen werden. Darüber hinaus stellt sich aus moralphilosophischer Perspektive die Frage, inwiefern (Wirtschafts)Ethik als Einbezug der moralischen Perspektive überhaupt *überflüssig* sein kann.

Auch bezüglich des Vorwurfs, wirtschafts- und unternehmensethische Maßnahmen würden gerne als „moralische Ablenkungsmanöver betrachtet, die vorrangig der Imagepflege und dem eigenen Marketing dienen und entsprechend als „Greenwashing" oder „Bluewashing" kritisiert werden"[695], kann diese Kritik nun gerade in

[690] Vgl. Stanca (2008).

[691] Vgl. Cialdini (2006), S. 206.

[692] Vgl. Mueller (1986), S. 3f.

[693] Ockenfels & Weimann (1999), S. 285.

[694] Priddat (1998), S. 22.

[695] Heidbrink (2007), S. 5.

die umgekehrte Forderung münden, Wirtschafts- und Unternehmensethik authentisch, d.h. moralisch-integriert zu betreiben und zu diesem Zweck die marketingstrategischen CSR-Ansätze von wirklicher Unternehmensethik zu trennen. Die Grundlage hierfür bildet wiederum der universitäre Ausbau der wirtschaftsethischen Lehre und Forschung.

Die bildungspolitische Bedeutung der wirtschaftsanthropologischen Frage

Wenn man aufgrund der heutigen Bedeutung der Wirtschaft „Wirtschaftsbildung als einen integralen Zug" von Bildung allgemein betrachtet, „dann wird einsichtig, welche Bedeutung ein rechtes Bild von der Wirtschaft und dem wirtschaftenden Menschen für die Bildung aller Menschen, besonders der wirtschaftsberuflich Tätigen und wirtschaftsstudierenden Menschen hat."[696] Die Moralität bzw. das moralische Bewusstsein der Wirtschaftsakteure spielt für ihr wirtschaftsethisches Handeln in der Praxis eine große Rolle: „The morality of economic agents influences their behavior and hence influences economic outcomes."[697] Die Analyse des Einflusses des Homo-oeconomicus-Modells auf das Verhalten von Ökonomiestudenten hat somit auf Folgen der ökonomischen Bildung hingewiesen:

> „Das verzerrte Bild von der Wirtschaft und dem wirtschaftenden Menschen in den bisherigen Lehrbüchern unseres Bildungswesens trägt Mitschuld an den Fehlentwicklungen in unserem Wirtschaftsleben."[698]

Die Ergebnisse der verhaltensökonomischen Forschung implizieren die Forderung, im Bereich Bildung die wirtschaftsethischen Kompetenzen des Einzelnen (insbesondere zukünftiger Entscheidungsträger) zu entwickeln[699] und somit ein grundlegendes Bewusstsein für die ethischen Folgen ihrer Entscheidungen zu schaffen. Auf diese Weise könnte zudem das marktwirtschaftliche System gestärkt werden:

> „Die Erklärung für die relative Stabilität [der wirtschaftlichen bzw. gesellschaftlichen Systeme] wie auch ein praktischer Weg, ihre Verantwortlichkeit zu erhöhen, liegt darin, die ethische Bildung der Individuen in Betracht zu ziehen und auch zu fördern. [...] Das notwendige Fehlen ökonomischer Anreize in vielen Bereichen kann durch negative Sanktionssysteme (wie Strafen und Kontrollen) nur ganz un-

696 Baumgardt (1990), S. 115f.

697 Hausmann & McPherson, S. 673.

698 Baumgardt (1990), S. 116.

699 Vgl. Raab (2006), S. 120.

zureichend kompensiert werden [...]. Tatsächlich verhalten sich aber Menschen aus innerer Überzeugung, aufgrund ethischer Bildung, so, daß [sic] soziale Systeme nicht aus fehlgeleitetem menschlichen Eigennutz zusammenbrechen. Dies läßt [sic] sich nur daraus erklären, daß [sic] die Menschen nicht nur *homines oeconomici*, sondern eben auch *homines ethici* sind. [...] Die ethische Bildung der Menschen über eine Tauschgerechtigkeit hinaus ist damit eine wesentliche Voraussetzung für die Existenz einer Marktgesellschaft."[700]

„Eine vorzügliche Methode zur Förderung der Kooperation in einer Gesellschaft besteht darin, die Menschen dazu zu bewegen, sich um das Wohlergehen der anderen zu sorgen. [...] Altruismus kann unter Menschen durch Sozialisation aufrechterhalten werden."[701]

Aufgrund der Bedeutung der Ökonomie für die Lebenswelt und der Verantwortlichkeit des Wirtschaftsindividuums für die Folgen seines Handelns ist es daher dringend notwendig, den wirtschaftenden Menschen über die Systemzusammenhänge aufzuklären und ihm auf diese Weise durch die Bewusstmachung der sowohl ethischen als auch ökonomischen Aspekte seines Handelns in die Verantwortung zu nehmen. Diese Verantwortung gilt ebenso für den „wirtschaftswissenschaftlich forschende[n] und lehrende[n] Mensch[en]."[702]

Auch Homann betont die Bedeutung der Aufgabe, die Bürger moderner Gesellschaften „über die grundlegenden Funktionszusammenhänge auf[zuklären]", da sie nur auf diese Weise „ihre Interessen und ihre geistig-moralische Identität wiederzufinden"[703] vermögen. Diese Bewusstseinsschaffung bzw. Sensibilisierung mündet insbesondere in der Forderung der Integration des Bereichs Wirtschaftsethik in das universitäre Curriculum.

Ulrich zufolge beginnt wirtschaftsethische Bildung damit, das Bewusstsein für die Indoktrination durch die in dieser Arbeit kritisierte ökonomische Rationalität zu schaffen. Dem „ökonomistische[n] (Um-)Erziehungsprozess" muss zumindest insofern entgegen gewirkt werden, als dass man über ihn aufgeklärt wird, da er

„schon weiter vorangekommen [ist], als uns das i.d.R. bewusst ist, sonst wäre kaum verständlich, wie wenig wir in den ‚fortgeschrittenen' Industriegesellschaften die

[700] Nutzinger (1992), S. 58.

[701] Axelrod (2005), S. 120f.

[702] Baumgardt (1990), S. 108.

[703] Homann (1992), S. 91.

immer vielfältigeren *Symptome einer lebenspraktischen Sinnverkehrung* des marktwirtschaftlichen Fortschritts zu bemerken scheinen."[704]

Gefragt ist also die wirtschaftspädagogische Aufklärung zukünftiger Generationen über die normativen Grundlagen der Ökonomie (ökonomische Rationalität, Nutzenmaximierungsprinzip, Homo oeconomicus) und ihre Wirkungszusammenhänge bzw. Folgen. Dies kann geleistet werden durch die Integration der Wirtschaftsethik an Universitäten als sowohl deskriptive als auch normative Wissenschaft, ohne befürchten zu müssen, dass „eine ethische Diktatur" entsteht oder dadurch der „Homo ethicus discursiensis" geschaffen wird.[705] Solche Befürchtungen sind pseudoargumentative Vorwürfe, die jeglicher Grundlage entbehren und in den Verdacht geraten, das vorherrschende ökonomistische Paradigma mit allen Mitteln verteidigen zu wollen. Der Vorschlag der Integration der Wirtschaftsethik in die universitäre Lehre soll vielmehr überhaupt erst die Voraussetzungen dafür schaffen, einen offenen wirtschaftsethischen Diskurs zu führen, um die empirisch vorliegenden Probleme wissenschaftlich anzugehen. Dies bedeutet in erster Linie nicht mehr und nicht weniger als die Sensibilisierung für die *empirisch* unabweisbare ethische Dimension wirtschaftlichen Handelns. Die vorliegende Arbeit hat dabei einen möglichen wissenschaftsmethodischen Zugang zum Thema aufgezeigt.

Die Integration der Wirtschaftsethik in Bildung und Ausbildung ist insofern notwendig, als dass „den künftig bestimmenden Akteuren in Wirtschaft und Politik ohne Kenntnisse der grundlegenden ethischen und handlungstheoretischen Zusammenhänge dem Wesen des Menschen gerecht werdende Entscheidungen von gesellschaftlicher Relevanz nicht möglich sind."[706] Wirtschaftsethik als Teil des wirtschaftswissenschaftlichen Curriculums ist dabei grundlegend um die „moralische Sensibilität"[707] für die Folgen ökonomischen Handelns zu schaffen sowie die tatsächlichen Handlungsmöglichkeiten aus individualwirtschaftsethischer Perspektive zu ergründen. Gerade an Universitäten könnten zukünftige Nachwuchskräfte so ihre Führungsqualitäten um das wirtschaftsethische Problembewusstsein erweitern. Wirtschaftsethik als integraler Bestandteil der wirtschaftswissenschaftlichen Ausbildung könnte in dieser Form dazu beitragen, dass künftige Entscheidungsträger den eindimensionalen Horizont der rein ökonomischen Perspektive überschreiten. Awasthi belegt in diesem Zusammenhang experimentell, dass wirtschafts- und unternehmensethischer Unterricht für ethisch-relevante Entscheidungen sensibilisieren, die andernfalls auch als technisches Problem ausgelegt werden könnten.[708]

---

[704] Ulrich (2000), S. 563.

[705] Lachmann (2000), S. 592.

[706] Schmiedel (2006), S. 117.

[707] Göbel (2006), S. 225.

[708] Vgl. Awasthi (2007), S. 221.

Die Integration der Wirtschaftsethik in das Studium der Wirtschaftswissenschaften wird daher insgesamt zurecht gefordert[709] und zeigt sich in Anbetracht der gegenwärtigen Finanz- und Wirtschaftskrise als Chance.

Diese Erkenntnis greift in wirtschaftswissenschaftlichen Fakultäten erst langsam um sich.[710] Trotz der zunehmenden Bedeutung existiert für das Fach Wirtschaftsethik an deutschen Hochschulen weder ein einheitliches Curriculum noch bildet Wirtschaftsethik einen festen Bestandteil wirtschaftswissenschaftlicher Studiengänge.[711] Aßländer unterscheidet hier zwischen isolierten, institutionalisierten und integrierten Ausbildungskonzepten.[712] Er selbst stellt dabei ein mögliches, inhaltlich dreigeteiltes Konzept vor: einen Bereich der Vermittlung des theoretischen und empirischen Wissens, einen Bereich der normativen Reflexion und einen dritten Teil der praktischen Handlungsebene.[713] Ein derart ebenenübergeifendes, integratives Konzept würde der Gesamtheit der wirtschaftsethischen Disziplin gerecht.

---

709 Vgl. Aßländer (2006b), S. 174. Die Einbindung der Wirtschaftsethik in die ökonomischen Studiengänge wird u.a. von der Kommission der Europäischen Gemeinschaft mit Blick auf die Rahmenbedingungen sozialer Verantwortung explizit gefordert (vgl. ebd., S. 176).

710 Vgl. dazu der Artikel von Marc Steinhäuser aus *Der Zeit* vom 16.12.2008: *Zwischen Markt und Marx*.

711 Vgl. Aßländer (2006b), S. 167. Eine systematische Übersicht zur Situation der Wirtschaftsethik in der akademischen Lehre bieten Schwalbach & Schwerk (2008).

712 Vgl. ebd., S. 168.

713 Vgl. ebd., S. 173.

Schluss

Trotz der ausführlichen Darstellung der Bedeutung und Problematik des wirtschaftswissenschaftlichen Menschenbildes bleiben am Ende der Darstellung offene, weiterführende Fragen. Bezüglich der Integration der Wirtschaftsethik stellt sich so die Frage, „ob die Gewissensbildung und moralische Sensibilisierung schon ausreicht, um die praktische Umsetzung des Grundsatzes der sozialen Verantwortung [und damit der Idee der Wirtschaftsethik] im Unternehmen zu garantieren."[714] Aus der Perspektive der vorliegenden Arbeit bilden diese Ansätze jedoch zumindest die notwendige Grundlage. Weitere offene Fragen betreffen andere Einfluss- und Entscheidungsfaktoren menschlichen Handelns in der Ökonomie wie beispielsweise die Relevanz von Emotionalität bei Entscheidungen. Menschliches Handeln wird durch viele unterschiedliche Einflüsse auf neuronaler wie sozialer Ebene bedingt, die hier vorgestellte Erweiterung des ökonomischen Verhaltensmodells insbesondere um den Faktor Moralität bildet dabei nur eine Erweiterungskategorie unter möglichen anderen.

Schließlich darf ein wirtschaftsethischer Ansatz bzw. eine wirtschaftsethische Erweiterung des Verhaltensmodells nicht dazu führen, ein universal Gutes zu postulieren und dieses zum Ziel auf politisch-gesellschaftlicher Ebene auszurufen. „[W]ichtig ist, daß [sic] sich die Anliegen eines jeden Menschen von denen anderer Menschen unterscheiden. Es gibt nicht das eine Gute, nach dem alle streben, und daher können Konflikte entstehen."[715] Diese (interkulturellen) Konflikte sind letztlich nur im gesellschaftlichen Diskurs zu lösen. Ein aufgeklärtes Menschenbild der Ökonomie wird dazu einen wertvollen Beitrag leisten anstatt idealisierte Egoisten oder „Gutmenschen" zu behaupten.

Letztlich hinterfragt und kritisiert die philosophische Perspektive in der hier dargestellten Weise den Bereich der Ökonomie auf zwei grundlegende Arten: Zum einen fragt sie wissenschaftsanthropologisch nach dem Menschenbild bzw. dem menschlichen Verhaltensmodell als Grundannahme der Wirtschaftstheorie, zum anderen fragt sie moralphilosophisch nach dem Maßstab wirtschaftlicher Vernunft bzw. dem Zweck wirtschaftlichen Handelns. In diesem Sinne kann auf die Frage Jürgen Freimanns „Was ist denn der Maßstab für die wirtschaftliche Vernunft?"[716] die Antwort gegeben werden: der Mensch.

---

[714] Göbel (1992), S. 87.

[715] Gauthier (2000), S. 107.

[716] Freimann (1979), S. 9.

Zusammenfassung

Die ethische Dimension unseres ökonomischen Handelns rückt zunehmend in den Mittelpunkt interdisziplinärer Forschungsfragen. Dabei kündigt sich in den Wirtschaftswissenschaften ein Paradigmenwechsel an: Die Bedeutung von Fairness, Kooperation und Emotionen im wirtschaftlichen Handeln wird von vielen Seiten betont.

Aus Sicht der Philosophie ist diese Entwicklung mehrfach bedeutsam: Wirtschaft ist eine Kulturtätigkeit des Menschen, die Gegenstand philosophischer Reflexion in Theorie und Praxis ist. Sowohl Wirtschaft als auch Wirtschaftsethik sind auf eine anthropologische Basis angewiesen. Gerade für die moderne Ökonomik gilt, dass das Bild vom Menschen den paradigmatischen Kern der Theorie bildet. Der Mensch als eigentlicher Ausgangs- und Zielpunkt wirtschaftlichen Handelns scheint jedoch in den Hintergrund des ökonomischen Denkens geraten zu sein. Vielmehr prägt die idealisierte Logik des ökonomisch-rationalen Akteurs in entscheidendem Maß Theorie und Wirklichkeit. Das Verhaltensmodell, das dieser Perspektive zugrunde liegt, ist das des rationalen Eigennutzmaximierers, des Homo oeconomicus. Als Verhaltensprognose individuellen Handelns beeinflusst er unsere Erwartungshaltung und somit unsere Entscheidungen sowie diesbezügliche, politische Gestaltungsmaßnahmen in ökonomischen Interaktionen.

Die vorliegende Arbeit geht der Bedeutung und den Inhalten des Homo-oeconomicus-Modells als Grundannahme der Wirtschaftswissenschaften nach und analysiert, kritisiert und erweitert das Modell aus philosophischer Perspektive. Das zentrale Problem – die Überhöhung des rationalen Egoisten von einer fragwürdigen Heuristik zur Grundannahme wirtschaftswissenschaftlicher Theorien – wird in diesem Prozess herausgearbeitet. In der philosophischen Analyse zeigt sich, dass das Bild des Menschen als Homo oeconomicus sowohl empirisch als auch ethisch-normativ unangemessen ist. Im Sinne des sich abzeichnenden Paradigmenwechsels wird dabei – unter Berücksichtigung neuester Forschungsentwicklungen, insbesondere der Verhaltens- und Neuroökonomie – ein den wissenschaftlichen Anforderungen sowohl in deskriptiver als auch ethisch-normativer Hinsicht gerecht werdendes Modell entwickelt. Dieses führt schließlich zu einer grundlegenden Neubestimmung des ökonomischen Menschenbildes aus philosophischer Perspektive und dient ebenso als Ausgangspunkt einer Ethik des Wirtschaftens.

Die Analyse kommt darüber hinaus zu folgenden Ergebnissen: Moralität kann nicht in Eigennutz aufgelöst werden und repräsentiert aus einer sowohl philosophisch-anthropologischen als auch wirtschaftsethischen Theorieperspektive eine eigene handlungserklärende Größe, nicht nur, jedoch auch gerade in den Wirtschaftswissenschaften. Eine instrumentalistische Verkürzung der Moral des Wirtschaftssubjekts ist weder aus deskriptiver noch aus normativer Perspektive sinnvoll. Ein ethisch-integriertes Menschenbild, das die Moralität und Emotionalität des Akteurs berücksichtigt, verfügt über mehr theoretische Erklärungskraft und ist zudem unabdingbar als Fundament bei der Gestaltung einer menschendienlichen Wirtschaft. Die Analyse hat darüber hinaus Implikationen in Bezug auf unsere wirtschaftsethischen Verpflichtungen im ökonomischen Handeln sowie die wirtschaftsethische Bildung des Menschen.

Abstract

The ethical dimension of our economic behaviour becomes increasingly the centre of interdisciplinary research. With it, a paradigm shift in economics is announced: The significance of fairness, cooperation and emotions in economic behaviour is emphasized from many points of view.

From a philosophical perspective, this development is important in many respects: Economy is a cultural activity of human beings and therefore subjected to philosophical reflection in theory and in practice. Both economy and business ethics depend on an anthropological basis. Particularly for modern economics it is valid that the idea of man forms the paradigmatic heart of the theory. But it seems that man as the original starting point and target of economic action has receded into the background of economic thinking. Rather the idealized logic of the rational economic agent decisively leaves its mark on theory and reality. The behavioural model which forms the basis of this perspective is homo oeconomicus, characterized as a person who maximizes his self-interest. As behavioural prognosis of individual acting he has an influence on our expectation and consequently our decisions as well as ways of planning in political economy.

The present work looks into the significance and the contents of homo oeconomicus as a basic assumption of economics and analyses, critizises and expands the model from a philosophical perspective. The central problem – the overestimation of the rational egoist from a questionable heuristics to the basic assumption of the theories of economics – is elaborated in this process. As a result, the author provides evidence that the idea of man as homo oeconomicus is inappropriate in both an empirical and ethical-normative way. In the course of an apparent paradigm shift, a model is being developed that meets the scientific demands both in descriptive and ethical-normative respects – with regard to the latest research developments, in particular those of the behavioural economics and the neuroeconomics. From a philosophical point of view, this new model finally leads to a basic redefinition of man's economic conception and also serves as basis for ethics in economics.

In addition, the analysis reaches the following conclusions: Morality cannot be dissolved in self-interest. It represents an action-explanatory figure of its own from both a philosophical-anthropological and a business-ethical perspective. An instrumental reduction of the moral of the economic agent is not sensible, neither from a descriptive nor from a normative point of view. An ethically integrated conception of man that takes into consideration the morality and emotionality of the agent, has more theoretical explanatory power and is furthermore indispensable as a basis to form an economy that serves the human being. In addition, the analysis includes implications in reference to our economic ethical obligations in economic activity.

Sachregister

Danksagung

Danken möchte ich meinen akademischen Lehrern, Frau Prof. Dr. Elisabeth Göbel und Herrn Prof. Dr. Klaus Fischer, die durch zahlreiche Gespräche und Diskussionen diese Publikation in der Entstehungsphase begleitet und beeinflusst haben. Beiden möchte ich zudem für ihre Offenheit gegenüber dem Thema und ihre kritischen Anmerkungen danken, die zur Verbesserung des Textes beigetragen haben. Frau Prof. Dr. Göbel war mir dabei jederzeit eine für die Sache der Wirtschafts- und Unternehmensethik engagierte Ansprechpartnerin.

Mein außerordentlicher Dank gilt ebenso allen, die das Manuskript kommentiert und lektoriert haben. Für verbleibende Unklarheiten oder Fehler bin ich natürlich alleine verantwortlich.

Literaturverzeichnis

A

Ahlert, Dieter & Kenning, Peter (2006): *Neuroökonomik*, in: Zeitschrift für Management, Nr. 1, Januar, S. 22-45.

Ainslie, George (2005): *You can't give permission to be a bastard: Empathy and self-signaling as uncontrollable independent variables in bargaining games*, in: Behavioral and Brain Sciences, Vol. 28, S. 815-816.

Akerlof, George A. & Rachel E. Kranton (2000): *Economics and Identity*, in: Quarterly Journal of Economics, Vol. 115, Nr. 3, S. 715-753.

Albach, Horst (2007): *Betriebswirtschaftslehre ohne Unternehmensethik –Eine Erwiderung*, in: Zeitschrift für Betriebswirtschaft, Nr. 2, S. 195-206.

Apel, Karl Otto (1988): *Diskurs und Verantwortung – Das Problem des Übergangs zur postkonventionellen Moral*, Frankfurt a. M.

Aristoteles (1973): *Politik*, übers. und hrsg. von O. Gigon, München.

Aßländer, Michael & Nutzinger, Hans G. (2010): *Der systematische Ort der Moral ist die Ethik!*, in: zfwu 11/3, S. 226-248.

Aßländer, Michael (2006a): *Homo oeconomicus: Das Menschenbild der Ökonomie im Lichte neuer Forschungsergebnisse*, in: Nutzinger, Hans G. (Hrsg.): *Wissenschaftsethik – Ethik der Wissenschaften?*, Marburg, S. 129-147.

Aßländer, Michael (2006b): *Studienkonzepte der Wirtschaftsethik – Von der isolierten zur integrierten Ausbildung*, in: *Wissenschaftsethik – Ethik der Wissenschaften?*, hrsg. von Hans G. Nutzinger, Marburg: Metropolis-Verlag, S. 163-180.

Awasthi, Vidya N. (2008): *Managerial Decision-Making on Moral Issues and the Effects of Teaching Ethics*, in: Journal of Business Ethics, Nr. 78, S. 207–223.

Axelrod, Robert (2005): *Die Evolution der Kooperation*, übers. von Werner Raub und Thomas Voss, 6. Auflage, München.

B

Bauer, Joachim (2006): *Warum ich fühle, was du fühlst — Intuitive Kommunikation und das Geheimnis der Spiegelneurone*, 10. Auflage, Hamburg.

Baumgardt, Johannes (1990): *Der Mensch als Homo Oeconomicus – gilt das noch heute?*, in: Hummel, Gert (Hrsg.): *Der Beitrag der Wirtschaftswissenschaften zum Menschenbild der Gegenwart und Zukunft*, Vorträge beim Symposion der Gemeinschaft der Fakultätentage in Frankfurt a. M. am 12./13. Oktober 1990, S. 97-120.

Baurmann, Michael (2000): *Der Markt der Tugend: Recht und Moral in der liberalen Gesellschaft; eine soziologische Untersuchung*, 2. Auflage, Tübingen.

Bayertz, Kurt (2004): *Warum überhaupt moralisch sein?*, München.

Becker, Gary S. (1993): *Der ökonomische Ansatz zur Erklärung menschlichen Verhaltens*, 2. Auflage, Tübingen.

Birnbacher, Dieter (1988): *Verantwortung für zukünftige Generationen*, Stuttgart.

Blum, Reinhard (1991): *Die Zukunft des Homo oeconomicus*, in: Biervert, Bernd; Held, Martin (Hrsg.): *Das Menschenbild der ökonomischen Theorie – Zur Natur des Menschen*, Frankfurt a. M.

Braeutigam, Sven (2005): *Neuroeconomics – From neural systems to economic behaviour*, Brain Research Bulletin, Vol. 67, S. 355–360.

Brodbeck, Karl-Heinz (2007): *Inszenierte Sachzwänge: Zur Globalisierung einer Untugend*, Würzburg.

C

Camerer, Colin et al. (2005): *Neuroeconomics: How Neuroscience Can Inform Economics*, Journal of Economic Literature, Vol. 63, S. 9–64.

Carter, J.R. und Irons, M. (1991): *Are economists different, and if so, why?*, Journal of Economic Perspectives, Vol. 5, Nr. 2, S. 171– 177.

Cialdini, Robert B. (2006): *Die Psychologie des Überzeugens*, 4. Auflage, Bern.

Conrad, Klaus (2006): *Handel mit der Ungewissheit*, in: Spektrum der Wissenschaft (Dossier 5/2006): *Fairness, Kooperation, Demokratie*, Heidelberg, S. 32-34.

D

Damasio, Antonio R. (2007): *Descartes' Irrtum – Fühlen, Denken und das menschliche Gehrin*, übers. von Hainer Kober, 5. Auflage, Berlin.

de Waal, Frans B. M. (2006): *Tierische Geschäfte*, in: Spektrum der Wissenschaft (Dossier 5): *Fairness, Kooperation, Demokratie*, Heidelberg, S. 73-79.

de Quervain, Dominique J.-F. et al. (2004): *The Neural Basis of Altruistic Punishment*, in: Science, Vol. 305, S. 1254-1258.

Deix, Gerald (2002): *Das Akteursmodell der Wirtschaftsethik - Moralität, Identität und Handlungsfähigkeit*, Zürich.

Dienhart, John W. (2008): *The Separation Thesis: Perhaps Nine Lives Are Enough*, in: Business Ethics Quarterly, Vol. 18, Nr. 4, S. 555-559.

Doucouliagos, Chris (1994): *A Note on the Evolution of Homo Economicus*, in: Journal of Economic Issues, Vol. 28, Nr. 3, S. 877-883.

Dueck, Gunter (2008): *Abschied vom Homo oeconomicus – Warum wir eine neue wirtschaftliche Vernunft brauchen*, Frankfurt a. M.

E

Etzioni, Amitai (1994): *Jenseits des Egoismus-Prinzips: Ein neues Bild von Wirtschaft, Politik und Gesellschaft*, Stuttgart.

F

Faber, Malte & Manstetten, Reiner (2004): *Zurück zu Aristoteles? Wirtschaft und Philosophie*, in: Perspektiven der Wirtschaftspolitik, 5(2), S. 159-168.

Falk, Armin (2001): *Homo Oeconomicus Versus Homo Reciprocans: Ansätze für ein Neues Wirtschaftspolitisches Leitbild?*, Working Paper of the Institute for Empirical Research in Economics, Nr. 79, Universität Zürich.

Fehr, Ernst (2006a): *Reziproker Altruismus hält auch die Mafia zusammen*, Interview mit Ernst Fehr, in: Spektrum der Wissenschaft (Dossier 5/2006): *Fairness, Kooperation, Demokratie*, Heidelberg 2006, S. 58-59.

Fehr, Ernst (2006b): *Neuroökonomik - Die Erforschung der biologischen Grundlagen des menschlichen Sozialverhaltens*, Walter-Adolf-Jöhr-Vorlesung, Universität St. Gallen 2006.

Fehr, Ernst (2002): *Die Psychologische Wende in der Ökonomik*, Vortrag (8. Juni 2002), URL: http://www.iew.uzh.ch/chairs/fehr/team/fehr/publications.html (Abruf am 28. Januar 2009).

Fehr, Ernst & Camerer, Colin F. (2006): *When Does "Economic Man" Dominate Social Behavior?*, in: Science, Vol. 311, S. 47-52.

Fehr, Ernst & Renninger, Suzann-Viola (2004): *Das Sammariter-Paradoxon*, in: Gehirn & Geist, Nr. 1, S. 34-41.

Fehr, Ernst & Fischbacher, Urs (2003): *The Nature of Human Altruism*, in: Nature Vol. 425, S. 785-791.

Fehr, Ernst & Schmidt, Klaus M. (1999): *A Theory of Fairness, Competition and Cooperation*, in: The Quarterly Journal of Economics, August, S. 817-868.

Fehr, Ernst & Gächter, Simon (1998): *Reciprocity and Economics: The economic implications of Homo Reciprocans*, in: European Economic Review, Nr. 42, S. 845-859.

Fischbacher, Urs et al. (2008): *Testing theories of fairness – Intentions matter*, in: Games and Economic Behavior, Nr. 62, S. 287-303.

Frank, Robert H. et al. (1993): *Does Studying Economics Inhibit Cooperation?*, in: Journal of Economic Perspectives, Vol. 7, Nr. 2, S. 159-171.

Frank, B. & Schulze, G. (2000): *Does economics make citizens corrupt?*, in: Journal of Economic Behaviour and Organisation, Nr. 43, S. 101– 113.

Frankfurt, Harry (1971): *Freedom of the Will and the Concept of a Person*, in: Journal of Philosophy, Nr. 68, S. 5-20.

Franz, Stephan (2004): *Grundlagen des ökonomischen Ansatzes: Das Erklärungskonzept des Homo Oeconomicus*, Working Paper Nr. 2, Universität Potsdam.

Freimann, Jürgen (1979): *Gewinnorientierung und wirtschaftliche Vernunft – Zur Theorie und Praxis wirtschaftlich rationalen Handelns*, Reihe Mitbestimmung – Arbeit – Wirtschaft, Bd. 5, hrsg. von Norbert Koubeck, Wuppertal.

Frey, Bruno S. (1999): *Economics as a Science of Human Behaviour: Towards a New Social Science Paradigm*, 2. Auflage, Boston.

Fuchs, Thomas (2007): *Das Gehirn – Ein Beziehungsorgan. Eine phänomenologisch-ökologische Konzeption*, Stuttgart.

G

Gauthier, David (2000): *Selbstinteresse, rationale Übereinkunft und Moral*, in: Pauer-Studer, Herlinde (Hrsg.): *Konstruktionen praktischer Vernunft – Philosophie im Gespräch*, übers. von Ilse Utz, Frankfurt a. M., S. 97-128.

Ghoshal, Sumantra (2005): *Bad management theories are destroying good management practices*, in: Academy of Learning Management and Education 2005, Vol. 4, Nr. 1, S. 75-91.

Gintis, Herbert et al. (2003): *Explaining altruistic behavior in humans*, in: Evolution and Human Behavior, Nr. 24, S. 153–172.

Göbel, Elisabeth (2006): *Unternehmensethik – Grundlagen und praktische Umsetzung*, Stuttgart.

Göbel, Elisabeth (1992): *Das Management der sozialen Verantwortung*, Reihe Betriebswirtschaftliche Forschungsergebnisse, Bd. 100, hrsg. von Ralf-Bodo Schmidt und Marcell Schweitzer, Berlin.

Greene, Joshua D. et al. (2004): *The Neural Basis of Cognitive Conflict and Control in Moral Judgement*, in: Neuron, Vol. 44, S. 389-400.

Guckelsberger, Ulli (2005): *Das Menschenbild in der Ökonomie – Ein dogmengeschichtlicher Abriß*, in: http://web.fh-ludwigshafen.de/fb2/guckelsberger.nsf, besucht am 8.01.2009.

Güth, Werner & Kliemt, Hartmut (2002): *Experimentelle Ökonomik, Modellplatonismus in neuem Gewande?*, in: Discussion Papers on Strategic Interaction, Max-Planck-Institute of Economics, Jena.

H

Hain, Cornelia et al. (2007): *Neuroökonomie und Neuromarketing: Neurale Korrelate strategischer Entscheidungen*, in: Priddat, Birger (Hrsg.): *Neuroökonomie – Neue Theorien zu Konsum, Marketing und emotionalem Verhalten in der Ökonomie*, Marburg, S. 69-108.

Harris, Jared D. & Freeman, R. Edward (2008): *The Impossibility of the Separation Thesis*, in: Business Ethics Quarterly, Vol. 18, Nr. 4, S. 541-548.

Hausman, D. und McPherson, M. S. (1993): *Taking Ethics Seriously: Economics and Contemporary Moral Philosophy*, in: Journal of Economic Literature, Vol. 31, S. 671-731.

Hegselmann, Rainer (1989): *Moralität und Rationalität*, in: Wieland, Klaus (Hrsg.): *Homo oeconomicus V: Medizin, Ethik und Rationalität*, München.

Heidbrink, Ludger (2007): *Marktwirtschaft und Moral – Das Verantwortungsprinzip als Reflexionskategorie ökonomischer Prozesse*, Working Papers des CRR, Jhrg. 1, Nr. 1, Kulturwisenschaftliches Institut, Essen.

Hein, Grit & Henning, Christoph (2007): *Wahrnehmung im Gehirn: Limits, Optimierungen und ihre Implikationen für die Neuroökonomie*, in: Priddat, Birger (Hrsg.): *Neuroökonomie – Neue Theorien zu Konsum, Marketing und emotionalem Verhalten in der Ökonomie*, Marburg, S. 109-123.

Hengsbach, Friedhelm (1994): *Eine Wirtschaftsethik taugt so viel wie die Wirtschaftstheorie, auf die sie sich bezieht*, in: *Ethik und Sozialwissenschaften – Streitforum für Erwägungskultur*, Nr. 1, Universität Paderborn, S. 25-26.

Held, Martin (1991): *„Die Ökonomik hat kein Menschenbild" – Institutionen, Normen, Menschenbild*, in: Biervert, Bernd; Held, Martin (Hrsg.): *Das Menschenbild der ökonomischen Theorie – Zur Natur des Menschen*, Frankfurt a. M.

Henrich, Joseph et al. (2005): *Economic man in cross-cultural perspectives: Behavioral experiments in 15 small-scale societies*, in: Behavioral and Brain Sciences, Vol. 28, S. 795-855.

Herold, Philipp (2009): *Stakeholder-Theorie und Verwandtenselektion – was die Organisation vom Homo Reciprocans lernen kann*, Diplomarbeit am Lehrstuhl für Allgemeine Betriebswirtschaftslehre und Organisation, Universität Mannheim.

Heuser, Uwe Jean (2008): *Humanomics – Die Entdeckung des Menschen in der Wirtschaft*, Frankfurt a. M.

Homann, Karl (2007): *Ethik in der Marktwirtschaft*, RHI-Position (Roman Herzog Institut), Nr. 3, München.

Homann, Karl (2001): *Ökonomik: Fortsetzung der Ethik mit anderen Mitteln*, in: http://www.philoek.uni-muenchen.de/homann/homannveroeff-online.htm, zitiert am 07.04.2009.

Homann, Karl (1994a): *Homo oeconomicus und Dilemmastrukturen*, in: Sautter, Hermann (Hrsg.): *Wirtschaftspolitik in offenen Volkswirtschaften*, Göttingen.

Homann, Karl (1993): *Wirtschaftsethik – Die Funktion der Moral in der modernen Wirtschaft*, in: Wieland, Josef (Hrsg.): *Wirtschaftsethik und Theorie der Gesellschaft*, Frankfurt a. M., S. 32-53.

Homann, Karl & Suchanek, Andreas (2005): *Ökonomik: Eine Einführung*, 2. Auflage, Tübingen.

Homann, Karl & Gerecke, Uwe (1999): *Ethik der Globalisierung: Zur Rolle der multinationalen Unternehmen bei der Etablierung moralischer Standards*, in: Michael Kutschker (Hrsg.): *Perspektiven der internationalen Wirtschaft*, Wiesbaden, S. 429-457.

Homann, Karl & Pies, Ingo (1994b): *Wirtschaftsethik in der Moderne: Zur ökonomischen Theorie der Moral*, in: *Ethik und Sozialwissenschaften – Streitforum für Erwägungskultur*, Nr. 1, Universität Paderborn, S. 3-12.

Homann, Karl & Blome-Drees, Franz (1992): *Wirtschafts- und Unternehmensethik*, Göttingen.

Horkheimer, Max (1985): *Zur Kritik der instrumentellen Vernunft*, hrsg. und übers. von Alfred Schmidt, Frankfurt a. M.

Horn, Karen Ilse (1996): *Moral und Wirtschaft: zur Synthese von Ethik und Ökonomik in der modernen Wirtschaftsethik und zur Moral in der Wirtschaftstheorie und im Ordnungskonzept der sozialen Marktwirtschaft*, Tübingen.

Hrubi, Franz Rupert (2001): *Ist Philosophie heute überhaupt noch ökonomisch vertretbar?*, in: Koslowski, Peter (Hrsg.): *Wirtschaftsethik – Wo ist die Philosophie?*, Heidelberg, S. 77-99.

Hume, David (1988): *Über die Unabhängigkeit des Parlaments*, in: (ders.) *Politische und ökonomische Essasy*, Band 1, übers. von Susanne Fischer, hrsg. von Udo Bermbach, Hamburg, S. 36-43.

I

Illies, Christian (2006): *Philosophische Anthropologie im biologischen Zeitalter: Zur Konvergenz von Moral und Natur*, Frankfurt a. M.

K

Kabalak, Alihan (2007): *Entscheidungen über Symbole: Was die Ökonomie von der Neurowissenschaft nicht lernen kann*, in: Priddat, Birger (Hrsg.): *Neuroökonomie – Neue Theorien zu Konsum, Marketing und emotionalem Verhalten in der Ökonomie*, Marburg, S. 149-212.

Kahneman, Daniel (2003): *Maps of Bounded Rationality: Psychology for Behavioral Economics*, in: The American Economic Review, Vol. 93, Nr. 5, S. 1449-1475.

Kahneman, Daniel & Tversky, Amos (1984): *Choices, Values, and Frames*, in: American Psychologist, Vol. 39, Nr. 4, S. 341-350.

Kahneman, Daniel. & Tversky, Amos. (1979): *Prospect theory: An analysis of decision under risk*, Econometrica, Vol. 47, Nr. 2, S. 263-291.

Kalt, J. P. & Zupan, M. A. (1984): *Capture and Ideology in the Economic Theory of Politics*, in: *American Economic Review*, Vol. 76, Nr. 3, S. 279-300.

Kapeller, Jakob (2008): *Das Menschenbild moderner Ökonomie*, Schriften der Johannes-Kepler-Universität Linz, Reihe B, Wirtschafts- und Sozialwissenschaften, Linz.

Katterle, Siegfried (1991): *Methodologischer Individualismus and Beyond*, in: Biervert, Bernd und Held, Martin (Hrsg.): *Das Menschenbild der ökonomischen Theorie – Zur Natur des Menschen*, Frankfurt a. M.

Kenning, P. & Plassmann, H. (2005): *NeuroEconomics: An overview from an economic perspective*, in: Brain Research Bulletin, Nr. 67, S. 343-354.

Kettner, Matthias (2001): *Sachzwang – Über einen kritischen Grundbegriff der Wirtschaftsethik*, in: Koslowski, Peter (Hrsg.): *Wirtschaftsethik – Wo ist die Philosophie?*, Heidelberg, S. 117-144.

Kerber, Walter (1991): *Homo oeconomicus, Zur Rechtfertigung eines umstrittenen Begriffs*, in: Biervert, Bernd und Held, Martin (Hrsg.): *Das Menschenbild der ökonomischen Theorie – Zur Natur des Menschen*, Frankfurt a. M.

Kersting, Wolfgang et al. (1998a): *Diskussion*, in: Brieskorn, Norbert und Wallacher, Johannes (Hrsg.): *Homo oeconomicus: Der Mensch der Zukunft?*, Stuttgart, S. 33-46.

Kersting, Wolfgang (1998b): *Der Markt – das Ende der Geschichte?, Zur sozialphilosophischen Kritik des liberal-ökonomistischen Gesellschaftsmodells*, in: Brieskorn, Norbert und Wallacher, Johannes (Hrsg.): *Homo oeconomicus: Der Mensch der Zukunft?*, Stuttgart, S. 93-146.

King Casas, Brooks et al. (2008): *The Rupture and Repair of Cooperation in Borderline Personality Disorder*, in: Science, Vol. 321, S. 806-810.

Kirchgässner, Gebhard (2006): *Das ökonomische Verhaltensmodell: Der Homo oeconomicus*, in: von Nell, Verena und Kufeld, Klaus (Hrsg.): *Homo oeconomicus: Ein neues Leitbild in der globalisierten Welt?*, Berlin, S. 81-106.

Kirchgässner, Gebhard (2005): *(Why) are economists different?*, in: European Journal of Political Economy, Vol. 21, S. 543–562.

Kirchgässner, Gebhard (2000): *Homo oeconomicus: das ökonomische Modell individuellen Verhaltens und seine Anwendung in den Wirtschafts- und Sozialwissenschaften*, Tübingen, 2. Auflage.

Kirsch, Guy (2000): *Die Umwelt als Teil der Innenwelt*, in: Hansjuergens, Bernd und Lübbe-Wolff, Gertrude (Hrsg.): Symbolische Umweltpolitik, Frankfurt a. M., S. 297-320.

Kleinfeld, Annette (1998): *Persona Oeconomica – Personalität als Ansatz der Unternehmensethik*, Heidelberg.

Kliemt, Hartmut (1984): *Nicht-explanative Funktionen eines „Homo oeconomicus" und Beschränkungen seiner explanativen Rolle*, in: Homo Oeconomicus (HOEC), Vol. 2, hrsg. von Manfred J. Holler, München, S. 7-49.

Koslowski, Peter (2001): *Wirtschaftsethik – Wo ist die Philosophie? Warum die Philosophen die Ökonomie nicht nur den Ökonomen überlassen kann*, in: ders. (Hrsg.): *Wirtschaftsethik – Wo ist die Philosophie?*, Heidelberg, S. 1-16.

Koslowski, Peter (1992): *Der Homo oeconomicus und die Wirtschaftsethik*, in: ders. (Hrsg.): *Neuere Entwicklungen in der Wirtschaftsethik und Wirtschaftsphilosophie*, Berlin.

Koslowski, Peter (1988): *Prinzipien der Ethischen Ökonomie*, Tübingen.

Krämer, Hans (1992): *Integrative Ethik*, Frankfurt a. M.

Krupp, Daniel B. et al. (2005): *Let's add some psychology (and maybe even some evolution) to the mix – Commentary on Henrich et al.*, in: Behavioral and Brain Sciences, Vol. 28, S. 828-829.

Kuhn, Thomas S. (1976): *Die Struktur wissenschaftlicher Revolutionen*, 2. Auflage, Frankfurt a. M.

Kutschera, Franz (2000): *Die großen Fragen – Philosophisch-theologische Gedanken*, Berlin.

L

Lachmann, Werner (2000): *Alter Wein in neuen Schläuchen?*, in: *Ethik und Sozialwissenschaften – Streitforum für Erwägungskultur*, hrsg. von Frank Benseler et al., Jhrg. 11, Universität Paderborn, S. 591-593.

Latouche, Serge (2004): *Die Unvernunft der ökonomischen Vernunft – Vom Effizienzwahn zum Vorsichtsprinzip*, übers. von Heinz Jatho, Berlin.

Lehmann, Karl (2008): *Der Schatten des „Homo oeconomicus" – Zur Notwendigkeit einer integrativen und lebensdienlichen Ethik des Wirtschaftens*, Vortrag von Karl Kardinal Lehmann, Bischof von Mainz, beim Michaelsempfang des Kath. Büros am 17. September 2008 in der Katholischen Akademie in Berlin.

M

Mack, Elke (1994): *Ökonomische Rationalität – Grundlage einer interdisziplinären Wirtschaftsethik?*, Reihe Volkswirtschaftliche Schriften, Nr. 438, Berlin.

Mankiw, Gregory N. & Taylor, Mark P. (2008): *Grundzüge der Volkswirtschaftslehre*, übers. von Adolf Wagner und Marco Herrmann, 4. Auflage, Stuttgart.

Manstetten, Reiner (2006): *Menschenbild und Wirtschaft*, in: von Nell, Verena und Kufeld, Klaus (Hrsg.): *Homo oeconomicus: Ein neues Leitbild in der globalisierten Welt?*, Berlin, S. 41-58.

Manstetten, Reiner (2002): *Das Menschenbild der Ökonomie – Der homo oeconomicus und die Anthropologie von Adam Smith*, München.

Margolis, Howard (2002): *Altruism and Darwinian Rationality*, Working Paper Series, University of Chicago.

Markowitsch, Hans J. (2007): *Neuroökonomie – wie unser Gehirn unsere Kaufentscheidungen bestimmt*, in: Priddat, Birger (Hrsg.): *Neuroökonomie – Neue Theorien zu Konsum, Marketing und emotionalem Verhalten in der Ökonomie*, Marburg, S. 11-65.

Marwell, G. & Ames, R. E. (1981): *Economists Free Ride, Does Anyone Else?*, in: Journal of Public Economics, Vol. 15, S. 295-310.

Matthiesen, Kai H. (1995): *Kritik des Menschenbildes in der Betriebswirtschaftslehre: Auf dem Weg zu einer sozialökonomischen Betriebswirtschaftslehre*, St. Galler Beiträge zur Wirtschaftsethik, Band 14, hrsg. von Peter Ulrich, Stuttgart.

McPherson, Michael S. (1984): *Limits on Self-Seeking: The Role of Morality in Economic Life*, in: Colander, David C. (Hrsg.): *Neoclassical Political Economy: The Analysis of Rent-Seeking and DUP Activities*, Cambridge, S. 71-85.

Meran, Josef (1990): *Ist es ökonomisch vernünftig, moralisch richtig zu handeln?*, in: Peter Ulrich (Hrsg.): *Auf der Suche nach einer modernen Wirtschaftsethik – Lernschritte zu einer reflexiven Ökonomie*, Stuttgart, S. 53-90.

Mill, John Stuart (1976): *Über die Definition der politischen Ökonomie und ihre angemessene Forschungsmethode*, in (ders.): *Einige ungelöste Probleme der politischen Ökonomie*, hrsg. von Hans G. Nutzinger, Frankfurt a. M.

Mill, John Stuart (1873): *System der deductiven und inductiven Logik*, in: Gesammelte Werke, Band 3, übers. von Th. Gomperz, Leipzig.

Mittelstraß, Jürgen (1990): *Wirtschaftsethik oder der erklärte Abschied vom Ökonomismus auf philosophischen Wegen*, in: Peter Ulrich (Hrsg.): *Auf der Suche nach einer modernen Wirtschaftsethik – Lernschritte zu einer reflexiven Ökonomie*, Stuttgart, S.17-38.

Mittelstraß, Jürgen (1985): *Wirtschaftsethik als wissenschaftliche Disziplin?*, St. Gallen.

Morgan, Mary S. (2006): *Economic Man as Model Man: Ideal Types, Idealization and Caricatures*, in: Journal of History of Economic Thought, Vol. 28, Nr. 1, Cambridge, S. 1-27.

Mueller, Dennis C. (1986): *Rational Egoism versus Adaptive Egoism as Fundamental Postulate for a Descriptive Theory of Human Behavior*, in: *Public Choice*, Vol. 51, Dordrecht, S. 3-23.

Myrdal, G. (1971): *Objektivität in der Sozialforschung*, Frankfurt.

N

Nass, Elmar (2003): *Der Mensch als Ziel der Wirtschaftsethik – Eine finalethische Positionierung im Spannungsfeld zwischen Ethik und Ökonomik*, Reihe: Abhandlungen zur Sozialethik, Bd. 48, Paderborn/München/Wien/Zürich.

Nida-Rümelin, Julian (2005) (Hrsg.): *Angewandte Ethik – Die Bereichsethiken und ihre theoretische Fundierung*, 2. Auflage, Stuttgart.

Noll, Bernd (2002): *Wirtschafts- und Unternehmensethik in der Marktwirtschaft*, Stuttgart.

Nutzinger, Hans G. & Panther, Stephan (2004): *Homo oeconomicus vs. homo culturalis: Kultur als Herausforderung der Ökonomik*, in: Perspektiven einer kulturellen Ökonomik, hrsg. von Gerold Blümle et al., Münster, S. 287-309.

Nutzinger, Hans G. (1992): *Der Begriff Verantwortung aus ökonomischer und sozialethischer Sicht*, in: Homann, Karl (Hrsg.): *Aktuelle Probleme der Wirtschaftsethik*, Schriften des Vereins für Socialpolitik, Gesellschaft für Wirtschafts- und Sozialwissenschaften, Band 211, Berlin, S. 43-67.

O

Ockenfels, Axel & Weimann, Joachim (1999): *Types and patterns: an experimental East-West-German comparison of cooperation and solidarity*, in: Journal of Public Economics 71, S. 275–287.

Osterloh, Margit (1996): *Vom Nirwana-Ansatz zum überlappenden Konsenz: Konzepte der Unternehmensethik im Vergleich*, in: *Wirtschaftsethische Perspektiven, Bd. 3, Unternehmensethik, Verteilungsprobleme, methodische Ansätze*, hrsg. von Hans G. Nutzinger, Berlin, S. 203-225.

P

Parche-Kawik, Kirsten (2003): *Den homo oeconomicus bändigen? Zum Streit um den Moralisierungsbedarf marktwirtschaftlichen Handelns*, Europäische Hochschulschriften, Reihe Volks- und Betriebswirtschaft, Bd. 2971, Frankfurt a. M.

Parfit, Derek (1984): *Reasons and Persons*, Oxford University Press, New York.

Pauen, Michael (2007): *Was ist der Mensch? Die Entdeckung der Natur des Geistes*, München.

Pieper, Annemarie (2003): *Einführung in die Ethik*, 5. Auflage, Tübingen.

Pies, Ingo (2000): *Wie integrativ ist die Integrative Wirtschaftsethik Peter Ulrichs? – Über die Reflexionsdefizite einer sich kritisch gerierenden Grundlagenreflexion(spolemik)*, in: *Ethik und Sozialwissenschaften – Streitforum für Erwägungskultur*, hrsg. von Frank Benseler et al., Jahrgang 11, Universität Paderborn, S. 604-606.

Pies, Ingo (1993): *Normative Institutionenökonomik – Zur Rationalisierung des politischen Liberalismus*, Reihe: Die Einheit der Gesellschaftswissenschaften, Bd. 78, Tübingen.

Popper, Karl R. (1961): *Die Logik der Sozialwissenschaften*, in: Adorno et al.: Der Positivismusstreit in der deutschen Soziologie, Frankfurt a. M. 1969.

Priddat, Birger (2007a) (Hrsg.): *Neuroökonomie – Neue Theorien zu Konsum, Marketing und emotionalem Verhalten in der Ökonomie*, Marburg.

Priddat, Birger (2007b): *The affective turn in economics: Neuroeconomics*, in: ders. (Hrsg.): *Neuroökonomie – Neue Theorien zu Konsum, Marketing und emotionalem Verhalten in der Ökonomie*, Marburg, S. 213-223.

Priddat, Birger (2005): *Moral und Ökonomie*, Berlin.

Priddat, Birger P. (2002): *Theoriegeschichte der Wirtschaft*, München.

Priddat, Birger P. (2001): *Moral in ökonomischer Umgebung*, in: Koslowski, Peter (Hrsg.): *Wirtschaftsethik – Wo ist die Philosophie?*, Heidelberg, S. 23-54.

Priddat, Birger P. (1998): *Moral based rational man, Über die implizite Moral des homo oeconomicus*, in: Brieskorn, Norbert und Wallacher, Johannes (Hrsg.): *Homo oeconomicus: Der Mensch der Zukunft?*, Stuttgart.

R

Raab, Gerhard (2006): *Ist der Homo oeconomicus noch zu retten? Das Bild vom Menschen in der Behavioral Finance*, in: von Nell, Verena und Kufeld, Klaus (Hrsg.): *Homo oeconomicus: Ein neues Leitbild in der globalisierten Welt?*, Berlin, S. 107-123.

Raab, Gerhard & Neuner, Michael (2004): *Motive für Geldanlageentscheidungen privater Investoren*, in: Bungard et al. (Hrsg.): *Psychologie und Wirtschaft leben: Aktuelle Themen der Wirtschaftspsychologie in Forschung und Praxis*, München, S. 532-539.

Rawls, John (2003): *Politischer Liberalismus*, übers. von Wilfried Hinsch, Frankfurt a. M.

Recktenwald, H. C. (1986): *Das Selbstinteresse – Zentrales Axiom der ökonomischen Wissenschaft*, in: *Abhandlungen der Geistes- und Sozialwissenschaftlichen Klasse*, Akademie der Wissenschaften und der Literatur, Jahrgang 1986, Stuttgart, S. 5-27.

Rolle, Robert (2005): *Homo oeconomicus, Wirtschaftsanthropologie in philosophischer Perspektive*, Würzburg.

Ruckriegel, Karlheinz (2007): *Quo vadis, Homo oeconomicus?*, in: WISU – Das Wirtschaftsstudium, 2/2007, S. 198-201.

Ruffieux, Bernard (2006): *Märkte im Labor*, in: Spektrum der Wissenschaft, Dossier 5/2006 Fairness, Kooperation, Demokratie, Spektrum der Wissenschaft Verlagsgesellschaft mbH, Heidelberg, S. 46-54.

S

Salvador, Rommel & Folger, Robert G. (2009): *Business Ethics and the Brain*, in: Business Ethics Quarterly, Januar, S. 1-31.

Sanfey, Alan G. et al. (2003): *The Neural Basis of Economic Decision-Making in the Ultimatum Game*, in: Science, Vol. 300, S. 1755-1758.

Scherhorn, Gerhard (1991): *Autonomie und Empathie – Die Bedeutung der Freiheit für das verantwortliche Handeln: Zur Entwicklung eines neuen Menschenbildes*, in: Biervert, Bernd; Held, Martin (Hrsg.): *Das Menschenbild der ökonomischen Theorie, Zur Natur des Menschen*, Frankfurt a.M.

Schlicht, Ekkehart (2003): *Der homo oeconomicus unter experimentellem Beschuss*, in: Eperimentelle Ökonomik – Jahrbuch normative und institutionelle Grundfragen der Ökonomik, hrsg. von Martin Held, Bd. 2, Marburg.

Schlösser, Hans-Jürgen (1992): *Das Menschenbild in der Ökonomie: Die Problematik von Menschenbildern in den Sozialwissenschaften*; *dargestellt am Beispiel des homo oeconomicus in der Konsumtheorie*, Bachem.

Schmiedel, Peter (2006): *Integrative Wirtschaftsethik: Elemente einer Umsetzung*, Berichte des Instituts für Wirtschaftsethik, Nr. 108, St. Gallen.

Schröer, Christian (2005): *Verantwortung – Profil eines komplexen Anspruchs*, in: Meiner, Uto J. und Sill, Bernhard (Hrsg.): *Zwischen Gewissen und Gewinn, Wertorientierte Personalführung und Organisationsentwicklung*, Regensburg.

Schumpeter, Joseph A. (2007): *Geschichte der ökonomischen Analyse I und II*, Göttingen.

Schüßler, Rudolf (1990): *Kooperation unter Egoisten: vier Dilemmata*, München.

Schwalbach, J. & Schwerk, A. (2008): *Corporate Responsibility in der akademischen Lehre – Systematische Bestandsaufnahme und Handlungsempfehlungen für ein Curriculum*, hrsg. vom Centrum für Corporate Citizenship Deutschland, Berlin.

Selten, R. & Ockenfels, A. (1998): *An experimental solidarity game*, Journal of Economic Behaviour and Organisation 34, S. 517– 539.

Sen, Amartya K. (1987): *On Ethics and Economics*, Oxford.

Sen, Amartya K. (1984): Rationalclowns: Eine Kritik der behavioristischen Grundlagen der Wirtschaftstheorie, in Karl-Peter Markl (Hrsg.): Analytische Politikphilosophie und ökonomische Rationalität, Bd. 2, Opladen.

Sen, Amartya K. (1977): Rational *Fools: A Critique of the Behavioral Foundations of Economic Theory*, in: Philosophy & Public Affairs, Vol. 6, Princeton University Press, S. 317-344.

Siebenhüner, Bernd (2000): *Homo sustinens als Menschenbild für eine nachhaltige Ökonomie*, in: Onlinejournal für Sozialwissenschaften und ihre Didaktik, 1/2000, hrsg. von Andreas Fischer, Bielefeld.

Sigmund, Karl et al. (2006): *Teilen und Helfen – Ursprünge sozialen Verhaltens*, in: Spektrum der Wissenschaft, Dossier 5/2006 Fairness, Kooperation, Demokratie, Spektrum der Wissenschaft Verlagsgesellschaft mbH, Heidelberg, S. 55-62.

Simon, Herbert A. (1981): *Entscheidungsverhalten in Organisationen – Eine Untersuchung von Entscheidungsprozessen in Management und Verwaltung*, übers. von Wolfgang Müller, Landsberg am Lech.

Smith, Adam (2004): *Theorie der ethischen Gefühle*, hrsg. und übers. von Walther Eckstein, Hamburg (hrsg. 1926, Nachdruck 2004).

Smith, Adam (1974): *Der Wohlstand der Nationen*, übers. von Horst C. Recktenwald, München.

Stanca, Luca (2008): *Measuring indirect reciprocity: Whose back do we scratch?*, in: Journal of Economic Psychology, Vol. 30, 190-202.

Starbatty, Joachim (1999): Das *Menschenbild der Wirtschaftswissenschaft*, in: *Tübinger Diskussionsbeitrag Nr. 176 Dezember 1999*, Tübingen.

Suchanek, Andreas & Lin-Hi, Nick (2009): *Eine wirtschaftsethische Kommentierung der Finanzkrise*, in: Forum Wirtschaftsethik, Jhrg. 17, Nr. 1, S. 20-27.

Suchanek, Andreas (2007a): *Ökonomische Ethik*, 2. Auflage, Tübingen.

Suchanek, Andreas (2007b): *Corporate Responsibility in der pharmazeutischen Industrie*, Arbeitspapier Nr. 76 der HHL – Leipzig Graduate School of Management.

Suchanek, Andreas (2007c): *Die Relevanz der Unternehmensethik im Rahmen der Betriebswirtschaftslehre*, HHL Arbeitspapier Nr. 81, Leipzig Graduate School of Management.

Suchanek, Andreas (2006): *Verdirbt der Homo oeconomicus die Moral?*, in: von Nell, Verena und Kufeld, Klaus (Hrsg.): *Homo oeconomicus: Ein neues Leitbild in der globalisierten Welt?*, Berlin, S. 59-79.

Suchanek, Andreas (2005): *Der homo oeconomicus – Ein sinnvolles Instrument zur wertorientierten Führung?*, in: Meiner, Uto J. und Sill, Bernhard (Hrsg.): *Zwischen Gewissen und Gewinn, Wertorientierte Personalführung und Organisationsentwicklung*, Regensburg.

Suchanek, Andreas (1991): *Der ökonomische Ansatz und das Verhältnis von Mensch, Institution und Erkenntnis*, in: Biervert, Bernd; Held, Martin (Hrsg.): *Das Menschenbild der ökonomischen Theorie, Zur Natur des Menschen*, Frankfurt a. M., S. 76-93.

T

Thaler, Richard (2000): *From Homo Economicus to Homo Sapiens*, in: Journal of Economic Perspectives, Vol. 14, Nr. 1, Winter, S. 133-141.

Thielemann, Ulrich (2001): *Wirtschaftsethik als Anstrengung zur Überwindung von Philosophievergessenheit*, in: Koslowski, Peter (Hrsg.): *Wirtschaftsethik – Wo ist die Philosophie?*, Heidelberg, S. 145-178.

Thielemann, Ulrich (1996): *Das Prinzip Markt – Kritik der ökonomischen Tauschlogik*, Stuttgart.

Tietzel, Manfred (1981): *Die Rationalitätsannahme in den Wirtschaftswissenschaften, oder: Der homo oeconomicus und seine Verwandten*, in: Jahrbuch für Sozialwissenschaft, Band 32, S. 115-138.

U

Ulrich, Peter (2008): *Integrative Wirtschaftsethik*, 4. Auflage, Stuttgart.

Ulrich, Peter (2007): *Wofür sind integre Wirtschaftsbürger (mit-)verantwortlich?*, Drittes Forum NSW – Netzwerk sozialverantwortliche Wirtschaft zur Ethik des Wirtschaftsbürgers am 29. März, Bern, S. 1-5.

Ulrich, Peter (2002): *Der entzauberte Markt – Eine wirtschaftsethische Orientierung*, Freiburg.

Ulrich, Peter (2000): *Integrative Wirtschaftsethik: Grundlagenreflexion der ökonomischen Vernunft*, in: *Ethik und Sozialwissenschaften – Streitforum für Erwägungskultur*, hrsg. von Frank Benseler et al., Jahrgang 11, Universität Paderborn, S. 555-577.

Ulrich, Peter (1996): *Unternehmensethik und „Gewinnprinzip"*, in: *Wirtschaftsethische Perspektiven, Bd. 3, Unternehmensethik, Verteilungsprobleme, methodische Ansätze*, hrsg. von Hans G. Nutzinger, Berlin, S. 137-171.

Ulrich, Peter (1993): *Transformation der ökonomischen Vernunft – Fortschrittsperspektiven der modernen Industriegesellschaft*, 3. Auflage, Stuttgart.

V

von Nell, Verena (2006a): *Vom Nutzen und Nachteil des Homo oeconomicus für die globalisierte Gesellschaft*, in: von Nell, Verena und Kufeld, Klaus (Hrsg.): *Homo oeconomicus: Ein neues Leitbild in der globalisierten Welt?*, Berlin, S. 3-6.

von Nell, Verena (2006b): *Der Homo oeconomicus: Spektren eines Menschenbildes*, in: von Nell, Verena und Kufeld, Klaus (Hrsg.): *Homo oeconomicus: Ein neues Leitbild in der globalisierten Welt?*, Berlin, S. 7-22.

W

Weber, Max (1991): *Der Sinn der Wertfreiheit der soziologischen und ökonomischen Wissenschaften*, in: (ders.) Schriften zur Wissenschaftslehre, Stuttgart.

Weber, Max (1973): *Der Sinn der Wertfreiheit der soziologischen und ökonomischen Wissenschaften*, in (ders.): *Gesammelte Aufsätze zur Wissenschaftslehre*, hrsg. von Johannes Winckelmann, Tübingen, S. 489-540.

Weise, Peter et al. (2005): *Neue Mikroökonomie*, 5. verbesserte und erweiterte Auflage, Heidelberg.

Werding, Wolfgang et al. (1998): *Diskussion*, in: Brieskorn, Norbert und Wallacher, Johannes (Hrsg.): *Homo oeconomicus: Der Mensch der Zukunft?*, Stuttgart, S. 33-46.

Wöhe, Günter & Döring, Ulrich (2008): *Einführung in die Allgemeine Betriebswirtschaftslehre*, 23. Auflage, München.

Y

Yezer, Anthony M. et al. (1996): *Does studying economics discourage cooperation? Watch what we do, not what we say or how we play*, in: Journal of Economic Perspectives, Vol. 10, Nr. 1, Winter, S. 177-186.

Z

Zimmerli, Walther Ch. & Aßländer, Michael S. (2005): *Wirtschaftsethik*, in: Nida-Rümelin, Julian (Hrsg.): *Angewandte Ethik – Die Bereichsethiken und ihre theoretische Fundierung*, 2. Auflage, Stuttgart, S. 303-374.

Zimmerli, Walther Ch. (2003): *Der Mensch als Quintessenz*, in: Bolz, Norbert und Münkel, Andreas (Hrsg.): *Was ist der Mensch?*, München.

Zeitfracht Medien GmbH
Ferdinand-Jühlke-Straße 7
99095 Erfurt, Deutschland
produktsicherheit@kolibri360.de